Melanie Huber (geb. Ruprecht) ist Inhaberin der von ihr gegründeten Kommunikationsagentur »Kilroy PR« in Berlin. Zuvor leitete sie das Portal »evangelisch.de« und die Internetagentur »i-public« und war für die Onlineausgaben der »Zeit« und der »Sächsischen Zeitung« verantwortlich.

Melanie Huber

Kommunikation und Social Media

3., überarbeitete Auflage

UVK Verlagsgesellschaft Konstanz · München

PR Praxis
Band 13

Mit Liebe für Joël und Michael.

Bibliografische Information der Deutschen Nationalbibliothek
Die Deutsche Nationalbibliothek verzeichnet diese Publikation in der Deutschen Nationalbibliografie; detaillierte bibliografische Daten sind im Internet über http://dnb.ddb.de abrufbar.

ISSN 1863-8988
ISBN 978-3-86764-380-1

Das Werk einschließlich aller seiner Teile ist urheberrechtlich geschützt. Jede Verwertung außerhalb der engen Grenzen des Urheberrechtsgesetzes ist ohne Zustimmung des Verlages unzulässig und strafbar. Das gilt insbesondere für Vervielfältigungen, Übersetzungen, Mikroverfilmungen und die Einspeicherung und Verarbeitung in elektronischen Systemen.

1. Auflage 2008
2. Auflage 2010
3. Auflage 2013

© UVK Verlagsgesellschaft mbH, Konstanz und München 2013

Einband: Susanne Fuellhaas, Konstanz
Einbandfoto: www.digitalstock.de
Druck: fgb · freiburger graphische betriebe, Freiburg

UVK Verlagsgesellschaft mbH
Schützenstr. 24 · 78462 Konstanz · Deutschland
Tel.: 07531-9053-0 · Fax: 07531-9053-98
www.uvk.de

Inhalt

Vorwort 8
Einleitung 9

1   Social Media

Web 2.0 oder Social Media? 13
Social Media Guidelines 16
Verändertes Konsumentenverhalten 20
Konsequenzen für die PR 25

2   Anwendungen und Chancen für die PR

Vernetzung für jedermann 31
Weblogs 33
Audio- und Video-Podcast 47
Really Simple Marketing: RSS 60
Social Networking 64
Social Bookmarking 74
Virtuelle Welten 80
Wikis 83
Google+ 88
Pinterest 89
Social Commerce 91

3   Twitter: Wirkungsvolles Gezwitscher

Warum Twitter wichtig ist 97
Die ersten Schritte 99
Tweets in andere Seiten integrieren 103
Twitter und TV 105
Freunde finden und die Region entdecken 106

4 Facebook: Kontakte, Kontakte, Kontakte

Freundschaften knüpfen und pflegen 107
Positionierung über Fanpages 110
Auffallen im Facebook-Universum 111

5 Multiplikatoren

Finden der Meinungsmacher 118
Einordnung der Relevanz 120
Monitoring 122
Kontaktaufbau und Reputationsmanagement 123

6 Evaluation

Wissen einsammeln 126
Rückfragen 128
Dialoge führen 129

7 Issue Management

Einsatzbereiche 132
Maßnahmen 135
Bedeutung für die PR 139

8 Interne Kommunikation

Der Change-Prozess 143
Basisaufgaben 145
Fürsprecher motivieren 148
Corporate Blogging im Intranet 150

9 Pressearbeit 2.0

Journalismus und das Internet 154
Multimedia-Pressemitteilung 157
Versand via RSS 159
Verteiler aufbauen 162

10 Umsetzung

Bedarfsanalyse 164
Ziel- und Zielgruppenbestimmung 168
Das wünscht sich Ihre Zielgruppe 174
Überzeugungsarbeit 179
Ideen finden 180
Marketing 183
Virale Kampagnen 188
Umgangsformen im Web 190
Rechtliche Aspekte 192
Erfolgsfaktoren der Kommunikation 195
Praxisbeispiel: Die Geschichte eines Mode-Blogs 202

11 Empfehlungsmarketing

Multiplikatoren finden und motivieren 203
Glaubwürdigkeit 204
Involvement 206
Erfolgsmessung 208

Das Internet der Zukunft 210

Glossar 213
Literatur und Links 223
Index 227

Vorwort

Eine dritte Auflage, das ist ein Riesenerfolg und eine schwere Geburt zugleich. So vieles hat sich allein in den vergangenen zwei Jahren verändert. Fast die Hälfte aller damals hier vorgestellten Angebote gibt es gar nicht mehr. Manche einst – aus damaliger Sicht – wichtige Websadressen führen heute zu dubiosen Services. Die Firmen sind schlicht pleite gegangen und haben nicht mal die Domains für 30 Euro im Jahr behalten. Dafür gibt es einige neue Dienste, die ich vorstellen werde. Doch es fällt auf, dass die Zeit der nahezu inflationären Neuentwicklung von Anwendungen vorbei ist. Große Netzwerke wie Facebook haben sich etabliert, andere wie StudiVZ wurden verkauft. Da trauen sich Neueinsteiger seltener, ihre Ideen zum Geschäft zu machen. Ich persönlich hoffe dennoch auf den Mut kreativer Köpfe; zu spannend und interessant sind die Möglichkeiten, die das Web noch bieten kann. Facebook allein sollte es nicht sein.

Verändert haben sich nicht nur die Angebote, sondern auch ihre Nutzungsweise. Inhalte scheinen mehr für die Kurzweiligkeit geschaffen, wirken oft flüchtig und dadurch qualitativ weniger bedeutsam. Das wiederum hat Auswirkungen auf die Nutzer, die neue Form der Kommunikation spricht die Massen an. In diesem Umfeld Aufmerksamkeit zu erzeugen, ist deutlich schwerer geworden als noch vor einigen Jahren. Und dennoch glaube ich fest daran, dass man mit Herz und Leidenschaft, Wissen und Neugier und einem kleinen bisschen Glück erfolgreich auffallen kann. Dieses Buch soll dabei helfen. Ich wünsche Ihnen alles Gute beim Ausprobieren und Ihren Schritten im Social Media-Umfeld, die Ihnen bald so vertraut erscheinen werden wie all die gewohnten Kommunikationswege.

Kronberg / Taunus im Juli 2013   Melanie Huber

Einleitung

Wir sind angekommen, die Kommunikation im und über das Internet wird von den Menschen so praktiziert, wie sie möglich ist: direkt, dialogorientiert, über die verschiedenen Kanäle. Verbraucher sind heutzutage fast allesamt im Web aktiv und berichten dort über ihre Erfahrungen mit Dienstleistungen oder Produkten, geben Empfehlungen weiter und suchen nach Tipps, dokumentieren Eindrücke und Erlebnisse. Der Unterschied zu früheren Zeiten: Die Anwendungen und Tools sind so einfach und vielfältig geworden, dass sie wirklich jeder nutzen kann, der einen Internetzugang hat. Selbst für das Erstellen einer eigenen Webseite braucht man keine Programmier-Kenntnisse mehr, und ebenso schnell können selbstgedrehte Filme oder ganze Bildergalerien veröffentlicht werden. Es gibt Webseiten mit so unterschiedlichen Themengebieten, dass selbst sehr spezifische Interessen abgedeckt werden. Das hat Konsequenzen für die Recherche von Informationen.

Interessierte können sich in kürzester Zeit die Berichte anderer Konsumenten anzeigen lassen und mal eben schauen, ob die Digitalkamera tatsächlich leistet, was der Hersteller verspricht, oder ob der Wellnessbereich im Urlaubshotel wirklich so gut ist, wie er im Prospekt beschrieben wurde. Diesen Beiträgen von Verbrauchern wird mehr Bedeutung zugesprochen und geglaubt als neutralen Testergebnissen oder Artikeln in Zeitschriften. Nicht mehr allein Journalisten und Unternehmen stellen die Inhalte im Internet zur Verfügung; Nutzer werden zu aktiven Produzenten von Inhalten. Somit ist *User generated Content* eines der wichtigsten Merkmale des Webs und Grund genug für Unternehmen, ihr Kommunikationsverhalten zu überdenken, die Öffentlichkeitsarbeit anzupassen.

Alles läuft darauf hinaus, miteinander kompatibel und verlinkt zu sein. Das Internet ist ein großer Marktplatz mit den buntesten und unterschiedlichsten Akteuren, die sich hier tummeln. Wer ihn betritt, kann viel entdecken, sich verlaufen, gute Erfahrungen machen und schlechte. Wie im realen Leben.

Doch was genau soll ein Unternehmen tun, um daran teilzuhaben? Welche Maßnahmen sind dringend notwendig, welche weniger zwingend? Gibt

es branchenspezifische Unterschiede? Und mit welchem Aufwand ist zu rechnen? All das gilt es zu klären.
Im Folgenden werden diverse Anwendungen und ihre jeweilige Bedeutung für die Öffentlichkeitsarbeit veranschaulicht. Dabei wird Schritt für Schritt erklärt, wie selbst Unternehmen, die bisher eher zurückhaltend in der Online-Kommunikation agiert haben, die neuen Instrumente können. Von den rechtlichen Aspekten über die richtige Ansprache von Multiplikatoren bis hin zum Change-Prozess wird erklärt, wie Web-Projekte erfolgreich umgesetzt werden können.

Ausprobieren und Erfahrungen sammeln

Wer nun befürchtet, bewährte Kommunikationsmaßnahmen komplett umstellen und vielleicht sogar Personal aufstocken zu müssen, kann beruhigt werden. In der Regel geht es einfach darum, Budgets umzuschichten und für wirksamere Maßnahmen einzusetzen oder die Ressourcen anders zu verteilen. Statt eines teuren *Advertorials* für ein neues Waschmittel lohnt es sich eventuell, einfach mal einen Verbrauchertest über eine bereits bestehende Frauen-*Community* im Web anzustoßen – zum Beispiel in Kooperation mit www.erdbeerlounge.de oder www.bequeen.de. Und statt aufwendige *Marktforschung* zu betreiben, können Nutzer gezielt online um beispielsweise ihre Einschätzung einer geplanten Funktionalität eines Telefons gebeten werden. Aber auch bei klassischen Kampagnen lohnt es sich, diese über das Web einer breiteren Zielgruppe zu präsentieren. Selbst die interne Kommunikation oder die Medienarbeit lassen sich intensivieren, personalisieren und erfolgreicher gestalten. Die einzige Voraussetzung: Offenheit. Die Bereitschaft, über den Tellerrand zu blicken und einfach mal etwas Neues auszuprobieren.
Es kommt weniger darauf an, sich per Beschluss an möglichst vielen Stellen im Internet einzubringen als darauf, sich bewusst zu machen, was die Adressaten eines Gesprächs, einer Information erwarten und wie sie reagieren könnten. Besonders wichtig ist dabei:

Keine Lügen: Tatsachen zu verdrehen oder gar zu lügen führt nur selten zum Aufbau einer vertrauensvollen Beziehung. Dies gilt auch für Aktivitäten in Chats oder Foren. Pseudonyme oder falsche Angaben zur eigenen Person sind tabu.

Kein Halbwissen: Wer sich mit seinen Produkten unzureichend auskennt, sollte auch nicht öffentlich über diese sprechen oder sich als Ansprechpartner anbieten.

Immer fair bleiben: Informationen lassen sich sekundenschnell verbreiten, auch ausgehend von Unternehmen. Bei Anschuldigungen oder schwerwiegender Kritik sollten die Betroffenen die Möglichkeit bekommen, sich zu äußern.

Prüfen vor dem Weitersagen: Viele Dienste laden regelrecht dazu ein, schnell eine Meldung weiterzureichen. Mit unglaublicher Geschwindigkeit verbreitet sie sich im Netz. Doch stimmt das auch, was da beispielsweise über *Twitter* »retweetet«, also weitergereicht, wird?

Bewusst profilieren: Ob Profilangaben bei *Facebook* oder Mitgliedschaften in bestimmten Gruppen – all dies lässt Rückschlüsse auf die Autoren bzw. das Unternehmen zu, das von diesen Angaben repräsentiert wird. Kommt es beispielweise zu einem Konflikt oder zu einer Krise, können all diese Informationen von den Kritikern verwendet werden.

Privates und Berufliches trennen: Wer auch privat soziale Netzwerke nutzt, sollte dafür eigene Zugänge anlegen und auf keinen Fall die beruflichen Profile für private Zwecke nutzen. In beruflichem Networking haben private Vorlieben keinen Platz.

In vier Schritten zu adressatengerechter Kommunikation

Viele Unternehmen halten sich bei der Kommunikation über das Internet noch immer zurück. Zu groß ist die Furcht, etwas falsch zu machen und dafür öffentlich kritisiert zu werden. Zahlreiche Berichte über pöbelnde *Blogger* oder ausgeplauderte Geheimnisse haben dazu beigetragen, dass ein Unternehmen nicht mal guckt, was alles online über die mit viel Mühe entwickelten Werbemaßnahmen geschrieben wird oder wie Nutzer in Verbraucherportalen urteilen. Dabei ist dieses Hinschauen der erste Schritt in Richtung Social Media. Erst wenn man weiß, wie die Zielgruppen denken, welche Worte sie wählen, welche Bedürfnisse sie haben, kann man auf Augenhöhe einen Dialog führen.

Einleitung

Zielgruppenorientierung

- Schritt 1: Die Zielgruppe im Web finden
  Auf welchen Internetseiten diskutieren Ihre Kunden oder avisierte Verbraucher über Ihre Produkte oder Dienstleistungen? Wo sind diese Zielgruppen noch aktiv oder welche Anwendungen werden zumindest passiv von diesen besucht?

- Schritt 2: Hinschauen und lesen
  Beschäftigen Sie sich mit den Inhalten, die auch für Ihre Zielgruppen interessant sind. Lesen Sie regelmäßig, was über Ihr Unternehmen, die Branche, die Wettbewerber geschrieben wird. Gibt es konkrete Wünsche oder gar Kritikpunkte?

- Schritt 3: Einen Dialog führen
  Treten Sie mit möglichen Multiplikatoren in Kontakt. Diskutieren Sie mit Verbrauchern, mit denen, die an Ihren Services interessiert sind. Könnten Sie gemeinsam etwas auf die Beine stellen?

- Schritt 4: Zielorientierte Maßnahmen definieren
  Was wollen Sie erreichen? Welche Bedürfnisse der Zielgruppen decken sich mit Ihren Zielen? Es ist nicht sinnvoll, ein Projekt nur umzusetzen, weil es »Social Media-gemäß« ist.

1 Social Media

Web 2.0 oder Social Media?

Nur noch wenige sprechen vom *Web 2.0*. Wer zeitgemäß sein möchte, sagt *Social Media*, wenn es um Interaktion, *User generated Content* oder einfach nur den Dienst *Facebook* geht. Das Internet ist, wie es ist, und wird genau so genutzt und von der Mehrheit der sogenannten *User* akzeptiert. Beeindruckende Bezeichnungen braucht es nicht mehr, um darauf hinzuweisen, dass sich etwas Großartiges vollzogen hat. *Social* bleibt, als Hinweis auf die Verbindungen, die das Internet rasch und einfach ermöglicht.

Salopp gesagt bezeichnen die Begriffe Web 2.0 und Social Media nichts anderes als das heutige Internet – mit all seinen Ausprägungen, Möglichkeiten und Nutzern. Marketingbegriffe seien es, sagen die einen, eine bedeutsame Zäsur die anderen. Beide haben Recht. Der Zusatz 2.0 zeigt an, dass sich das Web ganz wesentlich verändert, weiterentwickelt hat – und damit wirklich jeder davon erfährt, wurde eine geheimnisvolle Bezeichnung ins Leben gerufen und bekannt gemacht: Web 2.0.

Erstmals verwendet wurde der Begriff von Tim O'Reilly, dem gleichnamigen Verleger O'Reilly, und Dale Dougherty, Vizepräsident von O'Reilly (O'Reilly 2005). Sie waren im Jahr 2004 auf der Suche nach einem Titel für eine Konferenz über das veränderte Internet nach dem Platzen der Dotcom-Blase im Herbst 2001. Vor diesem wirtschaftlichen Zusammenbruch zahlreicher Internetfirmen wurde über das sogenannte globale Dorf lediglich gesprochen. Ab 2001 wurde es tatsächlich errichtet, langsamer als zuvor, aber dafür mit dem Fokus auf Nutzen, Ziele und Zielgruppen. Doch erst mit den interaktiven Anwendungen des Webs 2.0 zogen die ersten Bewohner ein, lernten ihre Nachbarn, Wege, Plätze und Angebote kennen. Vieles ist noch nicht ganz fertig, befindet sich noch im Rohbau, was gemeinhin als *Beta* bezeichnet wird, doch die Baulücken und Baustellen verschwinden plötzlich in rasanter Geschwindigkeit. Man erkundet die Umgebung, trifft sich und übernimmt selbst kleine Aufgaben in der Dorfgemeinschaft. Alles ist im Fluss und jeder kann teilhaben.

Social Media

Da es kaum noch Inhalte im Internet gibt, die ausschließlich als virtuelle Visitenkarten eingerichtet wurden, wird es vermutlich nicht lange dauern, bis auch die Bezeichnung *Social Media* verschwindet und wir wieder einfach nur vom Web, Internet oder Online-Seiten sprechen. Aktuell sprechen auch diejenigen von der Bedeutung der *Social Media*, welche die Bedeutung des Web 2.0 nicht erkannt haben und nun modern und visionär erscheinen wollen; oder Dienstleistungen in dem Kontext anzubieten haben. Verbunden mit dieser Zuspitzung ist natürlich eine Übertreibung und Vereinfachung. Doch tendenziell entspricht es der Realität. Natürlich sprechen auch echte Experten des Internets von Social Media, sie nutzen den Begriff, um verstanden zu werden und nicht, um zu beeindrucken.

Internet für alle

Ein Web 1.0 hat es dem Begriff nach nie gegeben. Doch die Unterschiede zwischen dem heutigen und dem Web bis vor etwa zehn Jahren sind groß. Wer erinnert sich nicht an die dicken Wälzer zur Erklärung der in HTML programmierten Webseiten, an die blinkenden »Baustellen-Schilder«, an lückenhafte Kataloge mit den »wichtigsten« Adressen zum Thema Musik, an Live-Chats ohne Mit-Chatter, an Meta-Suchmaschinen, die mehrere Minuten benötigten, um die Fundstellen für einen Begriff in fünf Suchmaschinen anzuzeigen? Diese Zeiten sind vorbei. Heute braucht niemand umfangreiche Programmierkenntnisse, um eine schicke Homepage zu erstellen. Lückenhafte, manuell gepflegte Kataloge haben ausgedient und wurden ersetzt durch nahezu alle wichtigen Adressen automatisch auflistende Portale. Die heutige Bedeutung des Internets zeigt anschaulich ein Video von Jesse Thomas.

Social Media

Schnelleres Wachstum und größere Vielfalt als im Web gibt es nirgends.
(Quelle: vimeo.com/9641036)

Immer wieder wird das Internet auch als Mitmach-Web bezeichnet. In gewisser Weise ist es dies auch. Nutzer schreiben Lexikonbeiträge bei wikipedia.de, geben Ausflugstipps bei qype.de oder zeigen ihre Urlaubsimpressionen bei flickr.de. Doch es soll nicht verschwiegen werden, dass es ebenso Menschen gibt, die dies abschreckt und die verunsichert sind. Gerade Web-Unerfahrene sollten langsam an neue Anwendungen geführt und mit ihnen vertraut gemacht werden. Wer ein soziales Netzwerk aufbaut oder auf andere Weise zum offenen Dialog einlädt, muss mit der Kritik einzelner rechnen. Warum geben Sie Geld für solche Spielereien aus? Was passiert mit meinen Daten? Wollen Sie mich etwa ausspionieren? – Das sind nur einige Fragen, auf die ein Unternehmen Antworten bieten sollte.

Alles wirkt professioneller

Die Kommunikation im Internet ist professioneller geworden – zumindest, was die Darstellung und Aufbereitung der dargebotenen Inhalte betrifft. Welche Inhalte jemand veröffentlicht, hängt jedoch weiter von ihm persönlich und seinem Vermögen, seiner Intention ab. Die sogenannte kollektive Intelligenz ist ausgeprägter, je mehr Menschen dem Kollektiv angehören. Gibt es in einem Forum wenige Nutzer oder hat ein *Weblog* nur eine geringe Zahl an Lesern, ist die Wahrscheinlichkeit, dass falsche oder unpassende Äußerungen unberichtigt bleiben, größer. Darin liegt die Krux.

Dem Anschein nach sind fast alle Inhalte gleichwertig. Die Berichte, Bilder oder Filme von Laien unterscheiden sich immer weniger von den Berichten der klassischen Medien. Erst bei näherem Hinsehen stellt man manchmal fest, dass eine Buchrezension sehr einseitig, ein politischer Kommentar ohne Fachkenntnisse verfasst wurde. Die Grundmauern wurden mit neuen Diensten errichtet, doch die Innenarchitekten, die breite Nutzerschaft des Internets, haben ganz unterschiedliche Fähigkeiten und Absichten.

Diese einschätzen zu können, darin besteht die große Herausforderung der PR-Verantwortlichen. Doch mit gesundem Menschenverstand und einer gewissen Neugier gelingt auch dies.

Social Media Guidelines

Wer beruflich in sozialen Netzwerken aktiv sein möchte oder muss, sollte unbedingt zuvor sogenannte *Guidelines* aufstellen. Diese helfen nicht nur, in kritischen Situationen professionell zu agieren und keine Fehler zu machen, sondern geben den Zuständigen Sicherheit. Die Richtlinen werden idealerweise gemeinsam von den Varantwortlichen und operativ Tätigen entwickelt und mit Beispielen hinterlegt. So kann unter anderem geregelt werden, wer am Wochenende auf Fragen reagiert und ob dies zur regulären Arbeitszeit zählt. Es geht aber auch um Tonfall und Inhalt. Und schließlich können in Guidelines Regeln für diejenigen aufgestellt werden, die ein sozials Netzwerk privat nutzen, aber dennoch hin und wieder über Berufliches berichten möchten.

Die Guidelines sollten als Teil der Strategie betrachtet werden, die mit den Aktivitäten in sozialen Netzen verfolgt wird. Somit gehört auch die Definition von Zielen zu den Richtlinien. Jeder sollte verstehen, warum und zu welchem Zweck bei Facebook & Co. mitgemacht wird. Wer sich nicht darüber klar ist und es als »Muss« in modernen Zeiten betrachtet und das Dabeisein als einziges Ziel betrachtet, wird es schwer haben, motivierte Mitstreiter zu finden und mit einem roten Faden erfolgreich Beziehungen aufzubauen.

Zahlreiche Firmen veröffentlichen ihre Guidelines online und demonstrieren dadurch Transparenz und Aufgeschlossenheit. Jedes Unternmehmen muss für sich entscheiden, ob dies zur eigenen Kultur passt oder nicht, ein Erfolgsgarant ist die Veröffentlichung allein nicht, sie kann sich jedoch positiv auswirken und zu vermehrtem Interesse führen.

Tchibo hat Social Media Guidelines nicht nur öffentlich gemacht, sondern zudem ein informatives Video erstellt. (Quelle: http://alturl.com/9a5ci)

Folgende Überlegungen sollten vor der beruflichen Nutzung von sozialen Netzwerken stehen und möglichst in verbindlichen Richtlinien festgehalten werden:

Social Media

Checkliste: Social Media Guidelines

- Sind alle Beteiligten ausreichend über Persönlichkeits- und Urheberrechte informiert und wie wird der Datenschutz sichergestellt? Womöglich gibt es im laufenden Betrieb für offene Fragen einen kompetenten Ansprechpartner.

- Die Geheimhaltung bezogen auf das eigene Unternehmen, Partner und Kollegen ist oberstes Gebot. Innerbetriebliche Informationen, die als vertraulich gelten, dürfen nicht an die Öffentlichkeit gelangen. Empfehlenswert ist hier ein Letter of intent, den Zuständige unterschreiben. Ebenfalls sollte klar sein, dass öffentliche Kritik am eigenen Unternehmen oder Dienstleistern tabu ist.

- Gibt es ausreichend kompetente Mitstreiter, um ein kontunuierliches Engagement zu gewährleisten? Ob nach Dienstschluss, am Wochenende oder in Urlaubszeiten – die Kommunikation im Netz geht weiter. Wer sich darauf einlässt, sollte dies berücksichtigen und für Vertretungen und Zuarbeit sorgen. Gerade in der Aufbauphase ist es wichtig, eine kontinuierliche Präsenz zu zeigen.

- Sind die Zuständigen bereit, ihre wahre Identität preiszugeben? Niemand sollte gezwungen werden, sich namentlich im Netz zu äußern. Doch es darf auf keinen Fall eine falsche Identität angenommen oder über Zugehörigkeit zum Unternehmen gelogen werden. Ehrlichkeit und Transparenz zahlen sich aus. Wichtig ist ferner, dass die Autoren in den Netzwerken darauf hinweisen, dass es sich bei Meinungsäußerungen um persönliche Einschätzungen handelt und sie nicht für das Unternehmen sprechen.

- Fehler passieren, das ist völlig normal. Doch wie geht man damit um? Auf keinen Fall sollten Beiträge einfach gelöscht werden. Gut ist es,

Social Media

seinen Fehler einzugestehen, sich dafür zu entschuldigen und die Angelegenheit richtig zu stellen. Nur so bleibt die Glaubwürdigkeit erhalten.

- Ist den Zuständigen bewusst, dass alles, was sie im Netz publizieren, eventuell für Jahre oder womöglich für immer gespeichert und auffindbar ist? Dementsprechend verantwortlich sollten sie sich verhalten und dabei unterstützt werden. Es kommt durchaus hin und wieder zu unflätigen oder beleidigenden Reaktionen. In solchen Fällen gilt es, einen klaren Kopf zu bewahren und sich nicht zu ebensolchen Äußerungen hinreißen zu lassen. Im Idealfall bleibt man stets sachlich, höflich oder reagiert mit Humor. Es ist übrigens keine Lösung, unliebsame Äußerungen von Lesern einfach zu löschen. Auch dies sollte möglichst schriftlich vereinbart werden.

Ein wichtiger Punkt beim Verhalten in sozialen Netzwerken betrifft ebenfalls die Mitarbeiter, die ausschließlich privat aktiv sind. Oftmals sind Kooperationspartner, Kollegen oder womöglich künftige Arbeitgeber mit ihnen vernetzt und sehen somit, was diese veröffentlichen. Das können kleine Sticheleien bezogen auf Dienstleister sein oder nur ein kurzes entspannendes Spiel bei Facebook während der Arbeitszeit. Unterbinden lässt sich dies nur durch Vereinbarungen, ob dies der Motivation dient, sei dahin gestellt. Doch zumindest sollten alle Mitarbeiter darauf hingewiesen und gebeten werden, sehr bewusst in sozialen Netzen zu agieren. Ihr persönliches Image und das des Unternehmens könnte sonst Schaden nehmen.

Guidelines etablieren

In sozialen Netzen geht es vor allem um das Miteinander und die Kommunikation. Es wäre daher verheerend, Guidelines zum Verhalten im Web durch die Leitung oder Außenstehende aufzuoktroyieren. Wer möchte, dass sich die Zuständigen an die Regeln halten und sich im besten Fall mit ihnen identifizieren, sollte sie im Schulterschluss entwickeln. Online stehen zahlreiche Beispiele für Richtlinien zum Einblick bereit, diese können als Inspiration für eigene Gedanken herangezogen werden. In einem Workshop sollten dann auch Beispiele aus der Praxis für die einzelnen Punkte zusammmengestellt werden; nur so kann sich jeder etwas darunter vorstellen, was »humorvoll« auf Kritik zu reagieren bedeutet.

Im Idealfall gibt es für die Beteiligten einen Ansprechpartner für Fragen, die sich im Laufe der Zeit unwillkürlich ergeben: Darf dieses Bild veröffentlicht werden? Haften wir für den eine dritte Person diffamierenden Kommentar eines Lesers auf unserer Fanpage? Wie geht man mit Lügen um, die über das Unternehmen verbreitet werden? – Wer sich auf Social Media einlässt, hat viele Fragen. Nicht alle lassen sich vorab klären. Und so wird inzwischen häufig die Position des Social Medias Managers geschaffen, der den nötigen Ein- und Überblick hat. Mit dieser Person können dann auch beispielsweise folgende Überlegungen diskutiert werden:

- Gehört es zur Arbeitszeit, am Wochende oder nach Dienstschluss mögliche Fragen zu beanworten oder Diskussionen zu beobachten? Wer regelt den Umfang oder limitiert diesen?
- Darf ich während der Arbeitszeit privat in sozialen Netzwerken aktiv sein? Vor allem, wenn die berufliche Wochenendarbeit nicht als Überstunde betrachtet wird.
- Was passiert, wenn Richtlinien verletzt werden? Gibt es Konsequenzen?
- Sollen die Guidelines veröffentlicht werden?
- Wer kontrolliert, ob die jeweiligen Ziele der Aktivitäten erreicht wurden? Und was ist, wenn sie nicht erreicht werden? Stellt man die Tätigkeiten dann ein?

Verändertes Konsumentenverhalten

Eine neue Digitalkamera muss her. Doch welche ist die beste für mich? Der Kollege ist von seiner ganz begeistert. Im Test-Magazin hat eine andere mit »sehr gut« abgeschnitten. Gekauft wird sie im Elektromarkt, hier war gerade eine Kamera im Angebot. – Früher haben Verbraucher so oder so ähnlich eingekauft. Heute geht es um mehr. Man will Preise vergleichen, ein Schnäppchen machen, möglichst viele unabhängige Meinungen einholen, Beispielbilder sehen, das passende Zubehör gleich mitbestellen – und das am besten von der Couch aus.

Immer mehr Verbraucher recherchieren im Internet auf Preisvergleich-Seiten wie geizkragen.de oder in Verbraucherportalen wie ciao.de, wo es neben Texten und Bildern anderer Digitalkamera-Besitzer auch Videos mit

Anleitungen zur Handhabung gibt. Sie suchen nach Gutscheinen, die von zahlreichen Nutzern in Tauschbörsen angeboten werden, damit der Einkauf noch günstiger wird. Die Möglichkeiten, sich im Web über Produkte oder die Qualität von Dienstleistungen zu informieren, sind schier unendlich. Immer mehr Menschen gehen diesen Weg, so das Beste zum besten Preis zu finden.

Das hängt auch damit zusammen, dass die Internet-Nutzung in Deutschland rasant gestiegen ist. 77 Prozent aller erwachsenen Deutschen, 54,1 Millionen Bundesbürger sind online. Ein jeder verbringt im Schnitt 11,4 Stunden pro Woche im Internt (Quelle: Mediascope Deutschland, 2012).

Gleiches Bedürfnis, neue Möglichkeiten

Die Veränderung des Konsumentenverhaltens ist an sich gar keine so große Neuerung. Schon immer gab es das Bedürfnis, möglichst günstig einzukaufen und viele Meinungen bei einer Anschaffung oder vor einer wichtigen Entscheidung einzuholen. Doch während die Gespräche früher am Stammtisch, auf dem Markt oder im Büro stattgefunden haben, wird heute gezielt nach Tipps und Tricks im Internet gesucht. Dank der Vielzahl der Anwendungen, die blitzschnell das Gesuchte anzeigen, und der breiten Information können hier beispielsweise Freizeitbastler mit einem ausgefallenen Hobby Ratschläge von Gleichgesinnten finden, können Tierliebhaber eine Begleitung für's Gassigehen suchen.

Ein weiterer Vorteil: Die Informationen stehen kostenlos zur Verfügung. Niemand muss mehr 2,50 Euro für einen drei Monate alten DVD-Player-Test bezahlen.

Was das Web ausmacht, sagt Christian Stöcker, stellvertretender Leiter von Spiegel Online Netzwelt, auf dem Bitkom Forum Kommunikations- und Medienpolitik am 8. Februar 2010 in Berlin, ist Folgendes: »Die Vorteile eines freien Netzes überwiegen seine Nachteile.« In seinem Vortrag stellt der Experte sieben Thesen auf:

1. Das Internet ist dumm und das ist auch gut so.
2. An vielem, was das Netz gefährlich macht, sind die Nutzer selbst schuld.
3. Die Staaten dieser Welt werden sich nicht darüber einigen, wie das Netz sein sollte. Aber ein Minimalkonsens in Sachen Verbrechensbekämpfung lässt sich herstellen.

4. Wir sollten aufhören, vermeintlichen Exhibitionismus anzuprangern, solange wir den Menschen ins Wohnzimmer starren. Wir brauchen eine neue Definition von Öffentlichkeit.
5. Jugendschutz ist wichtig, aber nicht wichtiger als alles andere. Mit Providern als Zensor wäre das Ende des freien Netzes gekommen.
6. Urheberrechte sind wichtig, aber nicht wichtiger als Bürgerrechte.
7. Die Vorteile des freien Internets überwiegen seine Nachteile. Wer das Internet für überwiegend schädlich hält, muss ein Menschenfeind sein.

Bezahlinhalte haben kaum eine Chance

Informationen lassen sich nur schwer verkaufen, diese Erfahrung mussten vor allem Verlage in den vergangenen Jahren machen. Auf unzähligen Seiten im Web gibt es die nahezu gleichwertige Auskunft frei erhältlich – von Anleitungen bis hin zu umfassenden Testergebnissen. Für den Verbraucher erscheint diese Information teilweise sogar noch wertvoller als die der klassischen Medien. Denn der Alltagsgebrauch und reale Situationen, die der Produktbewertung durch andere Konsumenten zugrunde liegen, unterscheiden sich von sterilen Testverfahren. Hinzu kommen Vorbehalte gegenüber den Verlagen oder Firmen im Allgemeinen. Ihnen wird vorgeworfen, bestechlich und wenig unabhängig von Anzeigenkunden zu agieren und nicht immer im Sinne des Verbrauchers zu berichten. Zwar kann auch im Internet ein von der Firma bezahlter *Blogger* sein Unwesen treiben, doch durch die Vielzahl der Nutzer und Beiträge relativieren sich einzelne Berichte schnell. Meist baut man zu den schreibenden Autoren auch ein gewisses Vertrauensverhältnis und eine persönliche Beziehung auf. Und einem Freund wird eher Glauben geschenkt als dem fremden Journalisten.

Wer dennoch mit Inhalten Geld verdienen möchte, sollte darauf achten, dass sie wirklich einzigartig und damit wertvoll sind. Die Schulungsunterlagen, der Sprachkurs oder ein nirgendwo anders im Web gebotener Service können für eine klare Zielgruppe interessant und hilfreich sein, sodass diese bereit ist, dafür zu zahlen. Trotzdem gibt es immer wieder seitens der Verlage Versuche, ihre gewöhnlichen Webangebote gegen eine Gebühr anzubieten.

Immer mehr Unternehmen sind zu der Erkenntnis gekommen, dass sich die Uhr nicht zurückdrehen lässt. Inhalte und Dienste, die seit Jahren kostenlos verbreitet werden, können nicht gegen noch so kleine Unkostenbeiträge verkauft werden.

Um dennoch mit Internet-Angeboten rentabel zu werden, kommen zunehmend neue Anwendungen auf den Markt, die oftmals eng mit der Webseite verwoben sind. Dazu zählen seit Jahren Musiktitel oder Klingeltöne, die online erworben werden, und jüngst auch die sogenannten *Apps*. Gerade mit den neuen Angeboten für mobile Endgeräte und im Tablet-Bereich wird seitens der Anbieter von Anfang an auf die Rentabilität geachtet, Verlage wie Axel Springer oder die Spiegel-Gruppe machen es vor; deren *Apps* sind gegen eine Gebühr erhältlich.

Ob kostenlos oder kostenpflichtig – die Anzahl der im Web zur Verfügung stehenden Inhalte ist in den vergangenen Jahren exponentiell gewachsen. Das verdanken wir all den fleißigen Anwendern, die unermüdlich im Internet publizieren, Rezensionen schreiben, Tipps geben, auf Fragen antworten und ihr Wissen weitergeben. Lauter Redakteure sind aktiv, die sich dem *Bürgerjournalismus* verschrieben haben. Viele Experten befinden sich darunter, Menschen, die sich intensiv mit einem Thema beschäftigen und – aus unterschiedlichen Motiven – andere daran teilhaben lassen; aber auch solche, die sich einfach mal Luft verschaffen wollen, weil sie sich geärgert haben – über einen Verkäufer oder den Service in einem Restaurant, eben über das, was uns im Alltag begegnet. Im Web kann jeder zu einer Art Journalist werden. Das Mittel ist die äußerst einfach zu bedienende Technologie. Der Nutzer kann sich dank neuer Software auf das Wesentliche konzentrieren, den Inhalt.

Und weitere Inhalte zum Aufwerten des eigenen Angebots stehen auf unterschiedlichen Seiten zur Verfügung. Sogenannte Mashups ermöglichen die einfache und kostenlose Einbindung von Daten und Diensten auf diversen Webangeboten. Demnach kann ein privates *Weblog* neben den eigenen Beiträgen auch Karten aus *Google Maps* oder Veranstaltungstipps aus der Region enthalten, die von einem ganz anderen Portal stammen. Man muss nicht mehr alles selbst erstellen und kann trotzdem eine attraktive und umfassende Webseite aufbauen.

Social Media

 Tipp

Vielleicht fallen Ihnen Anwendungen oder Inhalte ein, die ebenso gut auf anderen Seiten veröffentlicht werden könnten wie auf Ihrer Webseite. Das bedeutet schlussendlich, Anhänger zu gewinnen, ein Mitglied dieser großen Gemeinschaft zu werden. Eine Suche oder ein Tool zur Gestaltung von Postkarten würde eventuell auch von privaten Homepage-Betreibern integriert, wenn sie damit ein paar Euros verdienen oder, noch besser, an Ansehen gewinnen können.

Gesteigerte Erwartungshaltung

Es haben sich jedoch nicht nur die Anwendungen verändert, sondern auch die Nutzung dieser – durch aktive Produzenten von Inhalten und passive Leser. Sie alle erwarten vom Internet:

- Beziehungen zu knüpfen und zu pflegen,
- sich auszutauschen,
- den Inhalten und Website-Betreibern vertrauen zu können,
- Empfehlungen von anderen Verbrauchern zu finden,
- selbst aktiv werden zu können: Tipps geben, abraten, Erfahrungen tauschen,
- Vergleiche zu finden und alles auf einem Blick geboten zu bekommen,
- Informationen schnell und strukturiert zu finden,
- Einblicke in das Private zu geben und zu bekommen,
- personalisierte Inhalte und auf sie zugeschnittene Inhalte,
- kostenlose Inhalte, Information und Unterhaltung.

Hinzu kommen all die neuen Endgeräte, die es ermöglichen, Inhalte darzustellen oder sie zu verbreiten. Neben dem Computer mit Breitband-Zugang zum Internet besitzen immer mehr Menschen eine Digitalkamera, ein Navigationsgerät, ein Mobiltelefon oder einen Camcorder. Sie nutzen ihren Organizer unterwegs, haben eine Spielkonsole, einen MP3-Player, iPad und ein Laptop mit UMTS-Karte. Die Geräte werden ständig verbessert und durch Anwendungsmöglichkeiten ergänzt, völlig neue Produkte kommen auf den Markt. Endverbraucher erwarten schlicht, dass Website-Betreiber sich darum bemühen, beispielsweise den Preisvergleich oder die Zugauskunft für all diese Geräte aufbereitet anzubieten.

Konsequenzen für die PR

PR-Profis sind es gewohnt, Informationen zu verbreiten, Kontakte zu knüpfen und zu pflegen. Daran wird sich auch in Zukunft nichts ändern, und das sind auch die wesentlichen Tätigkeiten der Kommunikationsabteilungen der Zukunft. Aber: Die Zielgruppen zur Übermittlung von Botschaften sind heute größer, die Ansprache von Journalisten allein reicht nicht mehr aus oder wäre »verschenkt«. Es kommen neue Multiplikatoren ins Spiel, die zunächst gefunden, kontaktiert und anschließend mit Themen versorgt werden müssen.

Die neuen Ansprechpartner können Betreiber von Foren oder Weblogs sein, sogenannte *Podcaster* oder Menschen, die über ein Pseudonym in virtuellen Welten aktiv sind – oder schlicht die Verbraucher, die sich lediglich informieren möchten. Ziel ist es, diejenigen Multiplikatoren zu finden, auf die andere Konsumenten hören oder hören würden. Wer sich dies bewusst macht, hat einen wesentlichen Aspekt der Kommunikation von heute verstanden.

Verbraucher melden sich zu Wort

Rund um die Uhr veröffentlichen irgendwelche Menschen irgendwo im Web Inhalte – oftmals geht es schlicht um Alltagserlebnisse, aber ebenso häufig um fundierte Kenntnisse zu einem Spezialthema. Bei all der Begeisterung für das schnelle Publizieren ist es nicht immer einfach, ein interessantes Thema zu finden. So viele neue Erkenntnisse und Einsichten kann es gar nicht geben, dass beispielsweise ein privater *Blogger* mehrmals in der Woche aufmerksamkeitsstarke Nachrichten verbreiten könnte. Aus diesem Grund ist es nur verständlich, dass es häufig um die Themen geht, die ohnehin gerade im Gespräch sind. Oder um das, was wir erleben. Klar, dass gerade Produkte von Unternehmen, Dienstleistungen oder Services immer wieder zur Sprache kommen.

Social Media

 Tipp

Die zusätzlichen Aufgaben der Kommunikationsexperten lassen sich nur schwer in den Berufsalltag integrieren, da dieser bereits ausgefüllt ist mit wichtigen Tätigkeiten. Neue Stellen zu schaffen, ist in der Regel nicht möglich. Aus diesem Grund bleibt meist nur eines: Ineffektive Maßnahmen zu identifizieren und durch effektivere Kommunikationsstrategien zu ersetzen, Finanzquellen dafür aufzudecken. Stellen Sie sich folgende Fragen:

- Muss es die kostspielige Pressekonferenz zur Produktvorstellung sein?

- Ist das bezahlte Gewinnspiel eventuell weniger zielführend als eine Online-Verlosung, die einen Bruchteil kostet?

- Was bringen schlichte Werbebanner und Popups wirklich?

- Was könnte man mit 20.000 Euro, die eine einzige Printanzeige kostet, alles online umsetzen?

In jedem Augenblick könnte es sein, dass im Internet gerade über Ihr Call Center, Ihre Preispolitik, Wettbewerber, die Branche ganz allgemein oder ganz konkret über Ihren Pressesprecher berichtet, diskutiert und eventuell auch gehetzt wird. Aber auch viele gute Anregungen können sich darunter befinden, zum Beispiel zur Optimierung der Marketingkampagne oder der Geschmacksrichtung bei einer Chips-Sorte. Es muss nichts Spektakuläres sein, was hier verbreitet wird. Doch eventuell ist die eine oder andere Anregung dabei, um den Service oder die Chips zu verbessern. Hier erfährt man das, was sonst nur die Kundenhotline zu hören bekommt. Es lohnt sich auf jeden Fall hinzuschauen. Doch noch effektiver ist es, den aktiven Dialog zu suchen.

Einen Dialog führen

Die Aufgaben der Kommunikationsverantwortlichen verändern sich künftig dahingehend, dass sie mit den potenziellen Multiplikatoren im Web in Kontakt treten. Sie werden beispielsweise Moderatoren eines Forums um ihre *Meinung*, um Rat fragen; auch mal etwas erklären und erörtern, warum beispielsweise ein Claim so und nicht anders ausgefallen ist, warum die Preise nicht rabattiert werden können, es keine Online-Bestellmöglichkeit gibt. Der Vorteil: Die Verantwortlichen in den Firmen übernehmen das Ruder, steuern zumindest in einem gewissen Rahmen das, was vermutlich noch in Jahren über ihr Unternehmen im Internet zu finden sein wird. Das heißt nicht, dass die PR-Profis alles bestimmen oder Kritik verhindern können, doch eine Darstellung der schwierigen Umstände im Kontext mit einem negativen Bericht ist allemal besser als der rein urteilende und womöglich die Tatsachen unvollständig darstellende Text.

Oftmals ist der Dialog mit den Unternehmen seitens der Online-Autoren sogar explizit gewünscht. Natürlich gibt es Menschen, die davon ausgehen, über alles Mögliche ohne jegliche Erklärung der erwähnten Unternehmen oder Personen authentischer berichten zu können, doch oftmals freuen sich Verfasser von Berichten sogar darüber, wenn ihre Texte von den Betroffenen wahrgenommen werden. Diese aktiven Internet-Nutzer sind Internet-Gestalter und können durch eine offene, transparente und ehrliche Ansprache zu Customer-Evangelisten werden. Sie tragen wesentlich zur Verbreitung von Botschaften – nicht nur – von Unternehmen bei und können deren Image entscheidend mitgestalten.

Sackgassen der Kommunikation

Das Internet verändert also auch die Kommunikation von Unternehmen, Pressestellen und Kommunikationsexperten. Diese treten mit ihren wohldurchdachten Informationen in Wettbewerb zu neuen, auch privaten Publizisten. Plötzlich werden Unternehmen mitsamt allen dazugehörigen Aktivitäten bewertet – und das öffentlich, für jedermann einsehbar und langfristig, vielleicht sogar auf Dauer dokumentiert. Auch falsche, einseitige oder manipulative Berichte stehen im Internet frei zur Verfügung – neben den klassischen Pressemeldungen oder Produktinformationen. Jede noch so kleine Zielgruppe findet in Nischenangeboten Gleichgesinnte und einen Ort, sich auszutauschen, rund um die Uhr, an jedem Tag des Jahres, egal von welchem Ort aus. Statt des Einweg-Dialoges fördert das Web heute den Dialog zwischen allen. Und es verändert Beziehungen.

Neue Formen der Beziehungspflege

- Zwischen Ihnen und den Verbrauchern:
Verbraucher erwarten Feedback, schnelle Antworten, Hilfe. Sie können dem Verbraucher ein Stück näher kommen, indem Sie »ihn lesen«. Beantworten Sie Fragen, sorgen Sie für Klarheit

- Zwischen Ihnen und Kollegen:
Sie können über Ländergrenzen hinweg in engem Kontakt bleiben, Projekte vorantreiben. Ihre Rolle, Tätigkeit verändert sich.

- Zwischen Ihnen und Geschäftspartnern:
Auch Partner informieren sich über Sie und die Bewertungen durch Konsumenten im Internet. Das gilt auch umgekehrt.

- Zwischen Ihnen und den Medien:
Online-Recherche in Foren und Blogs ist auch bei Journalisten üblich. Was Sie dem Redakteur erzählen, wird dieser im Internet überprüfen können.

Veränderte Unternehmenspräsentation

Der Tiefkühlkost-Hersteller FRoSTA hat schon früh die Chancen erkannt und genutzt, im Internet mit potenziellen Kunden und Multiplikatoren in Kontakt zu kommen. In einem *Weblog* (blog-frosta.de) berichten Mitarbeiter und Führungskräfte aus den verschiedensten Abteilungen des Unternehmens. Mal geht es um knirschende Tiefkühl-Paella, mal um neue Produkte, die probeweise zubereitet und verkostet werden, oder um fehlende Speisen in den Kühltruhen der Supermärkte. Die Leser bekommen so einen Eindruck davon, welche Menschen hinter der Marke stehen, welchen Aufwand es bedeutet, eine solche Firma erfolgreich zu führen, und sie können Kommentare hinterlassen. Die Folge: Kunden fühlen sich der Marke ganz anders verbunden, sie wird plötzlich lebendig, greifbar und sympathisch – ein Imagegewinn für FRoSTA.

Zugleich erfährt die Firma, welche Produkte den Kunden besonders gefallen, was an anderen Gerichten auszusetzen ist und welche Gemüsesorten eventuell noch verarbeitet werden können. So wird gezielt *Marktforschung* betrieben.

Hinnerk Ehlers, Vorstand der FRoSTA AG, schreibt in dem *Blog*: »Hier im Blog werden wir natürlich zuerst über die Neuheiten berichten. An dieser Stelle wollte ich dann auch mal erwähnen, dass unsere Gourmet Produkte kein wirklicher Erfolg waren. Leider. Wer die Produkte kennt, hat sicherlich schon gemerkt, dass es nur noch wenige Supermärkte gibt, die diese Produkte anbieten. Wir hatten ja einiges versucht, um das Konzept erfolgreich zu machen, aber am Ende haben die Verbraucher sich dagegen entschieden. Das ist natürlich nun ein besonderer Ansporn für uns in Zukunft noch erfolgreichere Produktkonzepte zu entwickeln und anzubieten. Daher vielleicht auch die eine oder andere Frage dazu hier im Blog.« (Quelle: alturl.com/rbru)

Unter FRoSTAs Tochter-Webseite konsequent.de erzählen Mitarbeiter zudem in Videobeiträgen, was Konsequenz für sie bedeutet. So wie Margret, die Leiterin des Kindergartens. Sie berichtet, dass sie ihrem Mann beim Schreiben der Einladungen für die Silberhochzeit eröffnet habe, dass sie sich trennen werde. Das ist Ausdruck ihrer Konsequenz, und im Forum auf der Seite werden Nutzer aufgefordert, ihrerseits über konsequente Schritte zu berichten: »Sind Sie selbst konsequent, kennen Sie jemanden, der besonders konsequent ist oder für wie konsequent halten Sie FRoSTA? Sagen Sie uns Ihre *Meinung*.« Was bei den Besuchern des Angebots im Kopf bleibt, ist vermutlich: FRoSTA ist konsequent in der Verwendung guter Zutaten und gesunder Zubereitung. Was will man mehr?

Mitarbeiter von FRoSTA erzählen von Situationen im Privatleben, in denen sie sich konsequent verhalten haben. (Quelle: konsequent.de)

Unternehmen geben Informationen preis, die bis dato nur Insidern zur Verfügung standen. Sie sprechen Probleme und Herausforderungen an, lassen ihre Kunden an Entscheidungen teilhaben, fragen um Rat. Dazu muss man bereit sein umzudenken und aufgeschlossen sein für das Neue. Wer sich davon nicht abschrecken lässt, wird die Vorzüge der neuen Kommunikation nicht mehr missen wollen:

- Gespräche mit den Kunden führen, ihre Bedürfnisse kennenlernen,
- das Unternehmensimage aktiv gestalten,
- ungefiltertes Feedback zu Produkten oder geplanten Veränderungen,
- Mitarbeitermotivation und Spaß,
- Mund-zu-Mund-Propaganda (Word of Mouth-Marketing),
- Suchmaschinenoptimierung (SEO) und Aktualität,
- Steigerung der Glaubwürdigkeit, Authentizität,
- Steuerung von Meinungsäußerungen,
- Marktforschung zeitnah und preiswert.

2 Anwendungen und Chancen für die PR

Vernetzung für jedermann

Der große Vorteil des Internets besteht darin, dass letztlich jeder daran teilhaben und ein passendes Angebot finden kann – einzige Voraussetzung ist der Zugang zum Netz, die Verbindung und Hardware. Sowohl das Auffinden von Webseiten mit den gewünschten Inhalten, die Nutzerführung als auch das Publizieren von Content sind einfacher geworden. Die Vielfalt der Darstellungsarten hat sich gesteigert – von einfachen Texten über Bilder, Filme und Audio-Dateien bis hin zu Link-Sammlungen oder Kontaktanzeigen ist alles dabei. Auch die Inhalte sind breit gefächert, selbst spezialisierte Nischenangebote finden Interessenten. Musste man früher kilometerweit reisen, um mit Gleichgesinnten in Kontakt zu kommen, treffen sich heute die Kaugummipapier-Sammler oder Frisbee-Freestyler bequem online.

Das Internet ist allgegenwärtig und sein Gebrauch alltäglich. Längst ist die Nutzung nicht mehr nur den Jungen und Technikbegeisterten vorbehalten, immer mehr Ältere gehen online, stehen über E-Mail oder Skype in Kontakt mit ihren Enkeln, bestellen sich Bücher bei Amazon oder erledigen Bankgeschäfte.

Unternehmen, die sich heute im Web präsentieren, erreichen demzufolge eine viel breitere Zielgruppe als noch vor rund zehn Jahren. Aber sie stellen sich auch der großen Herausforderung, neben all den neuen Angeboten Nutzer auf ihre Seiten zu locken. Sie stehen im Wettbewerb zu privaten Autoren, zu Foren und Anwendungen, die die Nutzung des Webs vereinfachen. Mit einer schlichten Webseite, die als maximale Kontaktmöglichkeit ein E-Mail-Formular enthält, ist es schwer, Leser zu gewinnen oder gar zu halten. Es geht darum, die Webseiten aufzuwerten. Zu einer erfolgreichen Unternehmens-Webseite gehören:

- Aktualität, regelmäßig neue Inhalte,
- Usability, eine eingängige Nutzerführung,
- Suchmaschinenoptimierung zum besseren Auffinden,
- unterhaltsame Elemente,
- Persönlichkeit und Individualität zur Nutzerbindung,

- Innovation, damit andere darüber sprechen und schreiben,
- Glaubwürdigkeit und Ehrlichkeit,
- Blick hinter die Kulissen,
- Service.

Natürlich wird es nicht gelingen, von heute auf morgen die Firmenpräsentation komplett umzustellen und damit einen völlig neuen Weg der Kommunikation einzuschlagen. Doch auch kleine Schritte können viel bewegen und sind oftmals erfolgreicher als ein radikaler Umschwung. Denn letztlich bedeutet ein Ja für die adressatenorientierte Kommunikation auch eine Veränderung der internen Kommunikation und ein Verständnis bei allen Mitarbeitern für das, was der Arbeitgeber im Internet betreibt. Gerade hier gilt es, sensibel vorzugehen und allen Beteiligten zu erklären, warum das Unternehmen in dieser Form agiert und welche Ziele damit verfolgt werden. Sonst kann es schnell zu Unmut führen, wenn beispielsweise der Kollege während der Arbeitszeit über seine privaten Erlebnisse vom Wochenende *bloggen* darf oder ein anderer bei Twitter mit wildfremden Menschen über das Wetter plaudert, während schon wieder Überstunden anstehen...

Strategien, wie Sie im Web auf sich aufmerksam machen

Der Nutzer kommt von allein: Wenn Sie spannende und unterhaltsame Inhalte bieten, werden die Nutzer Sie finden. Werben Sie nicht mit einem »Besuchen Sie unser neues Blog« oder »Jeder 100. Twitter-Follower gewinnt«. So konnten Sie früher agieren. Heute will der Kunde Sie entdecken und selbst entscheiden, ob er dabei bleibt oder nicht.

Geben kommt vor dem Gewinn: Sie können nicht erwarten, dass sich Menschen innerhalb einer Community mit Ihnen verknüpfen, wenn Sie noch nichts geleistet haben. Überlegen Sie sich zunächst, wie Sie zu einem wertvollen Mitglied der Gemeinschaft werden können. Wenn Sie etwas für andere tun, spricht sich das rum.

Authentisch und transparent: Verstellen Sie sich nicht, wer sich anbiedert oder bemüht, wirkt unglaubwürdig und verbraucht zu viel Energie. Machen Sie sich bewusst, wie Sie wirken und wirken können und überlegen Sie sich, wo Ihre persönlichen Grenzen liegen. Was geht die Community definitiv nichts an? Transparent zu kommunizieren heißt nicht, Privates preiszugeben.

Das eine tun, das andere lassen: Sie müssen nicht in jedem sozialen Netzwerk aktiv sein. Im Gegenteil. Suchen Sie sich die Communities aus, die Ihnen gefallen. Wo fühlen Sie sich wohl? Welche Netzwerke bieten die Instrumente, um Ihre Botschaften zu platzieren?

Nichts ist in Stein gemeißelt: Social Media ist keine Religion. Es gibt Regeln, es gibt Tools, aber vieles verändert sich rasch. Wer nicht gern experimentiert, kommt nicht voran.

Weblogs

Ein Begriff, der in Zusammenhang mit dem User generated Content immer wieder fällt, ist der des *Weblogs* (Blogs). Von zahlreichen Experten werden Weblogs auch als eigentlicher Kern oder gar als Ursprung des Webs 2.0 und damit von Social Media bezeichnet. Denn hier vereinen sich alle wesentlichen Merkmale des heutigen Internets: Private Menschen schreiben zum Teil über sehr Persönliches, die Technologie ist einfach zu bedienen und kostenlos erhältlich, es können problemlos Inhalte anderer Anbieter integriert werden, Leser kommentieren, und die starke Vernetzung der Weblogs untereinander fördert die virale Verbreitung von Nachrichten.

Doch was sind Weblogs eigentlich? Man kann sagen, dass es sich dabei schlicht um einfache *Content Management Systeme* (CMS) handelt, also um eine Technologie, die Inhalte erstellen und publizieren lässt. Einfach ist sowohl die Struktur des Systems an sich als auch die Bedienung dieser. Mit wenigen Mausklicks kann nahezu jeder innerhalb weniger Minuten sein persönliches *Weblog* erstellen, so seine eigene Homepage einrichten und das publizieren, was er zu sagen hat.

Hinzu kommen für das Weblog typische Funktionalitäten: Leser können Kommentare hinterlassen und treten so in den Dialog mit den Autoren. Die sogenannten *Trackbacks* ermöglichen es, sozusagen auf Knopfdruck auf andere Weblogs zu verlinken und zu verfolgen, ob in einem anderen *Blog* Bezug auf die eigene Seite genommen wird. Zu den meisten Weblogs gehört ferner ein *RSS-Feed*. Interessierte Leser können diesen abonnieren und dann die neuesten Beiträge des Bloggers mit Hilfe eines *RSS-Readers* lesen, ohne dessen Blog aufrufen zu müssen.

Anwendungen und Chancen für die PR

Zunächst gefürchtet und verdächtigt

Ins Gespräch gekommen sind Weblogs in Deutschland nach der Jahrtausendwende. Damals gab es bereits erste *Blogger*, doch die Öffentlichkeit nahm wenig Notiz davon. Erst recht nicht die Unternehmen oder Kommunikationsverantwortlichen. Dies änderte sich schlagartig, als Johnny Haeusler im Herbst 2004 eine Glosse über den Klingeltonanbieter Jamba! in seinem *Blog* spreeblick.de veröffentlichte. Er kritisierte an sich Bekanntes: dass Jamba! junge Zielgruppen dazu verführe, statt eines einmaligen Klingeltons gleich ein ganzes Monatsabo zu bestellen. Zahlreiche Leser seines Beitrags reagierten und kommentierten, andere *Blogger* griffen das Thema auf, verlinkten zu Spreeblick und führten die Diskussion mit ihren Lesern weiter.

Der Schneeball war ins Rollen gekommen und irgendwann hatte auch Jamba! davon gehört. Unter Pseudonym ließ das Unternehmen diverse positive Kommentare auf spreeblick.de schreiben, welche die Kundenmeinung widerspiegeln sollten. Es dauerte nicht lange, bis dies bekannt wurde. Und damit kam die Lawine erst richtig ins Rollen. Klassische Print-Medien berichteten zuhauf über den »Fall Jamba!« – und in diesem Zusammenhang über die Macht der Weblogs. In den Pressestellen und Kommunikationsabteilungen läuteten die Alarmglocken.

Anwendungen und Chancen für die PR

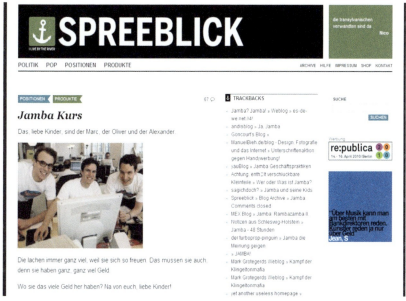

Johnny Haeuslers Satire über den Klingeltonanbieter Jamba!
(Quelle: spreeblick.com/2004/12/12/jamba-kurs)

Erste Unternehmen setzten testweise Weblogs ein, um beispielsweise von Messen zu berichten oder *Blogger* ein neues Produkt testen und darüber berichten zu lassen. Doch bei den meisten Kommunikationsexperten überwog weiter die Furcht, es hier mit völlig neuen Zielgruppen zu tun zu haben, die schlichtweg nach eigenen Spielregeln agierten. Doch das ist falsch. Wenn es eine Regel zum Umgang mit *Blogs* und *Bloggern* gibt, dann die, dass man sich wie im realen Leben verhalten sollte – sich nicht verstellen, die Absichten offen aussprechen und einfach mal die übliche PR- und Marketingsprache vergessen. Dann klappt es auch mit den *Blogs*.

Die Autorinnen und Autoren

Heute gibt es mehr als 200 Millionen Weblogs weltweit, innerhalb von fünf Jahren hat sich die Anzahl fast verfünffacht (Quelle: NM Incite). Die meisten Autoren nutzen ihre Journale zur Selbstdarstellung und zum Informationsaustausch. Gab es zunächst vor allem private *Blogger*, so ist in den vergangenen fünf Jahren die Anzahl der professionell betriebenen Blogs immer weiter angestiegen – in unterschiedlichen Themengebieten. Besonders viele sogenannte Corporate Blogs gibt es zu Technologie-Themen, dicht gefolgt von: Wirtschaft, Computer, News, Wissenschaft, Politik und Umwelt.

Nicht nur professionelle *Blogger* betrachten sich häufig als Experten auf ihren Gebieten, sie haben eher einen wissenschaftlich-journalistischen Stil (Quelle: alturl.com/954z). Private Blogger schätzen sich ähnlich ein. Studien belegen, dass Blogger überdurchschnittlich gebildet sind und über ein höheres Haushaltsnettoeinkommen verfügen als der Durchschnittsbürger. Ein *Blog*-Autor betreibt meist gleich drei oder mehr Journale zugleich – und das seit meist zwei Jahren oder schon länger. Über die Blog-Autorinnen und Autoren lässt sich ferner Folgendes festhalten (Quelle: alturl.com/ab8v):

- Zwei Drittel sind männlich.
- 60 Prozent sind 18 bis 44 Jahre alt.
- 40 Prozent haben einen Hochschulabschluss.
- 33 Prozent verdienen mehr als 75.000 Dollar p.a.
- Mehr als die Hälfte der Blogger ist verheiratet.
- Mehr als 50 Prozent haben Kinder.

Nicht nur in technologisch fortschrittlichen Ländern werden Weblogs stark genutzt. Auch dort, wo die freie Meinungsäußerung nur eingeschränkt möglich ist oder klassische Kommunikationskanäle zu langsam oder zeitweise abgeschnitten sind, wird oft auf Weblogs oder andere Online-Dienste zurückgegriffen. Ob während des Irakkrieges, dem Erdbeben in Chile Anfang 2010 oder nach dem schrecklichen Amoklauf von Winnenden – immer waren es Blogger, die als Erste Bilder und Einschätzungen des tatsächlichen Ausmaßes der Katastrophen lieferten. Allein die Kurzmeldungen via *Twitter* verbreiten sich noch schneller, sogar schneller als über Weblogs. Im Unterschied zum 140-Zeichen-Angebot bieten Weblogs eindeutig mehr Tiefgang und Raum für Analysen und umfassende Berichte – zumindest dann, wenn der Autor dazu in der Lage und daran interessiert ist. Fest steht aber auch, dass Blogger Twitter deutlich häufiger nutzen als User, die kein eigenes Blog betreiben. Rund 73 Prozent aller Blogger sind auch bei Twitter aktiv (Quelle: alturl.com/5qhy).

Leserbedürfnisse im Mittelpunkt

Wer Weblogs für die eigenen Kommunikationsziele nutzen möchte, muss zunächst die Menschen dahinter, *Blogger* und *Leser*, und deren Motive verstehen. Immer wieder fällt in Zusammenhang mit Weblogs der Begriff Tagebuch, doch wer gern Tagebuch schreibt, um Gedanken und Erlebnisse für sich festzuhalten, könnte dies auch völlig privat unter der Bettdecke tun. Bei Weblogs geht es darum, andere am eigenen Leben oder Wissen teilhaben zu lassen. Die Leser spielen also eine wichtige Rolle, mitsamt ihres Feedbacks in Form von Kommentaren.

Die einen bloggen, um neue Freunde zu finden, andere, um ihre Fähigkeiten anzupreisen und eine Art Marketing zu betreiben, viele einfach aus Spaß oder dem guten Gefühl heraus, Erkenntnisse mit anderen zu teilen. Klar ist: Ohne Leser ist das *Bloggen* nur halb so interessant, und so geben viele Neulinge ihr Journal wieder auf, wenn sie merken, dass die Resonanz eher gering ist.

Einzelne Weblogs geben den Ton an

Die besonders erfolgreichen Schreiber werden als A-Blogger oder Multiplikatoren bezeichnet. Sie bestimmen maßgeblich das Agenda Setting in der *Blogosphäre* und verfügen über ein dichtes, stabiles Netzwerk. Als Richtwert kann man sagen, dass ein Weblog, auf das aus mehr als 150 anderen Blogs verlinkt wurde, dazu gezählt wird. Was ein A-Blogger schreibt, wird in der Regel von anderen Bloggern aufgegriffen und verlinkt, so dass es schnell zur viralen Verbreitung von Nachrichten kommen kann. Und je mehr Blogger über ein Thema schreiben, desto größer ist die Wahrscheinlichkeit, dass klassische Medien darauf aufmerksam werden und ebenfalls darüber berichten. Denn es gehört inzwischen zum Rechercheralltag, das Internet und speziell die Journale der bekannten Blogger zu beobachten und wichtige Themen daraus aufzugreifen.

Eine Übersicht der wichtigsten, am meisten verlinkten Weblogs ist stets aktuell in den Deutschen Blogcharts unter deutscheblogcharts.de einzusehen. Hier fällt auf, dass überdurchschnittlich viele Blogs aufgelistet werden, die sich allgemein mit den Themen Blogging oder Technologie und Internet beschäftigen. Aber auch die Themen Marketing, Werbung und PR spielen eine große Rolle in den beliebten Blogs.

Anwendungen und Chancen für die PR

Das technische Einrichten eines Blogs

Doch wie erstellt man ein *Weblog* überhaupt? Es gibt zwei technische Wege, schnell ein Blog einzurichten – den Weg über einen sogenannten *Host* und den über eine Stand-alone-Software. Dienstleister wie blogger.com bieten den Service mit Basisfunktionalitäten kostenlos an. Es bedarf nur weniger Mausklicks, um bei einem Hosting-Partner in wenigen Minuten sein eigenes Weblog zu gestalten und Inhalte zu publizieren.

Tipp

Starten Sie Ihr Blog zunächst bei einem Hoster – buchen Sie die zusätzliche Option, ein eigenes Layout zu hinterlegen, das dem Branding Ihres Unternehmens entspricht. Wenn Sie am Bloggen Gefallen gefunden haben, können Sie jederzeit problemlos die Inhalte in eine Blog-Software überführen und alle Daten auf Ihrem eigenen Server ablegen.

Meist steht eine große Auswahl an Layout-Vorlagen zur Verfügung, und es können verschiedene Contentarten integriert werden – egal ob Text, Bild, Video oder Audiodatei. Die Hoster finanzieren ihren Dienst unter anderem durch Werbung, so dass ein wesentlicher Nachteil darin besteht, dass automatisch Werbung in Ihrem Blog erscheinen kann. Für professionelle Unternehmen, die zudem eventuell eigene Werbekunden einbinden möchten, ist dies wenig ratsam. Eine Auswahl von Hosting-Diensten:

- Blog.de
- Blogg.de
- Blogger.com
- Livejournal.com
- Myspace.com
- Tumbrl.com

Stand-alone-Systeme müssen zunächst heruntergeladen und installiert werden, die Inhalte liegen auf dem Server des Weblogbetreibers – ein großer Vorteil für Unternehmen, die über einen eigenen Server und das Fachpersonal verfügen. Jedoch ist die Einbindung der Blog-Software in die eigene Systemarchitektur etwas aufwendiger als die Nutzung von Hostern. Dafür bieten die Systeme teilweise attraktive Ergänzungen zur Verwaltung von Mitgliedern, sodass man neben dem Blog eine richtige Community aufbauen kann. Eine Auswahl von Stand-alone-Lösungen:

- movabletype.org
- textpattern.com
- wordpress.org

Vor- und Nachteile der Systeme

+ Vorteile Hoster:

Sehr einfach und schnell zu bedienen; es werden zahlreiche vorgefertigte Layouts zur Verfügung gestellt; keine Traffic-Kosten

− Nachteile Hoster:

Hinterlässt einen unprofessionell(er)en Eindruck bei gestandenen Bloggern; unflexibles System; die Inhalte liegen auf den Servern der Hoster; oft wird Werbung bei den Basis-Paketen automatisch hinzugeschaltet

+ Vorteile Stand-alone-Software:

Alle Inhalte sind auf Ihrem Server abgelegt; volle Flexibilität der Darstellung und Integration in Ihre Homepage; Image der Online-Profis

− Nachteile Stand-alone-Software:

Aufwand des Einrichtens ist höher; Traffic-Kosten liegen beim Betreiber und können je nach Contentart und Zugriffszahlen steigen

Davon profitieren Unternehmen

Ein eigenes *Weblog* einzurichten, kann für Unternehmen einen wahren Zugewinn bedeuten. Denn es geht nicht nur darum, sich ein vordefiniertes Image zu geben und bestimmte Botschaften in der *Blogosphäre* zu verbreiten. Die Vorteile von Weblogs sind vielfältig.

Anwendungen und Chancen für die PR

Es ist möglich,

- ungefilterte Informationen von Kunden, Geschäftspartnern und potenziellen Zielgruppen einzuholen,
- in direkten Dialog mit den Zielgruppen zu treten,
- Image- und Markendienste zu leisten,
- Produkt- und Meinungskampagnen zu begleiten,
- Marketingaktivitäten zu unterstützen,
- die Kundenbeziehung zu verändern,
- Themen zu positionieren,
- Krisen abzufangen und zu steuern.

Das, was mit einem *Weblog* erreicht werden kann, würde sicher auch auf anderem Wege gelingen, doch die Glaubwürdigkeit und die Schnelligkeit dieses Instruments sind deutlich höher als bei konventionellen Maßnahmen. Allerdings sollte man bedenken, dass es wenig sinnvoll ist, sich erstmalig eines Blogs zu bedienen, wenn eine Krisensituation eingetreten ist. Wer vorher nicht bereits offen und glaubwürdig kommuniziert hat, wird nur mit viel Glück akzeptiert. Einer der größten Fehler ist es, zu glauben, mit Blogs in irgendeiner Form andere *Blogger* oder die eigentliche Zielgruppe manipulieren zu können.

Entweder man ist bereit, sich der Kritik und den Fragen der Öffentlichkeit zu stellen und ohne Werbefloskeln zu reagieren, oder man lässt es besser. Die Gefahr ist groß, dass in anderen Weblogs Negatives über das Unterfangen berichtet wird oder – fast noch schlimmer – Leser ausbleiben und die Vorgesetzten irgendwann den »Versuch Weblog« als gescheitert betrachten.

Im besten Fall profitiert das Unternehmen von dieser Kommunikationsform. Es erreicht idealerweise eine gesteuerte Meinungsbildung und hohe Mund-zu-Mund-Propaganda, profitiert von der direkten, ungefilterten Kommunikation und der daraus resultierenden Intensivierung der Beziehung zu Meinungsmachern und Multiplikatoren und steigert die Authentizität. Quasi »nebenbei« erfährt ein bloggendes Unternehmen das direkte Kundenfeedback und betreibt zudem Suchmaschinenoptimierung. Abgesehen davon gibt es kaum ein schnelleres und preisgünstigeres Kommunikationsinstrument.

Eine Herausforderung

Neben all den Chancen, die es bietet, bedeutet das Bloggen meist auch, das bisherige Kommunikationsvorhalten gänzlich zu überdenken und womöglich zu ändern. Die Bereitschaft, andere Meinungen zuzulassen und sich auch zu heiklen Themen zu äußern, ist für manche erst nach einem Lernprozess selbstverständlich. Hier hilft nur: Probieren, ehrlich bleiben und sich nicht einschüchtern lassen. Auf einige blogtypische Reaktionen und Einsichten sollte sich das Unternehmen vorbreiten und gegen diese gewappnet sein.

Auch wenn man sich einen noch so kleinteiligen Redaktionsplan gemacht hat, muss immer wieder davon abgewichen werden. Die Inhalte sind eben nur bedingt steuerbar, vor allem, wenn regelmäßig öffentlich ein spezieller Aspekt seitens der Leser angesprochen wird. Auch Zensur bei Kommentaren ist nur eingeschränkt möglich. Klar ist, dass der Betreiber eines Weblogs entscheiden kann, alles hier Veröffentlichte vorab zu prüfen und auch sogenannte *Guidelines* zur Wahrung der Rechte Dritter erlassen kann. Doch nur, weil ein Kommentator ein Produkt »langweilig« oder »blöd« findet, sollte der Beitrag des Lesers auf keinen Fall gelöscht werden. Auf negative Äußerungen und Kritik muss sich jeder *Blogger* schlicht einstellen, hier gelten die Regeln der kontroversen Diskussion, bei der ebenfalls nicht alle Anwesenden einer *Meinung* sind. Auch der Ton ist vergleichbar, man spricht frei die eigene Sicht aus – und das manchmal mit rauen oder gar verletzenden Worten. Der Autor sollte damit umgehen können und auch bei Sticheleien entspannt reagieren.

Doch die größten Hürden bei der Entscheidung für ein Unternehmens-Blog bestehen in der zu erwartenden Transparenz und dem Aufwand. Gerade in Deutschland gehört es nicht zur Unternehmenskultur, sich freimütig vor der Einführung eines neuen Produktes über dessen Vorzüge zu äußern oder Fehler offen einzugestehen. Es gehört zur dialogorientierten Kommunikation, geschickt frühzeitig Informationen zu streuen und Nachlässigkeiten zuzugeben. Das gelingt nicht von heute auf morgen.

Inhalte für ein Unternehmens-Blog

Was interessiert Sie? Wofür begeistern Sie sich? Wann fühlen Sie sich motiviert, etwas zu einem Thema beitragen zu wollen? Beantworten Sie diese Fragen, und Sie wissen, mit welchen Inhalten Sie Ihre Zielgruppen über ein *Weblog* begeistern können. Das war schon früher so? Ja, aber damals konn-

Anwendungen und Chancen für die PR

ten nicht Tausende, wenn nicht Millionen potenzieller Multiplikatoren »mithorchen«. Damals kümmerten Sie sich nur um die, die ganz besonders wichtig für den Erfolg Ihrer Arbeit waren, den bekannten Redakteuren von Stern und Spiegel, den Machern der »Tagesschau«. Und niemand bekam mit, was Sie erzählten. Das ist nun anders. Alle können mitlesen, was man denkt, alle werden plötzlich zu Multiplikatoren. Je nachdem, wer und was mit der Unternehmens-Kommunikation erreicht werden soll, ergibt sich womöglich ein anderer Inhalt für das Weblog.

Ein Blog kann exklusives Material für eine sehr spezielle Zielgruppe enthalten, bei Bedarf auch gesichert durch einen Passwortschutz. Gemeint sind Informationen, die nur ausgewählten Personen zur Verfügung gestellt werden sollen, Hintergrundberichte, Verkaufsargumente oder auch Produktdefizite. Sie geben den Lesern einen besseren Einblick und binden ihn an die Marke. Aber auch dokumentierendes Material oder ganze Themen-Dossiers steigern das Vertrauen in den Absender.

Besonders erfolgreich bei sehr breiten Zielgruppen sind unterhaltsame Beiträge; man will schlicht amüsiert, verblüfft und manchmal auch provoziert werden. Objektivität bieten die klassischen Medien. Aber auch Erfahrungsberichte, am besten von unabhängigen Verbrauchern, und Services wie Tipps und Tricks bei der Nutzung eines Produkts oder einer Dienstleistung, sind sehr gefragt – jedoch eher beim Durchschnitts-Internetnutzer als bei den Multiplikatoren der *Blogosphäre*. Diese interessieren sich überdurchschnittlich häufig für Themen wie Internet, Marketing, PR, Werbung und technische Geräte.

Das bieten, was den Leser interessiert

Die Intention und die Motivation eines Unternehmens bestimmen demzufolge den Inhalt seines Weblogs. Doch vor allem steht das Interesse der avisierten Zielgruppe. Nur weil sich eine Agentur um PR kümmert, sollte sie nicht unbedingt über PR bloggen. Denn die Leser, die sie mit ihrem Weblog ansprechen möchte, die Kommunikationsverantwortlichen großer Konzerne, sind wahrscheinlich mehr an Autos, Golf oder Work-Life-Balance interessiert als an den neuesten Erkenntnissen zum Thema Verteilerrecherche. Und sie werden, wenn sie noch nichts von Ihrem Unternehmen gehört haben, vermutlich eher nach dem im Internet suchen, was sie persönlich interessiert, als nach Alltagserfahrungen der Mitarbeiter einer Firma oder Agentur.

Die ersten Schritte

Wer noch nie mit Weblogs zu tun hatte, eines gelesen oder gar selbst etwas darin veröffentlicht hat, sollte mit dem Einfachsten beginnen – ein interessantes Blog lesen, egal ob es sich um Rezepte (kochtopf.twoday.net) oder Mode (lesmads.de) handelt. Niemand sollte mit einem Blog starten, ohne je eines gelesen zu haben. Und wer zudem in offiziellem Auftrag eines Unternehmens bloggt, sollte vorab zumindest schon mal irgendwo einen »für die Ewigkeit gespeicherten« Kommentar als Unternehmens-Vertreter hinterlassen haben. Muss dieser vorab von der Rechtsabteilung, den Vorgesetzten oder sogar von der Konzernspitze abgenommen werden, könnte es sein, dass sich das Unternehmen das mit dem spontanen, offenen, authentischen Dialog noch einmal überlegen sollte.

Tipp

Probieren Sie doch erstmal aus, ob Weblogs das richtige Kommunikationsinstrument für Sie sind – mit einem (zunächst) temporär angelegten Blog. Dies kann beispielsweise im Rahmen einer Messe, Produktneuerung oder begleitend zu einer Kampagne geführt werden. Nach ein bis zwei Monaten erfolgt die Auswertung, und wenn Sie mit den Ergebnissen zufrieden sind, kann es weitergehen.

Stellen Sie sich vor der Entscheidung für ein eigenes *Weblog* folgende Fragen:

- Haben wir genug zu erzählen, um etwa ein bis zwei Mal pro Woche darüber zu berichten?
- Haben wir mindestens zwei bis drei Stunden wöchentlich Zeit?
- Gibt es etwas, wofür wir uns so richtig begeistern?
- Sind wir kritikfähig und bereit, uns auch über unangenehme Punkte offen zu äußern?
- Gibt es zwei, drei Kollegen, die gerne schreiben und Spaß am Bloggen haben könnten?
- Ist unsere Zielgruppe online-affin?
- Wonach könnte unsere Zielgruppe im Web suchen? Wäre das ein möglicher Aufhänger für das *Blog*?

Anwendungen und Chancen für die PR

 Tipp

Es kann gut sein, dass bis zu ein halbes Jahr vergeht, bis Sie mit Ihrem Weblog online sind. Planen Sie also genügend Zeit ein und beginnen Sie schon heute damit, zumindest einige Journale zu lesen. Das ist die beste Vorbereitung und Voraussetzung für den späteren Erfolg.

In folgenden Fällen sollten Sie eventuell noch einmal darüber nachdenken, ob ein Blog das Richtige für Ihr Unternehmen ist:

- Praktikanten werden als Autoren eingesetzt.
- Der Assistent der Geschäftsführung soll sich als sein Chef ausgeben und unter seinem Namen bloggen.
- Alle kritischen Kommentare sollen gelöscht werden.
- Schon jetzt sind alle Mitarbeiter überlastet und sammeln Überstunden.
- Die Mitarbeiter finden das Web und Social Media langweilig und oberflächlich und sind auch nicht von ihren Überzeugungen abzubringen.
- Sie haben etwas zu verbergen.
- Niemand hat Zeit, die Reaktion der Blogosphäre auf Ihr Blog zu beobachten.
- Es ist abzusehen, dass es bald ein gravierendes Problem mit einem Produkt oder einer Dienstleistung geben wird.
- Sie haben in letzter Zeit öffentlich und laut über Weblogs und *Blogger* geschimpft, was auch im Web dokumentiert ist.

Checkliste: Weblog

- Schreiben Sie bereits in den vier Wochen vor dem eigentlichen Start Beiträge und füllen Sie das Archiv und die einzelnen Rubriken mit mindesten je ein bis zwei Beiträgen.

- Legen Sie eine sogenannte *Blogroll* an, eine Liste mit Ihren Lieblingsblogs und solchen, die Ihrem Journal thematisch verwandt sind. Wenn Sie Glück haben, verlinken diese daraufhin auch auf Ihr Weblog und Sie gewinnen ein paar Leser hinzu.

Anwendungen und Chancen für die PR

- Bloggen Sie niemals anonym oder unter Pseudonym. In einem »Über uns« können Sie die Autoren namentlich und mit Funktion vorstellen.

- Ein Impressum ist Pflicht (siehe dazu das Kapitel »Rechtliche Aspekte«). Auch eine Kurzbeschreibung der Autoren sollte geboten werden.

- Sprechen Sie vor dem Start des Blogs mit den Autoren darüber, wie der Ton sein sollte, was im Falle von kritischen Kommentaren zu tun ist und wo die Grenzen liegen – auch die Zeit für das Bloggen betreffend. Gibt es Themen, die auf keinen Fall angesprochen werden dürfen? Geheimnisse, die geheim bleiben müssen? Eventuell halten Sie die Vereinbarung auch in einem Letter of intent fest.

- Lassen Sie Kommentare von Ihren Lesern zu. Doch behalten Sie sich vor, diese vor dem Publizieren kurz zu prüfen. Löschen Sie keine Kommentare, selbst wenn Sie diese nicht freischalten.

- Schreiben Sie eine nachvollziehbare *Guideline*, die für alle Leser des Blogs offen einsehbar ist. So weiß jeder, woran er ist und wie die Regeln der Kommunikation in Ihrem Blog lauten. Sie können hier auch notieren, wann mit einer Freischaltung eines Kommentars zu rechnen ist, etwa während der regulären Arbeitszeit und am Wochenende.

- Verlinken Sie auch aus den einzelnen Postings auf andere Weblogs oder »normale« Webseiten. Gerade wenn Sie sich auf eine andere Quelle beziehen, sollten Sie diese auch erwähnen und einen Link setzen. Alles andere erweckt den Anschein von »Gedankenklau«.

- Lügen Sie nicht, niemals. Wenn Ihnen eine Frage gestellt wird, die Sie nicht beantworten mögen, können Sie schlicht schreiben, dass Sie dazu keine Aussage machen.

- Nutzen Sie alle Formen von Content-Arten. Ergänzen Sie Texte durch Bilder, Videos oder Audio-Dateien. Achten Sie jedoch auf die Größen, nicht jeder Ihrer Zielgruppe verfügt über eine schnelle Internetverbindung.

45

- Stellen Sie Fragen, auch zu den Wünschen an das *Blog*. Und fordern Sie ruhig Feedback ein, ob es gefällt oder was weniger gut ankommt.

- Bemühen Sie sich um korrekte Rechtschreibung und Grammatik. Korrigieren Sie mögliche Fehler sofort. Ein inhaltlicher Fehler, auf den Sie durch einen Kommentar aufmerksam gemacht wurden, sollte nicht einfach gelöscht werden. Die Korrektur erfolgt elegant durch ein Durchstreichen des Textes, etwa so: ~~Ein neues Weblog spricht sich von allein rum.~~

- Machen Sie Ihr Blog aktiv bekannt, und nutzen Sie auch die anderen Kommunikationsinstrumente im Internet. So hinterlassen Sie »Spuren«, und Ihr Blog wird eher gefunden. *Suchmaschinenoptimierung* ist ein Muss.

- Sollte ein Leser anderer *Meinung* sein: Gehen Sie respektvoll mit diesen um, und lassen Sie sich nicht zu ausfälligen Bemerkungen verleiten. Mit einer unüberlegten Reaktion kann die Reputation, die Sie mühevoll aufgebaut haben, auf einem Schlag beschädigt sein.

Ein vorbildliches *Blog*, das all diese Regeln beachtet hat, ist www.forumblog.org, die Dokumentation des World Economic Forums in Davos. Jahr für Jahr schreiben hier Teilnehmer und extern angeheuerte *Blogger* ihre Eindrücke und Gedanken auf, setzen Diskussionen fort und halten die Gespräche in Videos und Audio-Dateien fest.

Anwendungen und Chancen für die PR

Seit Jahren informiert das Blog zum World Economic Forum vorbildlich, auch zwischen zwei Veranstaltungen. (Quelle: www.forumblog.org/blog)

Audio- und Video-Podcast

Audio- und Video-Podcasts sind quasi der Hörfunk und das Fernsehen der Zukunft. Es handelt sich dabei um Audio- und Videosequenzen, die der Nutzer im Internet ansteuern, ja sogar abonnieren kann. Der Begriff entstand dort, wo die ersten Podcasts produziert wurden: in den USA. Der Terminus ist eine Mischung aus *Broadcasting*, dem englischen Begriff für Rundfunk oder Sendung, und dem bekannten iPod von Apple, einem der ersten mobilen Empfangsgeräte für Podcasts. Das Besondere und für den Nutzer Attraktive ist die On-Demand-Function, der aktive *Download* von Inhalten wie Videos.

Für Marketing und PR bieten sich sowohl Video- als auch Audio-Botschaften an, da beide sehr zielgruppenspezifisch eingesetzt werden können. Denkbar sind Formate zu jedem Thema. Und es gibt kaum eine ver-

Anwendungen und Chancen für die PR

braucherfreundlichere Anwendung: Die Hörer oder Zuschauer bestimmen selbst, wann und wo sie das Angebot nutzen. Fast alle Kommunikationsgeräte, die heute nahezu überall im Einsatz sind, können Podcasts und Videos abspielen. Und fast alle können sie zudem erstellen – fehlt nur noch der Inhalt, er produziert sich inzwischen fast von selbst.

Technische Voraussetzungen

Beim Podcasting kann sich der Nutzer Audio- und Videosequenzen direkt im Internet über den eigenen Computer anschauen bzw. anhören. Dateien werden auch heruntergeladen und auf einem iPod oder einem anderen Abspielgerät wie dem MP3-Player angehört.

Die technische Grundausstattung für die eigene Produktion besteht in einem Computer und einem Breitbandzugang. Ein *Vodcast* wird mit einer Videokamera aufgezeichnet – doch auch die meisten Digitalkameras und Mobiltelefone nehmen inzwischen Filme in guter Qualität auf. Ein Audio-*Podcast* lässt sich einfach mit Hilfe eines Mikrofons (viele Computer haben bereits eines integriert, doch die Qualität der Aufnahme darüber ist meist schlecht) und einer Soundkarte erstellen, die heute in jedem PC und Laptop zu finden sind.

Einige *Podcast*-Autoren veröffentlichen ihre Beiträge ungeschnitten. Für Aufnahmen mit einem professionelleren Ergebnis ist aber eine Nachbearbeitung im Schnitt besser. Lösungen für *Vodcasts* sind elektronische Cutter wie SmartMovie, MagicStyle, MovieShowMaker oder Schnittprogramme wie Video deluxe, Studio Plus 10, Muvee AutoProducer. Für den reinen Audio-Schnitt finden sich ebenfalls diverse Programme wie etwa DALET. Eine wirklich gute Freeware ist von Audacity zu haben (audacity.sourceforge.net). Speziell für Macs und die iLife software suite bietet sich GarageBand an, ein professionelles Tonstudio kann auch nicht viel mehr.

Veröffentlichung von Pod- und Vodcasts

Zu finden sind Pod- und Vodcasts im Internet beispielsweise eingebunden auf Weblogs (vgl. z. B. pimpmybrain.de). Die Dateien können nicht nur angehört oder angeschaut werden, sondern auch heruntergeladen oder abonniert werden. Innerhalb des Weblogs kann ein Kommentar als Antwort auf die Audio- und Video-Dateien eingetragen werden.

Anwendungen und Chancen für die PR

Alex Wunschel ist einer der ersten und berühmtesten Podcaster Deutschlands. Hier gibt es Tipps und Tricks zum Thema. (Quelle: pimpmybrain.de)

Weitere Möglichkeiten bieten Portale wie Youtube, Sevenload von Burda oder auch Clipfish des TV-Senders RTL, die Bild-, zum Teil auch Tondateien anbieten.

Zudem gibt es ganze Online-Verzeichnisse, die den Einstieg in die Welt des Online-Radios und -TVs erleichtern:

- www.apple.de/itunes
- www.podcastalley.com
- www.podcast.de
- www.podster.de

Das Angebot an Video- und Audio-Clips ist so zahlreich, dass ein direktes Ansteuern der einzelnen Dateien schnell sehr zeitaufwendig wird. Der regelmäßige *Podcast-Nutzer* abonniert sich deshalb die Dateien per *RSS-Feed* (Really Simple Syndication-Feed). Damit bestellt er sich neue Dateien des ausgewählten Typs, ähnlich wie einen Newsletter. Allerdings landen die Dateien, je nach Wahl, auf dem PC, dem Mobiltelefon, dem PDA oder der Spielkonsole. Die Adresse des *RSS-Feeds* erhält ein *Podcatcher* auf dem Endgerät, der damit neue Clips finden und herunterladen kann. Eine Übersicht von aktuellen Podcatcher-Programmen findet sich auf podster.de/wiki.

Gedankenvielfalt und bunte Zielgruppen

Bei den Inhalten und Formaten von Audio- wie auch Video-Podcasts sind kaum Grenzen gesteckt – von Interviews, Geräusch- und atmosphärischen Dateien, Mitschnitten von Aufführungen jeder Art, Kommentaren, Essays, Glossen, Zusammenfassungen über Reportagen bis zu Meldungen. In der Weite des World Wide Web findet sich für jeden noch so speziellen Beitrag eine Hörer- oder eine interessierte Zuschauergemeinde in den Feldern Musik, Buntes, Comedy, Kulturelles, Technik, Politik, Nachrichten, Wirtschaft, Filme, Bildung, Reise oder Sport.

Auch hier gilt: Ein Unternehmen, das via Podcast kommunizieren möchte, sollte sich zunächst Gedanken darüber machen, was seine Zielgruppe interessieren könnte. Die Käufer von Feinkost würden sich eventuell eher eine Kochshow im Web anschauen als Filme von der Produktion, Autofahrer laden sich vermutlich eher gute Musik herunter, die sie unterwegs genießen können, als Statements zur Schadstoffreduktion.

Verändertes Mediennutzungsverhalten

Podcasts werden vor allem als Informationsmedium genutzt, neben der Information geht es vor allem um Denkanstöße und Weiterbildung. Unterhaltung, Entspannung und Spaß spielen bei den Hörern eine geringere Rolle (Quelle: Umfrage von podcast.de, alturl.com/s3m8). Eifrige *Podcast-Nutzer* sind zudem häufig in sozialen Netzwerken, als *Blog*-Autoren, bei Twitter oder auf Video-Portalen wie youtube.de anzutreffen. Klassische Medien wie TV und Radio nutzen sie hingegen kaum – maximal eine Stunde pro Tag.

> **Checkliste: Podcasts in Marketing und PR**
>
> - Keine aufgewärmten Gerichte:
>   Die Sendungen sollten für ihren speziellen Einsatz entwickelt und produziert werden.
>
> - Konversation gewinnt:
>   Denken Sie an Radio-Talk Shows, das sind Formate, denen jeder gern zuhört.
>
> - Regelmäßige Serien:
>   Eine einmalige Sendung wird keine Fan-Gemeinde finden. Veröffentlichen Sie mindestens jede Woche eine Ausgabe.
>
> - Auf die Länge achten:
>   Fünf bis sieben Minuten – viel länger sollte Ihr Podcast nicht sein.

Der deutschsprachige Podcast-Hörer ist laut der Podcast-Studie 34 Jahre alt, männlich (82 Prozent) und gebildet – fast drei Viertel der Hörer haben Abitur oder einen Hochschulabschluss. Meist hört der Rezipient die Podcast zu Hause (90 Prozent), aber zunehmend auch unterwegs – in öffentlichen Verkehrsmitteln, beim Spazierengehen oder auf Reisen.

Anwendungen und Chancen für die PR

Nur jeder vierte regelmäßige *Podcast-Nutzer* würde eventuell für diesen Dienst zahlen, Werbung vor und nach einer Sendung hingegen wird von fast allen akzeptiert. Hauptsache, die Qualität des Formats stimmt. Gerade im Bereich des Video-Podcastings werden wackelige Privataufzeichnungen nicht akzeptiert, Filme in Fernsehqualität, das erwarten die Nutzer.

Erfolgsrezepte für Videos

Die Bedeutung von Videoformaten im Web wächst stetig, ob der klassische Fernsehkonsum bald völlig in Vergessenheit geraten wird, lässt sich nicht sagen, aber es scheint fast so. Junge Menschen gucken nicht mehr nur Fernsehen, sondern parallel auch Youtube. Die Videoformate sind ständig verfügbar, angefangen bei Serien über kurze Clips bis hin zu Live-Streams. Auch in Marketing und PR lassen sich Videoformate im Internet bestens integrieren.

Eine der erfolgreichsten Kampagnen war und ist die Sendung »Will IT Blend« der Firma Blendtec, ein einst eher unbekanntes Unternehmen, das hochwertige Mixer herstellt. Mit dem Eintritt des Marketing-Direktors George Wright in das Unternehmen wurde die Marke zur bekanntesten in den USA. Er entwickelte ein einfaches Videoformat, das unterhaltsam ist und zugleich die Vorzüge der Blendtec-Mixer verdeutlicht: In jeder Folge zerstückelt Wright einen anderen Gegenstand in einem Mixer, er präsentiert das Spektakel mit Laborkittel und Riesen-Schutzbrille. Neben dem Erfolg des Formates im Web können sich die Ergebnisse im Verkauf sehen lassen: Die Umsätze des Unternehmens sind seit Einführung der Videoserie um 700 Prozent gestiegen.

Anwendungen und Chancen für die PR

Der Blendtec-Mixer kriegt alles klein und der Youtube-Kanal gehört zu den beliebtesten der Plattform. (Quelle: youtube.com/user/blendtec)

Ein weiteres erfolgreiches Format ist Wine Library TV, eine Produktion von Gary Vaynerchuck und seiner Firma Wine Library. Diese steigerte ihren Jahresumsatz in kurzer Zeit von 2 Millionen Dollar auf 50 Millionen Dollar – und das mit Hilfe der Internet-Show auf www.winelibrary.tv. Vaynerchuck selbst gehört inzwischen zu den bekanntesten Menschen in den USA, er hat ebenso viele Fans wie manche Popstars. Dass das Format so erfolgreich wurde, liegt vor allem in der Persönlichkeit des Geschäftsführers begründet, sein einnehmendes Wesen, seine Empathie, sein Humor und sein umfassendes Wissen rund um den Wein, den er verkauft, machen ihn zum glaubwürdigen Fürsprecher.

Chance oder Risiko?

Der heimische Computer ist ein multimedialer Knotenpunkt, über den der Verbraucher gezielt Informationen sucht oder selbst produziert. Er wählt sie nach seinem eigenen Geschmack aus, verwirft oder verwertet sie. Das heißt, die klassischen *Gatekeeper*, die Journalisten, welche nach möglichst objektiven Kriterien recherchieren, prüfen, Informationen auswählen und für den Rezipienten aufbereiten, werden in dieser Informationskette ersetzt.

53

Das Risiko: Bei wichtigen und ernsthaften Themen lassen sich lancierte Produktionen häufig von manipulierten Inhalten nicht unterscheiden. Gleichzeitig vermittelt die professionelle Art der Ton- und Bildproduktion, dass die Inhalte wahrhaftig seien. Die Chance aber ist gleichermaßen, dass von Privatleuten recherchierte Inhalte ihren Weg bis in die klassischen Medien finden und etwa Missstände aufdecken, die bislang verheimlicht oder nicht kommuniziert wurden.

Videos in der PR

- Video-Blogging
  In Video-Blogs werden Bewegtbilder genutzt, um Botschaften zu transportieren. Diese sind besonders gut auffindbar und abonnierbar.

- Produkt-Vorstellungen
  Filme, in denen Produkte erklärt werden, erhalten selten einen Kult-Charakter – aber sie steigern die Glaubwürdigkeit und demonstrieren die Nutzung. Zudem ist ihre Produktion meist recht günstig.

- Anleitungen
  Ein Video-Tutorial spart Geld und Zeit bei der Erklärung eines Produktes. Es lassen sich Sammlungen aufbauen und archivieren.

- Streaming-Videos
  Live-Filme lassen Interaktivität zu, eignen sich aber besonders zur Übertragung von Veranstaltungen und Konferenzen.

- Viral-Videos
  Wer mit einem Video einen Schneeballeffekt erreicht, hat vor allem Glück. Wirklich planen lässt sich dies nicht.

Anwendungen und Chancen für die PR

Einmal ein Viral-Video, bitte

Was muss ein Spot, eine ganze Serie bieten, um sich wie ein Virus quasi von selbst zu verbreiten? Via Mail von Nutzer zu Nutzer geschickt zu werden, in der Mittagspause Gesprächsthema zu sein und von Lanz & Co. im klassischen Fernsehen als Lacher vorgestellt zu werden? So wie all die Spots, die regelmäßig auf Visible Measures als die erfolgreichsten vorgestellt werden (visiblemeasures.com).

Den meisten erfolgreichen Spots ist gemein, dass sie es schaffen, in sehr kurzer Zeit ihre Botschaften zu transportieren. Zwei bis maximal drei Minuten – länger sollte der Film nicht sein, außer, er ist so genial, dass die Geschichte länger trägt.

Je einzigartiger die Idee, desto einfacher kann die technische Umsetzung ausfallen. Doch betrachtet man die Charts der erfolgreichsten Spots, fällt auf, dass es vor allem die technisch sehr aufwendigen Produktionen sind, die viral wirken.

Dass Originalität vor Handwerk kommt, ist keine Frage. Gute Clips sprechen ihre Zuschauer emotional an; was mich berührt, möchte ich anderen mitteilen. Wenn das Gezeigte dann noch zu Diskussionen anregt, sind die wichtigsten Regeln umgesetzt. Und dennoch: am Ende entscheiden die Zuschauer, ihr Verhalten, ihr aktueller Geschmack und die Stimmung sind nicht einplanbar. Niemand sollte von daher enttäuscht sein, wenn es nicht auf Anhieb klappt mit dem Viral-Spot.

Praktische Erfahrung: Videos im Einsatz bei evangelisch.de

Noch während der Entwicklung des Portals evangelisch.de wollten wir über einen möglichst viral wirkenden Spot die Aufmerksamkeit auf die Webseite lenken. Dazu setzte die von uns beauftragte Produktionsfirma auf Humor und Überraschungseffekte. Das allgemein akzeptierte Stilmittel Witz sollte neu inszeniert und mit der Marke in Verbindung gebracht werden. In Szene gesetzt wurde schließlich die Geschichte von den im Boot angelnden Pastoren: Der erste hat Hunger, läuft über das Wasser und holt sich ein Brot, der zweite läuft über das Wasser und holt sich etwas zu trinken. Der dritte will es auch ausprobieren und geht baden. »Vielleicht hätte ihm jemand was von den Steinen sagen sollen«, raunen sich die anderen zu.

Dieser Spot wurde über Youtube, ein Blog, via Twitter und im TV bekanntgemacht. Die Zuschauer waren begeistert, mit dem Humor eines

55

Anwendungen und Chancen für die PR

kirchlichen Website-Betreibers haben viele nicht gerechnet. Die Zugriffe und Kommentare stiegen in den sechsstelligen Bereich – und das bei einem Portal, das es zu dem Zeitpunkt noch gar nicht gab.

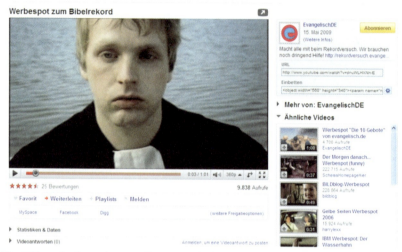

Ein Witz mit einem langen Bart – und dennoch: Wer eine Idee professionell inszeniert, kann damit erfolgreich sein. (Quelle: youtube.de, alturl.com/znc2)

Wenige Monate nach dem gut angenommenen Angler-Spot wollten wir diesen Erfolg wiederholen, mit dem gleichen Ansatz: einem zumindest in Kirchenkreisen bekannten Witz, guter Inszenierung und Überraschung. Zum Launch des Portals wurde die Geschichte von Moses und den zehn Geboten nachgespielt. Die Geschichte: Moses verspricht, sich zu kümmern und tritt ab zum Gespräch mit Gott. Als er wiederkommt, hat er eine gute und eine schlechte Nachricht. Die gute: »Ich habe ihn runter auf zehn.« Die schlechte: »Ehebruch ist immer noch dabei.« Gut, der Witz ist vielleicht schlecht, aber an sich nicht schlechter als der mit den angelnden Pastoren. Aber die erhofften Reaktionen blieben aus. Noch immer ist uns nicht klar, was falsch lief. Aber so ist das eben im Internet. Ein Viral-Spot lässt sich planen, seine Wirkung nicht.

Anwendungen und Chancen für die PR

Vorteile des Podcastings

Mobile Geräte haben heute technische Standards erreicht, die Nutzern wie Produzenten breitere Möglichkeiten eröffnen als jedes Medium zuvor. Egal ob mit PC, iPod, MP3-Player, PDA oder Handy – *Podcasts* sind ein attraktives Angebot, die Sendungen, die der Nutzer wirklich sehen oder hören will, zu jeder Zeit und an jedem Ort abrufbar zu machen. Lokale Reichweiten wie die des regionalen Hörfunks sind für Podcaster irrelevant – sie sind davon unabhängig. Störende Werbepausen fallen gänzlich weg. Abwarten, ob der Beitrag wieder interessant wird, ist überholt. Podcasts können hin und her gespult werden.

Für Unternehmen, die ein Podcast betreiben, bedeutet dies, dass ihre Botschaften tatsächlich gehört werden – von den Menschen, die sich wirklich dafür interessieren. PR-Experten bekommen bei dem Gedanken eventuell das Grausen. Denn klar ist, dass die Zeiten, in denen »schöne« Zahlen von Reichweiten, die über TV oder Funk erreicht werden, plötzlich in Konkurrenz treten zu Downloads, Abonnements und Traffic. Nicht das, was man in die Welt hinaus kommuniziert, zählt, sondern das, was tatsächlich angenommen wird.

Öffentlichkeitsarbeit auf neuen Wegen

Audio- und Video-Podcasts machen ein Angebot für jeden noch so differenzierten Wunsch und Geschmack. Genau hier liegen die Möglichkeiten und Chancen der modernen PR-Arbeit. Gerade mit Spezialthemen lässt sich in der Nische die avisierte Hörer- und Zuschauerschaft finden. Direkter kann eine Zielgruppe kaum angesprochen werden: Was ein Unternehmen oder eine Organisation zu sagen haben, erreicht genau die Gruppe, die es tatsächlich hören möchte. Es ist also Spartenprogramm statt Mainstream gefragt. Ein weiterer Vorteil: Das gesprochene Wort oder ein Film wirkt deutlich authentischer und emotionaler als jede Pressemitteilung oder schriftliche Meldung.

Der Rundfunk strahlt Beiträge einmal, manchmal auch mehrmalig aus. Dennoch erreichen sie die Zielgruppe nicht, wenn zur richtigen Zeit das Radio oder das TV-Gerät nicht eingeschaltet ist. Das Internet kennt diese Einschränkung nicht. Egal wann der Verbraucher Zeit und Lust auf das Online-Angebot von Audio- und Video-Podcasts hat, er kann rund um die Uhr zugreifen.

Anwendungen und Chancen für die PR

Pod- und Vodcasts, die gefallen, leiten Nutzer gerne an ihre Netzwerke, an ihre Bekannten und Freunde weiter. So wie man auch sonst auf der Straße oder im Büro über Kurioses berichtet, erfreuen sich User daran, etwas zu entdecken, worüber andere schmunzeln. Bei außergewöhnlich interessanten Dateien kann das schnell zu einer Verbreitung nach dem Schneeballprinzip führen. Organisationen und Unternehmen können diese Mundpropaganda von Communities zur strategischen Kommunikation nutzen: In einer viralen Kampagne breiten sich Inhalte wie ein Virus aus. Funktionen, die für virale Verbreitungen genutzt werden, sind beispielsweise E-Mails, Weblogs oder Tell-a-Friend-Formulare, in denen der direkte Link versendet wird.

Um einen viralen Effekt auslösen zu können, ist aber immer der Mehrwert für den Nutzer die wichtigste Voraussetzung. Ist das Angebot nicht unterhaltsam, exzeptionell, am besten kostenlos oder sehr witzig, lohnt sich dessen Verbreitung nicht für den Nutzer. Anregungen für das *Word of Mouth-Marketing* können Gutscheine, Gewinne oder Preisausschreiben sein. Idealerweise spricht der gelungene Inhalt aber für sich.

Unternehmensproduktionen

Für eine Unternehmensproduktion ist ein informatives oder unterhaltendes redaktionelles Konzept wichtig, das stark genug ist, das regelmäßige Angebot zu tragen. Ein Intranet-Magazin mit der Vorstellung neuer Kollegen ist genauso denkbar wie ein Kundenvideo oder Event-Begleitungen. Video- wie auch Audio-Dateien sollten nach der Aufnahme bearbeitet und geschnitten werden, ansonsten wirken sie wenig professionell, enthalten ungewollte Längen, keinen Spannungsbogen. Die bereits genannten Schnittprogramme stellen zwar die technischen Möglichkeiten. Dennoch sollten die meisten Unternehmensformate eine weitaus größere Professionalität ausstrahlen – und die lässt sich einkaufen, beim Schnitt-Profi oder einer Dienstleistungsagentur. In den seltensten Fällen finden sich Kollegen im eigenen Haus, die diese Arbeit professionell erledigen können.

Ebenso verhält es sich mit der »Stimme«, dem Sprecher oder Moderator, und der Persönlichkeit, die die Unternehmensbotschaft verbreitet. Wie in einem TV- oder Hörfunk-Beitrag ist Souveränität gefragt, die diesen Beitrag hör- oder sehbar macht. Stimme, Mimik und Gestik senden ihre eigenen Botschaften – und die sollten die verbalen Aussagen der Produktion stärken. Der falsche Sprecher kann einen noch so guten Inhalt wenig interessant klingen lassen.

Tipp

Es gibt zahlreiche gute Stimmen und Moderatoren aus Funk und TV. Die können natürlich für eine Podcast-Produktion gebucht werden. Doch die Einmaligkeit geht damit verloren. Versuchen Sie, eine interessante Stimme oder einen charismatischen Moderator zu finden, der keine Assoziationen beim Hörer bzw. Zuschauer auslöst. Und: Binden Sie die, die ihre Stimme oder ihr Gesicht geben, um auch künftig nur für Sie zu begeistern.

Inhaltlich sollte – wie mehrfach betont – darauf geachtet werden, den Geschmack und das Interesse der Kernzielgruppe zu treffen. Betrachtet man die Studie Deutschland Online 5 und die Charts bei iTunes der am meisten dort heruntergeladenen Podcasts, fällt auf, dass folgende Inhalte auf besonders großes Interesse stoßen: Wissen, Bildung, Sprachkurse, Nachrichten, Sport und Unterhaltung. Die *Podcast*-Umfrage hat gezeigt, dass die Beiträge vor allem auf dem Weg zur Arbeit oder auf dem Heimweg gehört werden. Diese 10 bis 30 Minuten möchte man »sinnvoll« nutzen, aber auch entspannen, abgelenkt werden. Frühmorgens oder nach getaner Arbeit wird harte Kost weniger gern aufgenommen. Ein erfolgreiches Podcast zeichnet sich dadurch aus, dass es zwar einen Mehrwert bietet, aber nicht zu komplex, zu tiefgreifend ist. Der gute Mix macht's.

Die Publikation und Verbreitung

Ein *Podcast* kann vollkommen frei auf einem der Audio- oder Video-Portale online gestellt werden – Kosten entstehen erst ab einer gewissen Größe der abgelegten Dateien. Dann hat allerdings auch jedermann Zugriff. Bei Schulungsfilmen oder sehr persönlichen internen Videos sollte der Podcast im Intranet oder zumindest im Closed-User-Bereich sozusagen hinter geschlossenen Türen platziert werden – außer natürlich, es ist beabsichtigt, dem Unternehmen ein ganz bestimmtes Image zu geben. Elegant und für die strategische Unternehmenskommunikation ein Muss ist die Lösung, den Podcast auf die eigene Homepage zu stellen. Für eine Distribution, beispielsweise an Journalisten oder eine relevante Teilöffentlichkeit, wird einfach der Link verschickt. Man vermeidet so den Versand der großen Datenmengen des Clips.

Es sollte grundsätzlich immer auch der klassische Redakteur mit als Zielperson im Blick behalten werden. Neben der Distribution über das Web und breite Verteiler können die Audio- und Videosequenzen dazu dienen, die Glaubwürdigkeit der klassischen PR zu steigern. Selbst wenn der Redakteur der Regionalzeitung das Video mit positiven Äußerungen von Besuchern der Grundsteinlegung nicht veröffentlichen kann, motiviert es ihn doch sehr wahrscheinlich dazu, über dieses Ereignis zu berichten und dem beigefügten Pressetext zu glauben – ein gehörtes Interview wirkt schließlich authentischer als ein abgedrucktes Zitat. Und der Online-Redakteur stellt das Video eventuell neben seinen Bericht, so dass die Leser dem Geschriebenen mehr Glauben schenken.

Der Hörfunk-Redakteur wird wahrscheinlich noch begeisterter sein. Im Bereich Funk wurden in den vergangenen Jahren mehr Redakteure abgebaut als bei Zeitungen, Online-Medien oder den TV-Sendern. Die Radio-Redaktionen sind zum Teil so unterbesetzt, dass es keine Kapazitäten mehr gibt, Themen selbst zu recherchieren und zu produzieren. Hier besteht eine große Chance, mit guten, nicht-werblichen Beiträgen die Redakteure zu begeistern und ausgestrahlt zu werden. Kommunikation in sozialen Netzen bedeutet eben auch, auf klassischem Weg gehört, gesehen oder gelesen zu werden.

Really Simple Marketing: RSS

Beim Thema Really simple Syndication (RSS) handelt es sich um die schnelle und einfache Verbreitung von Inhalten. So wie die Pizza direkt ins Haus geliefert wird, statt sie beim Italiener abholen zu müssen, gelangen Informationen direkt zu denen, die sie bestellt haben. Und das geht so: Interessierte abonnieren quasi die sogenannten *RSS-Feeds* von unterschiedlichsten Angeboten, egal ob es sich um Nachrichten, Bilder, Podcasts oder Beiträge eines Weblogs handelt. Sie können alles abonnieren oder nur Teile der Websites, beispielsweise nur Nachrichten aus dem Bereich Sport, wenn sie Kultur nicht interessiert. Der Empfänger der Inhalte kann nun über einen *RSS-Reader* – diese sind in den aktuellen Browsern oder E-Mail-Programmen bereits integriert – ständig die neuesten Inhalte der Seiten abrufen, die er ausgewählt hat. Er muss nicht mehr auf die Ursprungsseiten gehen, um aktuell informiert zu sein.

Die RSS-Feeds liefern Inhalte auf unterschiedliche Endgeräte aus, also nicht nur für den PC, sondern auch auf Mobiltelefone, PDAs (Personal Digital

Assistant) oder Konsolen. So kann man sich ständig und überall über die neuesten Entwicklungen informieren. Zur bequemeren und übersichtlichen Verwaltung der abonnierten Feeds lohnt es sich auf jeden Fall, einen zusätzlichen, eigenständigen RSS-Reader, auch Feedreader genannt, zu installieren. Eine Auswahl von Links mit Listen gängiger Reader:

- www.rss-scout.de
- www.meine-erste-homepage.com/rss.php
- www.rss-verzeichnis.de/rss-reader.php

Gerade für Einsteiger bietet es sich an, erst einmal zu testen, ob der Einsatz von RSS zum eigenen Kommunikationsstil passt. Da die Feeds aus reinen *XML-Dateien* bestehen, liefern sie den reinen, strukturierten Inhalt aus – ohne jegliches Layout. Das ist eventuell nicht jedermanns Geschmack. Um RSS auszuprobieren, bietet sich ein Reader wie bloglines.com an. Hier kann man sich kostenlos registrieren und alle Feeds verwalten und lesen, die einen interessieren, ohne zuvor etwas installieren zu müssen. Bloglines kann auch interessant sein, wenn man regelmäßig an verschiedenen Computern arbeitet und trotzdem über die Feeds informiert werden möchte.

Die Vorteile von RSS für Internet-Nutzer

Der größte Nutzen beim Einsatz von RSS besteht im bequemen Empfang von Daten. Das Aufrufen von Webseiten und Suchen nach neuen Inhalten entfällt schlicht. Zudem ist sichergestellt, dass man keine Aktualisierung einer Webseite verpasst. Sobald der RSS-Reader gestartet ist und die Online-Verbindung steht, meldet er jede neu über die Feeds erhaltene Datei. Da sich ja auch Podcasts über dieses System abonnieren lassen, verpasst man keine einzige Ausgabe und weiß sofort Bescheid, wenn eine neue Sendung online gestellt wurde. Gerade bei unregelmäßig aktualisierten Seiten ist das sehr praktisch.

Anwendungen und Chancen für die PR

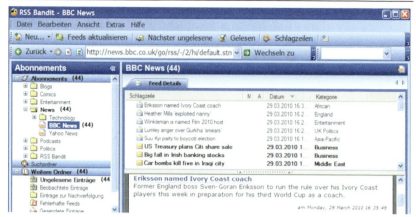

Darstellung des RSS-Feeds der BBC-News im Feedreader RSS-Bandit.
(Quelle: rssbandit.org)

Ein weiterer Vorteil besteht darin, dass man das eigene E-Mail-Postfach schont. Bei News-*Alerts* wie Google oder Yahoo-News wird bei jeder neu gefundenen Quelle, die ein zuvor festgelegtes Suchwort enthält, eine E-Mail versendet. Gerade bei sehr generischen Begriffen kann das zu einer Vielzahl von Benachrichtigungen führen. Diese lassen sich dann nur in den Ordnern des E-Mail-Programms archivieren und sortieren. Auch das ist deutlich unkomfortabler als bei der Nutzung von RSS.

Die Vorteile von RSS für Unternehmen

Für Unternehmen, die ihre Kommunikation auf das Web hin ausrichten möchten, kann die Nutzung von RSS hilfreich sein. Vor allem zumindest passiv, indem Feeds von relevanten Weblogs oder auch Flickr.com-Bildern abonniert und ausgewertet werden. Dieses *Monitoring* dessen, was im Web über das Unternehmen publiziert wird, ist eine der wichtigsten Aufgaben heutiger Kommunikationsexperten. Webseiten, die sich regelmäßig mit deren Branche, ihren Produkten oder Dienstleistungen beschäftigen, können so im Blick behalten werden, ohne dass sie diese ständig aufrufen müssen. Gerade im Zusammenhang mit potenziellen Krisen ist es wichtig, frühzeitig davon zu erfahren, wenn beispielsweise in einem Blog kritisch über das Unternehmen berichtet oder gar etwas Falsches geschrieben wird.

Doch auch der Einsatz von eigenen RSS-Feeds kann sich für Unternehmen vorteilhaft auswirken:

- Sie erreichen die technikbegeisterten Nutzer, die oft ein eigenes *Blog* unterhalten.
- RSS beschleunigt die virale Verbreitung von News.
- News, die via E-Mail verbreitet werden, könnten als Spam aussortiert werden. Mittels RSS gibt es dieses Problem (noch) nicht. Ebenfalls nicht die Gefahr, aus Versehen Viren zu verbreiten.
- Mittels RSS lassen sich Inhalte automatisch in eine andere Webseite integrieren – Ihre Nachrichten und Botschaften können so einer größeren Zielgruppe präsentiert werden.

Auch die klassische *Pressearbeit* kann mit Hilfe von RSS optimiert werden. Wer seine Pressemeldungen zeitgleich via RSS-Feed anbietet, kann sicher sein, dass die Journalisten, die das Feed abonnieren, tatsächlich an den Inhalten interessiert sind. Sie wurden nicht willkürlich auf irgendwelche Verteiler gesetzt und ohne Aufforderung angeschrieben, wie es immer wieder vorkommt. Da aber auch die Medien die neuen Kommunikationswege noch nicht vollständig verinnerlicht haben und nutzen, sollten RSS-Anbieter ganz genau auf den Presseseiten erklären, was es mit dem RSS-Feed auf sich hat und wie ein RSS-Reader installiert und bedient wird. Die Redakteure werden dankbar sein.

In den vergangenen zwei Jahren hat sich die Technologie jedoch noch immer nicht durchgesetzt. Für das alltägliche Geschäft, in dem die Nutzung sozialer Dienste meist einen Mehraufwand bedeutet, würde mit der Einführung eines Feeds eine nur kleine Zielgruppe erreicht. Wer mehr Nutzerinnen und Nutzer erreichen und effektiv agieren möchte, kann den Einsatz von RSS vernachlässigen. Vermutlich schrecken die technischen Hürden und die unkommunikative Form der Inhalteübermittlung zu viele Menschen von der Nutzung ab.

Inhalte für RSS-Feeds

Sie veröffentlichen höchstens einmal pro Monat eine Pressemeldung und denken, dass es sich nicht lohnt, dafür extra einen *Feed* einzurichten? Die Kosten und der Aufwand sind gering, und gerade wenn man unregelmäßig kommuniziert, können Interessierte zeitnah informiert werden. Dennoch

Anwendungen und Chancen für die PR

gibt es eventuell interessantere Inhalte als Pressemeldungen, die sich mit Hilfe von RSS verbreiten lassen. Der Vielfalt sind kaum Grenzen gesetzt: Bilder, Börsennachrichten, Kleinanzeigen, Veranstaltungskalender, TV-Tipps, thematische Linksammlungen, Rezepte, Fußball-Ergebnisse, Preisangaben bei Shopping-Plattformen – überlegen Sie sich einfach, woran Ihre Zielgruppe interessiert sein könnte und womit Sie den Besuchern Ihrer Webseite einen Mehrwert bieten können.

Tipp

Gerade Unternehmen, die einen großen Aufwand mit ihren Presse-Bereichen im Internet betrieben haben, tendieren oft dazu, auf den aktiven Versand von Pressetexten zu verzichten. Soll der Journalist doch selbst suchen, was ihn interessiert. Dass dies ein sehr fragwürdiger Weg ist, liegt auf der Hand. Doch durch ein RSS-Feed könnten wenigstens einige Redakteure beliefert werden, kostenlos.

Letztlich können via RSS verbreitete Inhalte den klassischen E-Mail-Newsletter ersetzen oder zumindest ergänzen; was in einem Newsletter stehen kann, könnte ebenso in einem RSS-Feed enthalten sein: von Sonderangebote, Services oder Neuigkeiten.

Social Networking

Der Mensch lebt seit jeher mit und von seinen sozialen Bindungen. Früher wurden Sozialkontakte auf dem Marktplatz, im Sportverein, bei gemeinschaftlicher Arbeit, nach dem Kirchgang oder auf Festen gepflegt. Heute haben sich die sozialen Strukturen deutlich gewandelt: Frauen können sich stärker im Beruf engagieren, Familienverbände sind sehr viel kleiner geworden, und um auf dem Arbeitsmarkt konkurrieren zu können, ist häufig Flexibilität und Mobilität gefragt. Für den Einzelnen bedeutet das oft, für einen Arbeitsstellenwechsel umzuziehen – auch wenn das den Verlust des eigenen regionalen Freundeskreises zur Folge hat.

Der Begriff *Social Network* stammt aus der Soziologie und beschreibt die Analyse der Qualität zwischenmenschlicher Bindungen. Mit den dialogischen Anwendungen, die das Web heute zu bieten hat, ist es einfacher als je zuvor, unabhängig von der räumlichen Distanz und den Herausforderungen

Anwendungen und Chancen für die PR

des Alltags Kontakte zu halten, sie zu vertiefen und neue Netzwerke aufzubauen.
Rund 74 Prozent der Internetnutzer sind mindestens in einem sozialen Netzwerk aktiv (Quelle: BITKOM 2012, alturl.com/3jne4). Das am meisten genutze Netzwerk ist Facebook, 45 Prozent der Internetnutzer sind hier angemeldet, die meisten von ihnen sind zwischen 14 und 29 Jahren. Der Austausch mit Freunden steht fast immer im Vordergrund, 37 Prozent suchen auch neue Bekanntschaften. Mehr als jeder Vierte möchte zudem über das aktuelle Tagesgeschehen informiert werden.

Ehemalige Schulfreunde und alte Klassenfotos finden – heute funktioniert mühelos online, was offline nur schwer umsetzbar ist. (Quelle: stayfriends.de)

Interaktives Web als Basis für Online-Kontakte

Unter dem Begriff Social Networking lassen sich Anwendungen zusammenfassen, die im Internet der eigenen Kontaktpflege dienen. Im Grunde beginnt die Interaktion bereits beim E-Mail-Verkehr. Im Vergleich zur *Snail Mail* (postalischer Informationsaustausch) ist die elektronische Post sehr viel schneller. Das Web zeichnet sich durch weitergehende Möglichkeiten aus: Portalseiten, die ausschließlich sozialen Zusammenkünften und der Kontaktpflege dienen. Dabei lassen sich zwei miteinander korrelierende Entwicklungen feststellen. Einerseits haben wir *Real-Life-Communities*, wie beispielsweise Alumni-Organisationen oder Experten-Zirkel, die sich sozusagen nachträglich der Online-Möglichkeiten bedienen, weil die eigentlichen Gemeinschaften bereits länger als das Web bestehen. Sie nutzen die neuen Chancen additiv.

 Tipp

Organisieren Sie doch selbst als Unternehmen ein Treffen für aktive und interessierte Internetnutzer. Sie können gezielt Blogger oder Moderatoren in Foren ansprechen, die sich mit den Themen befassen, die Ihr Unternehmen betreffen. Expertentreffen zu Spezialthemen (außer zu Web 2.0 und Blogging) sind bisher eher selten, und so können Sie sich als richtig innovativ erweisen. Denkbar sind Treffen der Tier- oder Gartenfreunde, Marathonläufer, Hobby-Köche oder Krimi-Fans. Es gibt kaum eine Zielgruppe, die nicht online vertreten wäre.

Andererseits gibt es *Communities*, die ausschließlich im Internet bestehen oder dort ihren Anfang nehmen. Beispiele finden sich zahlreich, ob bei der Suche nach ehemaligen Klassenkameraden auf StayFriends oder nach der großen Liebe auf Partnerportalen wie Neu.de oder FriendScout24.

Besonders wichtige oder interessante Online-Kontakte überträgt der Nutzer oft in sein reales Leben. Er greift dabei zu herkömmlichen Mitteln der Kontaktpflege wie Telefon, Brief oder persönlicher Besuch. Aber auch gezielt organisierte Treffen größerer Gruppen eines Netzwerkes sind üblich und werden gern angenommen. Viele Intensivnutzer des Webs treffen sich beispielsweise auf sogenannten *Barcamps* und diskutieren über die Zukunft des Internets, lernen sich kennen und feiern. Die Teilnahme ist kostenlos, und die Veranstaltung wird von allen Teilnehmern gemeinsam vorbereitet und durchgeführt. Oftmals treffen mehr als 500 Teilnehmer bei einem Barcamp zusammen.

Auch Bloggertreffen sind üblich, wer mag, geht einfach hin und wird herzlich aufgenommen. Allerdings lautet die erste Frage meist nicht: »Wie heißt du?«, sondern: »Wie heißt dein Blog?«. Und wenn man dann gesagt bekommt: »Ich lese dich«, können auf ganz neuem Weg echte Freundschaften entstehen.

Die Kontaktpflege im realen Leben spielt also auch bei Online-Netzwerken eine immens große Rolle. Hat man einen Kandidaten als möglichen Lebenspartner gefunden, möchte man ihn gern wirklich sehen – genauso wie ehemalige Schulfreunde das nächste Klassentreffen in der einsti-

Anwendungen und Chancen für die PR

gen Stammkneipe anstreben oder Angehörige von Game-Communities bei *Real-Life-Treffen* ihr Können unter Beweis stellen.

☞ **Tipp**

Sollten Sie eine Social-Networking-Plattform anbieten, überlegen Sie sich Anlässe oder kreieren Sie Veranstaltungen, bei denen sich zumindest ein Teil der Mitglieder persönlich treffen kann. Es wird auf jeden Fall darüber berichtet werden, und Sie können sich auf einen spannenden Austausch freuen. Wenn das zu aufwendig erscheint, können Sie zumindest einmal pro Jahr die Moderatoren Ihres Forums einladen oder bekannt geben, dass sich alle Interessierten an einem bestimmten Abend in einer Bar treffen.

Social-Networking-Portale erfüllen verschiedene Funktionen

Die Vielfalt von Social-Web-Anwendungen ist so groß, wie die unterschiedlichen Interessengebiete der Menschen zahlreich sind. Die Übergänge sind teilweise fließend. Das gesamte Spektrum wird deutlich, wenn wir die entgegengesetzten Pole betrachten. Zum einen finden wir Internet-Seiten, die stark themenzentriert sind. Egal, ob es um die Darstellung und den Austausch von Bildern auf *Flickr* geht, das Teilen von Wünschen und Träumen mit anderen auf 43things.com oder darum, gemeinsam Zeit zu verbringen, etwa in Online-Spielen wie World of Warcraft. Auch die oben beschriebenen *Podcasts* gehören zu den Social-Web-Anwendungen. Stets geht es um die Interaktion und den Dialog unter den Beteiligten. Der Einzelgänger in der Dorfgemeinschaft von gestern findet heutzutage für jede noch so seltene Leidenschaft Gleichgesinnte zum Meinungsaustausch im Internet.

Kontaktbörsen – strategisches Networking

Am anderen Pol lassen sich Portale finden, die weniger von Themen getrieben sind, weil der Fokus auf dem Finden der Kontakte selbst liegt. Interessensgebiete und persönliche Motive werden erst im zweiten Schritt relevant, um am eigenen Netzwerk zu arbeiten. Dafür kann man inhaltlich passenden *User Groups* innerhalb des Portals beitreten oder sie eigeninitiativ ins Leben rufen.

67

Die unterschiedlichen Portale bieten eine unterschiedliche Qualität an Kontakten. So können sich Studenten und Absolventen im StudiVZ organisieren. Bei XING (xing.de) werden eher berufliche Präferenzen erfüllt. Der Fruehstueckstreff.de bietet hauptsächlich ein lokales Netzwerk, um neue Freunde zu finden, Sehenswürdigkeiten, Veranstaltungen oder private Aktivitäten zu entdecken. Die Lokalisten.de bieten ebenfalls private, freundschaftliche Kontakte. Die Nähe zur Region steht weniger im Vordergrund. Wichtiger ist das Kennenlernen der Freunde zweiten Grades sozusagen – genauso wie etwa auf »echten« Veranstaltungen Bekannte der eigenen Freunde getroffen werden.

Die persönliche Visitenkarte im Internet

Alle diese Portale folgen der Idee, dass alle Menschen auf der Welt über eine gewisse Anzahl von Bekannten miteinander vernetzt seien. Die Online-Eigenschaften, sogenannte *features*, sind ähnlich. Nach der Registrierung ist ein eigenes, persönliches Profil anzulegen. Häufig können – je nach Thema des Portals – private oder berufliche Kontaktdaten und ein Bild hinterlegt werden. Der Werdegang, sei er nun schulischer, beruflicher oder sportlicher Art, kann ebenso eingepflegt werden wie Interessen, Hobbys oder spezielle Fähigkeiten, um sich der Gemeinschaft vorzustellen.

Geschäftskontakte knüpfen und pflegen bei Xing

Über unterschiedliche Suchfunktionen kann das eigene *Social Network* ausgebaut und in fremden Profilen gestöbert werden. Sei es, dass bereits bekannte Personen wie ehemalige Kollegen, Kommilitonen oder Schulfreunde über die direkte Namenssuche gefunden werden. Oder dass neue Kontakte geknüpft werden durch das Durchforsten der Kontakte eigener Bekannter. Zudem können passende Ansprechpartner beim gesuchten Unternehmen oder in bestimmten Funktionen gezielt angesteuert werden, ohne sich über die Zentrale durchfragen zu müssen.

Anwendungen und Chancen für die PR

Das Business-Portal XING bietet unterschiedliche Suchfilter. (Quelle: xing.de)

Umgekehrt kann der (zahlende) Nutzer etwa bei XING schauen, welche Personen das eigene Profil aufgerufen haben. Auch die Schlagwortsuche, die vom Gegenüber genutzt wurde, ist nachvollziehbar – etwa ob die eigene berufliche Qualifikation, die Region oder das derzeitige Unternehmen ausschlaggebend für das Aufrufen des Profils war. Außerdem wird angegeben, über welche Kontakte man sich sozusagen »um fünf Ecken kennt« und welche Personen diesem Kontaktstrang angehören. Des Weiteren können sich die Nutzer in Themen fokussierten *User Groups* organisieren. Geisteswissenschaftler in der Wirtschaft tauschen sich aus, berufliche Frauennetzwerke bestehen genauso wie Gruppen, in denen Juristen, Journalisten oder Wirtschaftsexperten unter sich sind.

Xing ist mit Abstand das bekannteste und meistgenutzte Online-Business-Netzwerk in Deutschland. Dies ergab eine forsa-Befragung unter Fach- und Führungskräften. Jede dritte Führungskraft kennt den Dienst, unter den 30 bis 39-Jährigen sind es 50 Prozent. Im deutschsprachigen Raum hatte das Netzwerk im November 2012 erstmals mehr als sechs Millionen Nutzer; mehr als 30 Prozent des Traffics kommen inzwischen über Smartphones und Tablets. Spannend ist hierbei, dass die meisten Mitglieder Berufliches und Privates trennen, sie möchten nicht, dass berufliche Kontakte zu viel über ihr Privatleben erfahren. Im Vergleich mit anderen, nicht primär beruflich ausgerichteten Netzwerken rangiert Xing auf Platz fünf.

Als Hebel in Marketing und PR bietet sich Xing nur eingeschränkt an. Über sogenannte Statusnachrichten können die Mitglieder knapp verkünden, was sie gerade bewegt – was sie gerade Tolles geleistet haben, welchen neuen Kunden sie gewonnen haben oder für welches Gebiet sie Unterstützung benötigen. Vor allem die eigenen Kontakte können diese Informationen lesen, sofern sie online sind und nicht so viele Kontakte haben, dass die Meldung zwischen all den anderen untergeht.

Sinnvoller erscheint es, sich in Gruppen zu den Themen zu äußern, die das eigene Unternehmen repräsentiert. Das kann eine Fachgruppe rund um Steuerrecht sein wie auch der Werber-Stammtisch Hamburg. Meist lernt man darüber neue Kontakte kennen und bekommt hin und wieder Antworten auf Fragen. Allerdings ist der Aufwand, sich regelmäßig in Gruppen einzubringen, recht groß. Und letztendlich bleibt man doch eher unter sich. Neue Zielgruppen werden nur bedingt erschlossen.

Networking mit Tiefgang

Die Möglichkeiten und das Vorgehen sind bei den meisten Netzwerken ähnlich. Bei Interesse werden die Personen in die eigene Kontaktliste aufgenommen. Mit ihnen kann entweder privat kommuniziert werden; dafür steht ein Formular direkt innerhalb der Portalseiten bereit. Eine andere Möglichkeit ist, sich innerhalb der Interessensgemeinschaft wie in einem Forum über *postings* auszutauschen, Diskussionen anzustoßen und Ratschläge zu erhalten oder zu geben. Weitere Applikationen wie Blogs, Terminkalender, Empfehlungen von Personen, Single- oder Jobbörsen werden innerhalb dieser Portale angeboten.

Der Nutzen des *Social Networking* liegt in der Erweiterung der Kontaktmöglichkeiten – und zwar nicht nur in der Breite, sondern auch in der Tiefe. Kontakte können online nicht nur schneller und zahlreicher gefunden werden, sondern auch gezielter. Headhunter sind auf der Suche nach qualifiziertem Personal, Dienstleister und Unternehmen sehen sich nach neuen Aufträgen oder Vertriebskanälen um, Mitarbeiter fahnden nach Karrieremöglichkeiten, Interessengemeinschaften pflegen den Austausch von Informationen. Außerdem können im Online-Portal Kontaktaufnahmen über eine Postfachfunktion rund um die Uhr getätigt und entgegengenommen werden – auch außerhalb der Bürozeiten.

Anwendungen und Chancen für die PR

Bands und Sänger bei MySpace

Die Online-Community MySpace hat sich in den vergangenen Jahren mehr und mehr zur Präsentationsfläche und zum Netzwerk für die Musikbranche entwickelt. Bands und Musiker erstellen ausführliche persönlich gestaltete Profile und vernetzen sich mit ihren Fans. Die eigenen Titel können über einen prominent eingesetzten Player eingebunden werden, Konzerte und Veranstaltungen sind ebenfalls platzierbar. Unternehmen aus der Musikindustrie sollten von daher unbedingt MySpace nutzen – als eine der vielen Möglichkeiten, sich zu vernetzen und bekannt zu machen. Darüber hinaus sind die Möglichkeiten für Marketing und PR zu vernachlässigen – vor allem im Vergleich zu Facebook. Unterhaltung und Spaß stehen eindeutig im Vordergrund, und es könnte sich sogar negativ auf das Image eines Unternehmens auswirken, sollte dieses die MySpace-Community durch eine wenig unterhaltsame Ansprache »stören«.

Auf Entertainment setzt auch Volkswagen bei MySpace. Die Figur Helga aus diversen VW-Spots präsentiert sich und ihre Vorlieben in dem Portal. Unter myspace.com/misshelga berichtet sie von ihren Vorlieben (»I think the sound of a motor is the sexiest sound in the world.«), es gibt Klingeltöne zum Download und Bilder der futuristisch-sexy angehauchten Blondine. Über 5.600 Freunde haben sich mit ihr vernetzt. Ob sie auch VW fahren oder aufgrund des Helga-MySpace-Profils einen PKW der Marke gekauft haben? Vielleicht.

Einfach und intuitiv: Wer kennt wen

Das Portal »Wer kennt wen« hat ein einfaches Konzept – und ist gerade dadurch extrem erfolgreich. Mitglieder können nach Leuten suchen, die sie dem Namen nach kennen, und sie zu Kontaktlisten hinzufügen. Dann schreibt man sich persönliche Nachrichten, Grüße in Gästebücher oder Foren. Viel mehr ist nicht möglich. Aber gerade darin liegt für viele Nutzer der Reiz. Die Anwendungen sind so intuitiv aufgebaut, dass selbst unbedarfte Internet-Neulinge leicht verstehen, worum es hier geht. Nicht die technikverwöhnten jungen Nutzer treffen sich hier, sondern vor allem solche, die von zu ausgefeilten Diensten leicht überfordert sind. Die meisten haben den Begriff Social Networking vermutlich noch nicht mal gehört, ihnen geht es allein um die Sache, darum, Freunde zu finden, alte und neue. Und sie sind so begeistert von dem Dienst, dass sie ihn weiterempfehlen. Somit kommt das Angebot fast ohne Werbung aus und wächst dennoch so schnell wie kaum eine andere Community.

Bei »Wer kennt wen« dürfen sich laut Richtlinie nur Personen anmelden, also keine Unternehmen mit ihren Marken, um dort Eigen-PR zu betreiben. Natürlich kann sich ein Mitarbeiter eines Unternehmens privat registrieren und beispielsweise eine Gruppe zu einem der eigenen Firma nahe stehenden Thema einrichten. Wenn es spannend genug ist, gewinnt man vielleicht einige Mitglieder dadurch. Interessanter scheint aber die Möglichkeit der Recherche zu sein. Wer in den Gruppen stöbert, erkennt schnell Vorlieben, Wünsche aber auch Kritikpunkte der Mitglieder. Dies ist durchaus hilfreich als grobe Marktanalyse. Und das kostenlos.

Die VZ-Netzwerke

Die VZ-Netzwerke stellten mit schülerVZ, studiVZ und meinVZ in Deutschland zusammengenommen noch vor zwei Jahren das größte soziale Netzwerk dar. Mit studiVZ etablierte die Gruppe im Oktober 2005 das Thema Social Networking in Deutschland, lange vor Facebook. Zunächst ging es darum, Studierende in Deutschland zu vernetzen; der Zulauf war so groß, dass mit schülerVZ im Februar 2007 und mit meinVZ ein Jahr später weitere Zielgruppen angesprochen wurden. Doch mit dem Siegzug von Facebook und der weiteren Verbreitung von »Wer kennt wen« sanken die Nutzerzahlen rasch. Rund 80 Prozent der Nutzer wurden innerhalb von nur zwei Jahren verloren. Im September 2012 verkaufte die Verlagsgruppe Holtzbrinck die Tochter schließlich an einen Investor. Lediglich an eine mögliche Zukunft für schülerVZ glaubt Holtzbrinck noch. Die Seite für Minderjährige soll als Lernplattform neu ausgerichtet werden und hierfür will der Verlag Inhalte zuliefern.

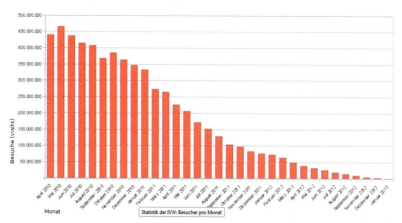

Bereits im Sommer 2012 sahen die Webseitenbetreiber von Wann-stirbt-StudiVZ.net das Ende des Dienstes kommen.

Chancen für Kommunikationsprofis

Für Kommunikationsfachleute birgt das *Social Networking* im World Wide Web weitere Optionen. PR-Profis pflegten bislang Kontakte zu relevanten *publics* über herkömmliche Werkzeuge der externen PR, häufig über den Umweg der Meinungsführer und *Gatekeeper*. Mit den dialogischen Anwendungen des Webs können Vertreter dieser Teilöffentlichkeiten direkt ausgemacht und ohne Umweg angesprochen werden.

Meinungsführer und Journalisten finden sich ebenso über den direkteren Weg im Internet. So kann zum Beispiel der Pressesprecher eines Automobilherstellers Verbindungen zu Verbands- und Clubvertretern, zu Oldtimer- und Verkehrssicherheits-Vereinen genauso aufbauen wie zu Fachkollegen der Zulieferbranche, des Rennsports oder zur relevanten Abteilung von Umwelt- und Emissionstestorganisationen. Genauso schnell lassen sich passende Ansprechpartner bei PR-Dienstleistern oder Agenturen finden, um die eigene Öffentlichkeitsarbeit zu stützen. Genutzt werden Netzwerke gleichermaßen für Aufbau und Erhalt von Syndications oder PR- und Marketing-Kooperationen.

Im Internet lässt sich das eigene Netzwerk wie bei einer Kettenreaktion erweitern. Über die neu gewonnenen Kontakte entstehen nicht nur neue Ideen. Die Kontakte der eigenen Kontakte haben aufgrund der ähnlichen Interessenlage wiederum Bekannte mit verwandten Absichten. Das Web ermöglicht es, die Kontakte überhaupt so zahlreich ausmachen zu können.

Die persönliche Ansprache schafft genau die Nähe, die dem Internet oft abgesprochen wurde. Interaktive Anwendungen können diese Verbindung erzeugen, obwohl die Beteiligten geografisch weit voneinander entfernt sind: Man ist nicht nur in derselben *Community* organisiert, sondern hat gemeinsame Bekannte. Man kann sich über diese sogar empfehlen lassen. Außerdem gibt das persönliche Profil Aufschluss darüber, wer genau den Kontakt wünscht. Dass jeder Mensch selbst entscheidet, den Kontakt aufzunehmen oder abzuweisen, schafft Sicherheit. Eine solche Kontaktaufnahme wird folglich positiver wahrgenommen als dies z.B. bei einem unvermittelten Anruf eines Unbekannten der Fall wäre.

Social Bookmarking

Social Bookmarks sind Internet-Lesezeichen, die Nutzer bei interessanten Webseiten oder Webinhalten setzen können, um diese immer wieder aufzurufen. Im Gegensatz zu den vom Internet-Explorer her bekannten Favoriten werden die Lesezeichen allerdings nicht nur auf der Browseroberfläche des eigenen Computers abgelegt, sondern in der Regel auf speziellen Online-Plattformen gespeichert. Das ermöglicht es den Usern, ihre persönlichen Favoriten von jedem Computer zu erreichen; außerdem sind die eigenen Lieblingsseiten nach Belieben auch für andere sichtbar.

User können ihre Links privat abspeichern oder den anderen öffentlich zugänglich machen. Auf Anbieterseiten wie Webnews, Mister Wong, oneview oder del.icio.us können die User ihre Bookmarks nicht nur hinzufügen, sondern auch kommentieren, bewerten, mit *Tags* verschlagworten oder kategorisieren. Auch die Favoriten der anderen Nutzer können kommentiert und bewertet werden. Zudem ist es möglich, in den Links der anderen Nutzer zu stöbern und gezielt nach Bookmarks, die verschlagwortet sind, oder nach *Tags* zu suchen. Der weltweit bekannteste Anbieter deli.cio.us bietet außerdem an, Wunschlisten zu erstellen. Die Nutzer kreieren so beispielsweise anlässlich ihres Geburtstags, zur Hochzeit oder zu sonstigen Anlässen ihre eigene Online-Wunschliste, auf der sie Links von kommerziellen Händ-

Anwendungen und Chancen für die PR

lern abspeichern. Den Link zu ihrem Wunschlisten-Bookmark versenden sie dann an Freunde und Verwandte.

  Tipp

Auch für die eigene Recherche lohnt sich ein Blick auf die Social Bookmark-Seiten. Hier findet man oft schneller die besseren Informationen, gerade wenn es um Spezialthemen oder internationale Webseiten geht. Die klassischen Suchmaschinen können dabei kaum mithalten.

Beim *Social Bookmarking* erschließt sich vielen verschiedenen Benutzern mittels einer dargebotenen Browseroberfläche gemeinsam eine eigene Webseite mit ihren Lieblingsinhalten. Die Anbieterseiten können über *RSS-Feeds* abonniert werden. Um die Social-Bookmarking-Dienste zu nutzen, müssen sich die User in der Regel vorher registrieren. Die Anwendung ist kostenlos.

Bei Webnews kommentieren und bewerten Nutzer. (Quelle: webnews.de)

Anwendungen und Chancen für die PR

Social Bookmarking-Anbieter

Mister Wong (mister-wong.de), oneview (oneview.de), folkd (folkd.com), Netselektor (Netselektor.de), yigg (yigg.de)sind Anbieter im deutschsprachigen Raum.

Der weltweit bekannteste Anbieter ist del.icio.us (del.icio.us), international populär sind auch Furl (furl.net) und digg (digg.com).

Funktionen

In welcher Darstellung *Social-Bookmarks* auf einer Webseite erscheinen, hängt vom Anbieter ab: Sie lassen sich nach *Tags* oder Benutzern, die sie angelegt haben, auflisten, oder es erscheinen diejenigen an oberster Stelle, die am aktuellsten oder populärsten sind. Einige wenige Anbieter offerieren inzwischen auch Mail-, Netzwerk- und Gruppenfunktionen sowie *Toolbars* (Mister Wong) und Suchmasken. Auch spezielle Themen-Bookmarks sind vor allem bei den großen Anbietern auf dem Vormarsch. So finden sich zum Beispiel Bookmark-Sammlungen über Kochrezepte oder Musik.

Hier zeigt sich der Nutzen für die PR-Arbeit: Unterhält ein Unternehmen zum Beispiel ein Weblog oder eine Homepage, die regelmäßig mit neuen Inhalten bestückt wird, lohnt es sich, eine Bookmark-Funktion anzubieten. So können Nutzer interessante Inhalte des Blogs sammeln. Diese erscheinen dann für alle anderen Leser auf der Social-Bookmarking-Seite. Stoßen die Texte, Audio-Dateien oder Videos auf größeres Interesse, wandern sie im *Ranking* der Seite nach oben. Das erhöht den Traffic der eigenen Seite, erweitert die Zielgruppe und fördert die Interaktion mit den Usern beziehungsweise Kunden.

Gleiche Interessen verbinden die Menschen offline und online, und in Social-Bookmark-Sammlungen finden auch Nischenthemen Platz. Schließlich setzen die Nutzer nur bei Inhalten Lesezeichen, die sie auch wirklich interessieren.

Anwendungen und Chancen für die PR

Der Social-Bookmarking-Anbieter oneview. (Quelle: oneview.de)

Einige Anbieter ermöglichen es, *Social Bookmarks* von anderen Seiten zu importieren oder Lesezeichen zu exportieren. Zeitsparender und bequemer ist allerdings eine automatische Synchronisation. Das ist für Anwender interessant, die neben ihrem Hauptanbieter noch einen weiteren Social-Bookmarking-Dienst in Anspruch nehmen wollen – sozusagen als Sicherheitskopie oder um auf möglichst vielen Angeboten in Erscheinung zu treten.

Soziale Suche

Links, die viele User empfehlen oder bookmarken, besitzen eine hohe Wertigkeit. Es geht also nicht darum, wie relevant der Inhalt ist; die Nutzer selbst entscheiden gemeinsam, was sie als wichtig erachten – beispielsweise durch die Häufigkeit des Verweises auf eine Quelle. Dadurch stellt das Social Bookmarking eine Alternative zu herkömmlichen Suchmaschinen dar. Während bei Google, Yahoo und Co. die vorhandenen Schlüsselwörter darüber bestimmen, an welcher Stelle Webseiten oder Inhalte erscheinen, entscheiden bei den »sozialen« Suchmaschinen nicht die Technik, sondern die Anwender selbst über die Relevanz von Links.

Anwendungen und Chancen für die PR

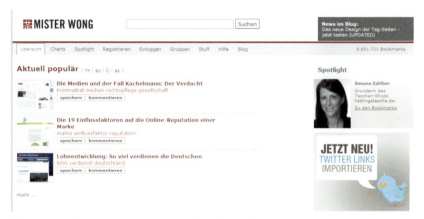

Mister Wong listet die populärsten Bookmarks auf. (Quelle: mister-wong.de)

Der soziale Aspekt gewinnt im Bereich der Suchmaschinen zunehmend an Bedeutung. So hat das Online-Unternehmen Yahoo! zum Beispiel den Social-Bookmarking-Service del.icio.us aufgekauft. Bradley Horowitz, Director of Technology Development bei Yahoo! USA, sieht in der sozialen Suche die Zukunft. Künftig soll die Masse der Nutzer über die Platzierung einzelner Webseiten in der Suchergebnisliste mitentscheiden. Das *Ranking* wird seiner Meinung nach demokratisiert werden. In einem Interview mit dem Nachrichtenmagazin »Focus« sagte er: »Die soziale Suche hat einen spannenden Nebeneffekt: Die Nutzer bauen erstmals eine Art Beziehung zur Suchmaschine auf.« (Quelle: focus.de, alturl.com/qbep). Die soziale Suche könnte laut Horowitz ein neues Werkzeug bei der Spambekämpfung sein, auch wenn es weiterhin Menschen geben wird, die Suchergebnisse bewusst manipulieren – grundsätzlich würden die Anwender selbst entscheiden, wem sie vertrauen.

Anwendungen und Chancen für die PR

Der bekannteste Social-Bookmarking-Anbieter ist delicious. (Quelle: delicious)

Bookmarks setzen

Der Vorteil dieser Dienste: Schnelllebige Themen, die meist nach nur wenigen Stunden oder Tagen wieder von der Homepage ins Archiv verschwinden, gewinnen an Relevanz und feiern unter Umständen ein klickträchtiges Comeback auf einer Social-Bookmark-Seite. Allerdings ist es nur bei wenigen Anbietern möglich, etwa bei oneview oder Furl, eine Kopie der entsprechenden Originalseite zu speichern – so stehen jedem Nutzer bei Furl mehrere Gigabyte Speicherplatz zur Verfügung, damit er die gerade im Browser aufgerufene Seite per Mausklick in sein Furl-Archiv kopieren kann. Wenn sich die Originalseite ändert, bleibt der Zustand der gespeicherten Seite in ihrer Ursprungsversion erhalten.

Natürlich sind die Inhalte auch über die klassischen Suchmaschinen wie Google, Yahoo und MSN Search auffindbar, der mittels Bookmarks gewonnene, sogenannte *Social Media Traffic* ist eine zusätzliche Maßnahme, die Reichweite zu steigern.

Für Unternehmen mit einer ganzheitlichen Social Media-Strategie ist es sicher wichtig, auch bei Bookmark-Netzwerken aktiv zu sein. Ausschließlich darauf zu setzen, wäre falsch. Ebenso wie sich RSS-Dienste nicht durchgesetzt haben, scheint das Interesse an diesen Angeboten zu schwinden. Sie sind nützlich, doch auch hier hat Facebook eine Art Erziehungsleistung vollbracht. Linktipps werden punktuell über das Netzwerk verbreitet und haben in der Regel einen aktuellen Bezug. Gezielte Linksammlungen, womit bereits die Kataloge vor bald fünfzehn Jahren gescheitert sind, suchen wenige auf. Zudem ist es zu mühsam, mehrere Netzwerke zugleich zu pflegen, wenn doch Facebook als das mit der größten Reichweite und den damit erhofften Ergebnissen erscheint. Dass dies nicht unbedingt der Fall ist, wird in dem Kapitel zu Facebook erörtert.

Virtuelle Welten

Virtuelle Welten sind eine spezielle Form von *Communities* – die Mitglieder zeigen sich hier jedoch in Form von *Avataren* und bewegen sich als solche in programmierten 3D-Räumen, die der Wirklichkeit sehr ähneln. Je nach Spiel oder Netzwerk gibt es Straßen, Flüsse, Bäume, andere Bewohner und Fantasiefiguren. Die Kommunikation mit diesen erfolgt über Textnachrichten oder Chats – meist in Echtzeit, aber auch über persönliche Nachrichten, die via E-Mail zugestellt werden. Es ist teilweise möglich, echte Gespräche zu führen und die Stimmen der Mitglieder zu hören, beispielsweise über Skype. Diverse virtuelle Welten erfreuen sich großer Beliebtheit unter den Internet-Nutzern, je nachdem ob die spielerische Neigung im Vordergrund steht oder die Kontaktpflege, das Interesse am Mittelalter oder Science Fiction: Es werden unterschiedliche Spiele oder Anwendungen genutzt.

Ich bau mir die Welt, wie sie mir gefällt: Second Life

Große Aufmerksamkeit erlangte im Jahr 2006 die virtuelle Realität Second Life (secondlife.com). Hier können sich Mitglieder bei einer Online-Verbindung wie in der echten Welt bewegen, verhalten und ihre Umwelt aktiv mitgestalten. Man lädt sich dazu die kostenlose Software auf seinen Rechner, meldet sich an und schon betritt der eigene Avatar die 3D-Welt. Auch dieser Stellvertreter der eigenen Person lässt sich nach individuellen Vorlieben gestalten. Die Umwelt ebenfalls; es gibt Strände und S-Bahnen, Diskotheken und Spielcasinos, Geschäfte und Privathäuser. Die Nutzer haben nahezu alle Möglichkeiten, welche die Realität auch bietet. Sie können Konzerte besuchen, Filme anschauen, tanzen oder mit anderen »Bewohnern« sprechen.

Anwendungen und Chancen für die PR

Alles, was Second Life bietet, kann passiv genutzt oder aktiv gestaltet werden. Wer mag und Zeit hat, wird zum Programmierer. So hat sich schnell ein eigener Wirtschaftszweig entwickelt. Mitglieder bieten Dienstleistungen oder Produkte an, die von anderen erworben werden – gegen Geld, die sogenannten Linden-Dollar. Ob nun ein virtuelles topmodisches Kleid, der Architekt für das Eigenheim oder ein Auto – die Angebotsvielfalt kennt nahezu keine Grenzen. Wer sie in Anspruch nehmen möchte, muss zahlendes Mitglied der Gemeinschaft sein, der Beitritt allein ist kostenlos. Markus Breuer scheibt in seinem Weblog »Notizen aus der Provinz« dazu: »Und tatsächlich sieht es aus, als gäbe es zumindest in der Corporate World ein großes Potential für Projekte mit virtuellen Welten im Umfeld von Intranets, Aus-/Weiterbildung sowie Training. DER große Vorteil virtueller Welten, Immersion, das Gefühl – unabhängig von räumlicher Distanz – mit anderen Leuten zusammen zu sein, zu kommunizieren und zu arbeiten, ist für diesen Anwendungsbereich hochinteressant.« (Quelle: alturl.com/947i)

Besucher eines Konzertes in »Second Life«. (Quelle: secondlife.com)

Anwendungen und Chancen für die PR

Unternehmen werben in »Second Life«

Wie in der realen Welt können Unternehmen auch in virtuellen Welten werben, zwar gelten jeweils eigene Regeln, doch viele Formen sind ähnlich: Plakate, Konferenzen, Gutscheinaktionen oder kleine Clips kommen auch in Second Life vor. Diese Kampagnen müssen konzipiert und programmiert werden. Oftmals werden dazu private Techniker beauftragt, meist stammen sie aus Ländern mit einem anderen Lohnniveau, aus Indien oder Polen. Somit ist Second Life also Job- und Kontaktbörse zugleich; es wird als Messe oder unendlicher Verkaufsraum von kommerziell interessierten Bewohnern genutzt; als Möglichkeit, den grauen Alltag oder die Probleme mit dem Chef hinter sich zu lassen und Anerkennung und Aufmerksamkeit von anderen Mitgliedern zu erfahren.

Der Hype um diese Art von Online-Spiel, das im Vergleich zu anderen Spielen kein Ziel hat und keinen Gewinner kennt, hat schnell merklich nachgelassen. Viele Firmen haben erkannt, dass es zwar kurzzeitig PR und Aufmerksamkeit bringt, eine Pressekonferenz im Second Life abzuhalten oder für ein neues PKW-Modell einen Showroom einzurichten, doch Umsatzsteigerungen bleiben meist aus. Und schnell stellen die kommerziell ambitionierten Bewohner fest, dass mehr dazu gehört als ein täglicher Small Talk, um in Second Life auf sich aufmerksam zu machen. Es geht um:

- kontinuierliche Präsenz, 24 Stunden am Tag, sieben Tage pro Woche,
- regelmäßig innovative Werbe- und Kommunikationsbotschaften,
- Anwesenheit im gesamten Second Life-Universum, denn die Zielgruppe ist ebenfalls nicht nur an einem Ort anzutreffen,
- persönliche Betreuung und Beratung: Die Avatare werden live von echten Menschen bewegt,
- Anpassung an die Regeln der virtuellen Welt – hier wird Werbung nur dann akzeptiert, wenn sie sich in das Umfeld fügt ohne zu belästigen.

Diesen Herausforderungen sind nur die wenigsten Unternehmen gewachsen. Dabei ist der Ansatz, neben traditionellen Werbemaßnahmen neue Wege zu erschließen, genau der richtige.

Während herkömmliche Werbung von vielen Verbrauchern im besten Fall nicht mehr wahrgenommen, im schlimmsten Fall als belästigend empfunden wird, können Unternehmen in virtuellen Welten neue Wirkung von Werbung und die Einbeziehung von potenziellen Kunden erreichen. Botschaften werden auf innovativem Weg vermittelt, und ganz nebenbei erfahren die Marketing-Fachleute, was Kunden wirklich wollen – ohne viel Geld für *Marktforschung* investieren zu müssen. Der Haken beim Second Life bestand jedoch darin, dass zu viele Unternehmen gleichzeitig ähnliche Kampagnen aufsetzten und sich deren Wirkung somit abschwächte. Zudem gibt es im Second Life zwar rund zehn Millionen Nutzer aus der ganzen Welt, die sich überall tummeln; deutschsprachige Mitglieder bilden aber eine Minderheit. Man erreicht also nur sehr kleine Zielgruppen.

Wikis

Ein *Wiki* ist eine online verfügbare Seitensammlung, die vom Nutzer gelesen, verändert oder erweitert werden kann. Die gemeinschaftlich verwaltete Webseite besteht aus Hunderten oder Tausenden Einzelseiten, je nachdem wie aktiv die Besucher sind. Die *User* können die Seiten leicht und ohne technische Vorkenntnisse innerhalb kürzester Zeit bearbeiten, in der Regel sogar ohne sich vorher registrieren oder authentifizieren zu müssen. Durch Querverweise – sogenannte Links – sind die einzelnen Artikel und Seiten eines Wikis miteinander verbunden, so dass der Leser bequem von einem Stichwort zum nächsten gelangt. Das weltweit größte Wiki ist die 2001 gegründete Enzyklopädie Wikipedia, ein Online-Lexikon zu allen erdenklichen Begriffen und Sachverhalten.

Tipp

Prüfen Sie, ob Ihr Unternehmen unter wikipedia.de zu finden ist und was dort geschrieben wurde. Sollte der Eintrag nicht in Ihrem Sinne sein, versuchen Sie möglichst neutral und wenig werblich zu formulieren. Die Maxime sollte lauten: Welchen Brockhaus-Eintrag würden Sie für angemessen halten?

Ein Wiki wird als soziale Software verstanden, da jedermann – auch Computerlaien – sich nicht nur kostenlos informieren, sondern auch sein Wissen und seine Erfahrungen in Echtzeit einbringen kann. Unternehmen und Privatpersonen verwenden die Software darüber hinaus zur Wissensverwaltung im Firmennetzwerk oder zu Hause. Entwickelt wurde das erste Wiki von dem amerikanischen Software-Entwickler Ward Cunningham. Er mach-

Anwendungen und Chancen für die PR

te es im Jahre 1995 als Wissensmanagement-Tool online verfügbar. Wiki bedeutet in der hawaiianischen Sprache »schnell« – als Cunningham am Flughafen auf Hawaii ankam, entdeckte er Shuttlebusse, auf denen »Wiki Wiki« stand, und taufte seine Anwendung Wiki Wiki Web, abgekürzt: Wiki.

Das weltgrößte Online-Lexikon Wikipedia bietet Information zu beinahe allen Stichwörtern. (Quelle: de.wikipedia.org)

Technische Voraussetzungen

User, die in einem Wiki einen Eintrag vornehmen wollen, benutzen dazu relativ einfache Zeichenkombinationen, die dem Text eine Formatvorlage zuweisen. Hierbei spricht man von sogenannten Tags, welche im Eingabefenster an entsprechender Stelle eingetragen werden. Die Wiki-Syntax, die sich aus allen angebotenen *Tags* zusammensetzt, ist einfacher strukturiert als das im Internet weit verbreitete HTML. Nicht nur die Textformatierung lässt sich einfach bewerkstelligen, auch Links zu anderen Seiten werden schnell erzeugt. Wikis ähneln dadurch sogenannten *Content-Management-Systemen,* wie sie in Online-Redaktionen oder für Unternehmen-Homepages verwendet werden. Der Unterschied liegt darin, dass bei Wikis das Layout der Webseiten nur eine geringe Rolle spielt, es kommt vor allem auf den Inhalt an. Anhand von Kategorien oder einer Suchfunktion können bestimmte Inhalte im Wiki gefunden werden.

Um selbst ein Wiki zu betreiben, bedarf es einer Wiki-Software. Diese ermöglicht es, Webseiten mit Hilfe eines Webbrowsers zu erstellen und zu

Anwendungen und Chancen für die PR

bearbeiten. Die Inhalte der Webseiten werden in einem Datenbanksystem gespeichert.

Große Themenvielfalt

Es gibt inzwischen Wiki-Sammlungen zu allen erdenklichen Bereichen. Staatliche Einrichtungen, Organisationen, Verlage, Unternehmen und Selbsthilfegruppen nutzen die Technologie ebenso wie private User, um spezielle Themen zu platzieren: vom Arbeitslosen-, Kaffee- bis hin zum Starwars-Wiki.

Für PR-Fachleute, die bislang wenige Erfahrungen mit der Anwendung haben, lohnt sich ein Blick auf das PR-Wiki der Hochschule Darmstadt. Dieses Wiki wird im Studiengang Online-Journalismus eingesetzt – vor allem Studenten mit Schwerpunkt Public Relations nutzen es, um sich mit der Technologie vertraut zu machen und anderen Studenten und Interessenten ein Expertenlexikon online zur Verfügung zu stellen. Der praktische Teil umfasst Themen wie Grundlagen des PR-Managements, Krisen-PR und interne Kommunikation. Zudem werden Kampagnen vorgestellt und Praxistipps gegeben.

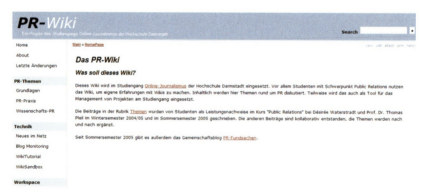

Das PR-Wiki ist ein Wissenspool rund um das Thema Public Relations. (Quelle: pr-wiki.de)

Anwendungen und Chancen für die PR

Fachwissen teilen

In Form von Wikis stellen auch traditionelle Verlage Expertenwissen kostenlos zur Verfügung – beziehungsweise sammeln die Betreiber der Wikis das Wissen ihrer Besucher. Auch zu Anwendungen, rund um Software oder Produktgruppen gibt es Wikis. Im Wiki über das *Content Management System* TYPO3 (wiki.typo3.org) ist jegliches Wissen rund um Installation, Einsatzgebiete und Erweiterungen gesammelt. Auch Kontakte zu Gruppen, die sich mit dem System beschäftigen, zu Entwicklern und Foren werden aufgeführt.

Juristische Themen behandelt das Jura-Wiki (jurawiki.de), das als Hilfestellung und Diskussionsplattform in den Veranstaltungen an der Universität des Saarlands eingesetzt wird. Hier finden sich zum Beispiel eine Vielzahl an juristischen Standardantworten und eine Sammlung volkstümlicher Rechtsirrtümer.

Geteilte Reiselust

Auch im Freizeitbereich wird Wissen gesammelt und geteilt. Das Wiki-Travel (wikitravel.org) ist ein freier Reiseführer, der Tipps und Erfahrungsberichte aus aller Welt beinhaltet. Reisende sollen mittels der Sammlung so aktuell wie möglich über Neuigkeiten informiert werden. So vielfältig wie die Ländertexte sind auch die Sprachvarianten, in denen berichtet wird. Die Seite erhielt im Mai 2007 den Webby Award in der Kategorie »Reisen«. Im Kleinen ist die Idee auch auf Stadtführer übertragbar: So liefert das Stadt-Wiki Karlsruhe zahlreiche Informationen über die Region.

Innovativ zeigte sich auch ein *Forum*, das sich über Kaffee und Espresso austauschte. Das Kaffeeboard-Forum (kaffee-netz.de) hat im Jahr 2004 ein Kaffee-Wiki ins Leben gerufen – eine Datenbank rund um Espresso und -maschinen und Kaffee. Zum einen werden Fachbegriffe erklärt, zum anderen geben sich User gegenseitig Tipps zu Sorten, Zubereitung und Kaffeeverkostung. Auch Erfahrungsberichte zur Wartung und Reparatur von Maschinen sind zu finden.

Anwendungen und Chancen für die PR

Aktuelle Länderinformationen und hilfreiche Tipps finden Reisende im Wiki-Travel. (Quelle: wikitravel.org)

Vorteile und Risiken

Wikis können wie Weblogs oder Communities als imagesteigernde PR-Maßnahmen eingesetzt werden. Mit einem Wiki steigern Unternehmen nicht nur den Traffic auf ihrer Webseite, sie präsentieren sich als innovativ, glaubwürdig und transparent. Auch die interaktive Komponente spielt eine Rolle – die Besucher eines Wikis können ihr eigenes Wissen mit einbringen und das Lexikon erweitern. Um bei der Vielzahl an Wikis mit seinem eigenen nicht im World Wide Web unterzugehen, lohnt es sich, nach Nischenthemen Ausschau zu halten, die zum Unternehmen passen. Ein Wiki ermöglicht es, auf bislang unbekannte Themen aufmerksam zu machen und diese prominent zu platzieren. Da User anonym Beiträge einstellen können, besteht allerdings die Gefahr des sogenannten Vandalismus – Benutzer verfassen rechtswidrige Beiträge, Unwahrheiten oder löschen Beiträge von anderen. Es bedarf also einer gewissen Kontrolle der Artikel, die in einem von Unternehmen bereitgestellten Wiki veröffentlicht werden.

Anwendungen und Chancen für die PR

Zum Klassiker der HTML-Anleitungen gibt es ein Wiki SELFHTML.
(Quelle: wiki.selfhtml.org)

Interne Wikis

Die Gefahr unerwünschter Beiträge ist bei firmeninternen Wikis relativ gering, da diese Systeme nicht anonym sind. Innerhalb von Unternehmen dienen sie meist der Wissensverwaltung. Es können Prozesse optimiert werden, und das vorhandene Wissen wird transparent und für alle Mitarbeiter zugänglich zur Verfügung gestellt. Um eine aktive Beteiligung der Mitarbeiter zu erreichen, muss Überzeugungsarbeit geleistet werden – manche Beschäftigten wollen ihr Wissen nicht teilen, andere schreckt die Technik ab. Zudem sollten Unternehmen für ihre Mitarbeiter ein gesundes Maß zwischen Freiraum und Kontrolle finden.

Google+

Google+ ist quasi die Antwort des Suchmaschinenbetreibers auf Facebook. Mitte 2011 startete das soziale Netzwerk einen Testlauf mit allen Möglichkeiten, die auch der Wettbewerber zur Verfügung stellt. Inzwischen hat Google+ laut ComScore 3,671 Millionen Besucher aus Deutschland (Quelle: Comscore 08/2012). Damit liegt das Google-Netzwerk vor Twitter (2,9 Millionen) und kommt insgesamt auf Platz 3 der Social-Media-Charts nach Xing (4,9 Millionen) und Facebook (39,8 Millionen).

Wer den Dienst nutzen möchte, benötigt ein Google-Konto. Nach der Anmeldung verläuft alles ähnlich wie bei Facebook. Man erstellt Listen, die *Circles* genannt werden. Diesen Kreisen werden dann Kontakte aus Arbeit, Schule oder Familie zugeordnet, und sie können alle gezielt angesprochen und informiert werden. Wie bei Facebook geht es darum, Fotos zu zeigen, kleine Nachrichten zu verbreiten, zu bewerten und Links zu empfehlen. Wer welchen Inhalt sieht, bestimmt jedes Mitglied selbst, und zwar deutlich bequemer als bei Facebook. Eine Zuordnung zu den Kreisen, erfolgt simpel, indem ein Kontakt in mit der Maus in einen Kreis gezogen oder wieder daraus entfernt wird. Die zahlreichen bestehenden Google-Anwendungen lassen sich einfach mit dem Netzwerk verknüpfen – ob Mails, Kalender oder die Themensuche Sparks.

Für Unternehmen ist es auf jeden Fall interessant, sich aktiv bei Google+ einzubringen. Auf sogenannten Unternehmensseiten kann ein Profil schnell ansprechend und übersichtlich erstellt werden. Und da es bei Google+ mehr um Inhalte als die reine Vernetzung geht, können professionelle Netzwerker mit interessanten Neuigkeiten profitieren. Plumpe Werbung und redundante Meldungen wirken hier ebenso wenig wie in anderen Umfeldern. Es geht also auch bei Google+ wieder um Qualität, Originalität und Nutzwert. Wer darauf achtet, kann relativ schnell einen engagierten Interessentenkreis aufbauen. Durch die Kreise ist es möglich, die Kontakte nach Interessensgebieten zu sortieren und gezielt zu informieren. Das minimiert Streuverluste und das Risiko, dass Leute abspringen, die Informationen zu Themen erhalten, die sie gar nicht berühren.

Ein großer Vorteil von Google+ besteht darin, dass die Seite – wie zu erwarten – sehr suchmaschinenfreundlich (crawlbar) aufgebaut wurde. Öffentliche Inhalte im Netzwerk werden also gut in den Ergebnislisten der Suchmaschinen platziert und erreichen somit eine deutlich erweiterte Zielgruppe.

Pinterest

Pinterest ist ein soziales Netzwerk zum Austausch von Bildern. Es wurde im März 2010 gegründet, und ist seit 2012 nicht mehr wegzudenken aus dem Social Media-Angebot: Das Time Magazin wählte den Dienst zu den beliebtesten 50 des Jahres 2012. Und darum geht es: Wer ein schönes, witziges oder irgendwie spannendes Motiv findet, pint (to pin = anheften) dies an die eigene Pinnwand, kommentiert und bewertet. Wie bei Facebook & Co. kann man anderen Mitgliedern bei Pinterest folgen, sehen und kommentieren, was diese veröffentlicht haben. So entsteht ein buntes Sammelsurium mit schnell wahrnehmbaren Tipps und visualisierten Empfindungen; auch Videos lassen sich pinnen. Unternehmen können sich einen Business-Account anlegen und hier agieren wie in anderen Netzwerken auch, nur eben basierend auf Bildern und weniger auf Sprachnotizen. Es ist möglich, Pinnwände zu unterschiedlichen Themengebieten anzulegen und so Interessenten gezielt anzusprechen. Die Bilder lassen sich im Pinterest-Umfeld thematisch durchsuchen oder werden direkt hochgeladen. Gerade im kommerziellen Kontext ist es ratsam, auf eigene Fotos zu setzen und diese hochzuladen. Je interessanter und außergewöhnlicher, desto wahrscheinlicher ist es, dass die Bilder angeklickt und weiterempfohlen werden.

Interessant ist Pinterest auch als Werbeplattform. Das Bildernetzwerk verdient sein Geld mit Klicks auf die hinterlegten Links, und es ist einleuchtend, dass Nutzer lieber auf ein schönes, empfohlenes Motiv klicken als auf einen Werbebanner. Und die Reichweite ist ohnehin da. Mit 840.000 Nutzern im März 2012 (Quelle: alturl.com/s6hyu) war der Newcomer schon damals erfolgreicher als StudiVZ zum gleichen Zeitpunkt. Weltweit waren es schon zu Beginn 2012 mehr als 10 Millionen Nutzer, die Spaß am Pinnen und Betrachten der Bildergalerien hatten. Vor allem Frauen fühlen sich hier wohl und zählen zu der besonders aktiven Nutzerschaft.

Die Inhalte sind durchaus hochwertig, wenige unscharfe Schnappschüsse sind bei Pinterst zu finden, stattdessen vor allem schöne, ästhetisch ansprechende Motive, so dass es wirklich Spaß macht, von einer Pinnwand zur nächsten zu scrollen und die Aufnahmen auf sich wirken zu lassen. Hier teilen Mitglieder Hobbys und Interessen auf eine weniger plakative Art als in den primär textlastigen Netzwerken. Wer in einem solchen Umfeld ebenso bewusst und überzeugend auftritt, kann durch Pinterest sicher zahlreiche neue Kunden oder zumindest Anhänger finden.

Anwendungen und Chancen für die PR

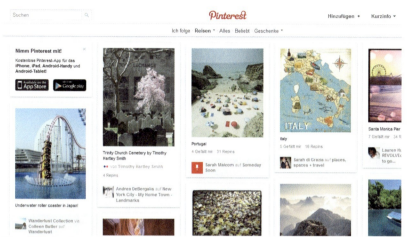

Die digitale Pinnwand. Mit Pinterest lassen sich Botschaften visualisieren.
(Quelle: pinterst.com)

Social Commerce

Der Begriff Social Commerce ergänzt das Schlagwort *E-Commerce*. Er bezeichnet die neue Entwicklung innerhalb des Online-Handels, neu ist die soziale Komponente beim Online-Handel.

The Power of Many

Im Dezember 2005 taucht der Begriff Social Commerce in einem Weblog des US-amerikanischen Marketing-Strategen Steve Rubel erstmalig auf, der damit den Empfehlungshandel als neue Form des Online-Handels benennt: »Social commerce can take several forms, but in sum it means creating places where people can collaborate online, get advice from trusted individuals, find goods and services and then purchase them. It shrinks the research and purchasing cycle by creating a single destination powered by the power of many.« (Quelle: micropersuasion.com)

Beispielsweise im eigenen Weblog werden die persönlichen Lieblings-CDs, -Bücher oder Kleidung empfohlen. Über Portale wie Thisnext.com werden sie sogar direkt als Produktliste eingebunden. In einer Zeit, in der eine kaum mehr überschaubare Produktvielfalt herrscht, ist es wichtig aus-

Anwendungen und Chancen für die PR

zuwählen, zu kategorisieren, sich auf den Rat derer zu verlassen, die bereits Erfahrungen mit einem Produkt oder einer Dienstleistung gesammelt haben. Mit dem breiten Angebot im Internet ist der Zugriff auf individuelle Wünsche und Produkte viel leichter möglich. Es gibt ganze Plattformen, etwa ciao.de oder shoppero.com, die ausschließlich von der Produkttestung leben, auf denen private Nutzer ihre Meinungen, Tipps und Tricks veröffentlichen.

Es ist kein Wunder, dass Empfehlungen, Ratschläge und Warnungen, die früher in der Kneipe, auf dem Wochenmarkt oder beim Sport diskutiert wurden, heute über das Web gegeben werden. Dazu gehören positive wie auch negative Kritiken. Neu ist, dass sich durch das Internet Gleichgesinnte unabhängig von geografischen Gegebenheiten einfacher zusammenfinden können und in Communities so zum Teil inhaltlich sehr hochwertige Diskurse führen können, die für jeden einsehbar sind – und zwar über Jahre hinweg. Denn einmal als Eintrag oder *Posting* in einem Forum oder Weblog gebannt, ist der Inhalt sichtbar, bis der Betreiber, Administrator oder Moderator den Eintrag löscht oder das gesamte Angebot schließt. Für Unternehmen bedeutet das, dass über sie im Netz bereits rege gesprochen wird und sie die Meinungshoheit über ihre Produkte im Internet bereits verloren haben.

Eine einfache Suchmaschinenabfrage auf Google, Yahoo oder technorati.com nach »Ratschläge zu Produkt X« oder »Erfahrungen mit Unternehmen Y« reicht aus, um jede Menge Meinungen von Verbrauchern zu erhalten und sich umfassend informieren zu können. Und genau davon machen immer mehr Menschen Gebrauch, bevor sie sich für einen Kauf oder Vertrag entscheiden. Die Annahme dahinter ist, dass die Erfahrungen vieler ein realeres und glaubwürdigeres Bild zeichnen als Werbung und PR mit meist geschönten Botschaften, die der Einzelne unmöglich alle überprüfen kann.

Aber die Masse kann es. Informationen mit hohem Mehr- und Unterhaltungswert verbreiten sich wie ein Lauffeuer oder ein Virus. Witzige Spots werden unter Bekannten und Freunden genauso weitergeleitet wie Vergehen gegen die Netiquette (Online-Knigge), die innerhalb der Community auf diese Weise geahndet werden.

Die virusartige Verbreitung von Informationen hat das neue Schlagwort für Werber geprägt: virales Marketing. Dabei versuchen sich Werbestrategen das schwer oder gar nicht steuerbare Word-of-Mouth-Marketing (Mund-zu-Mund-Propaganda) innerhalb von Communities zunutze zu machen. Indem sie witzige Online-Spots, Spiele oder Streams erfinden, hoffen sie, ein passendes Angebot machen zu können, das sich anschließend viral im Internet verbreitet – eine klare Steuerung seitens des Unternehmens ist nicht möglich. Denn die Macht, über Tops und Flops zu entscheiden, besitzen die Nutzer. Und diese wollen vor allem selbst entscheiden und nicht an der Nase herumgeführt werden.

Hat das herkömmliche Marketing ausgedient?

Social Commerce ist im Grunde ein altes Konzept in neuem Kleid. Die Offline-Verkaufskonzepte von Sammelbestellungen, Avon oder Tupperware bestehen seit Dekaden. Die Übertragung auf das Web ist eine Adaption, die durch neue Technologien möglich wird und die Macht des Konsumenten vergrößert. Wer kennt nicht die Bewertungssysteme etwa von großen kommerziellen Vorreitern wie Amazon und eBay, bei denen sich jeder vor der Kaufentscheidung über den Händler beziehungsweise das gewünschte Buch informieren kann. Vorgefertigte Skalierungen, aber auch qualitative Äußerungen durch Texteingaben, wirken nicht nur äußerst glaubwürdig, sondern beeinflussen den Interessenten mehr, als es herkömmliches Marketing je könnte.

Mit Verbrauchern im Dialog stehen

Der Empfehlungshandel oder auch das Bestreben, *Word-of-Mouth-Marketing* unternehmerisch stärker zu nutzen, professionalisiert sich zunehmend, und hat völlig neue Online-Handelskonzepte auf den Plan gerufen. Eine Menge kleiner Startups und auch immer mehr große Unternehmen bieten eine bunte Auswahl an Beteiligungsmöglichkeiten für Verbraucher und Kunden. Die Wertschöpfung, die durch die Interaktion zwischen den Nutzern entsteht, kann entweder von der Community selbst oder von einem Unternehmen initiiert sein.

Neue Vertriebs- und Kundenbindungskonzepte

So bloggen Autoren von Büchern, die über Amazon vertrieben werden, über Amazon Connect (amazon.com/amazonconnect) und treten mit den Lesern in Kontakt. Amazon erhält darüber interessante Inhalte, die den Leser anlocken. Der Autor erhält eine hochwertige Werbeplattform für seine Inhalte.

Anwendungen und Chancen für die PR

Ein anderes Beispiel ist Etsy.com – ein Marktplatz für Handgefertigtes, den Künstler und Kreative für ihren Vertrieb nutzen können. Während handgemachte Kostbarkeiten bei großen Online-Häusern wie eBay untergehen können, bietet Etsy.com eine Social-Shopping-Variante durch die Verbindung zu MySpace. Hier können die Nutzer Kontakte zueinander aufbauen, sie nehmen hierbei verschiedene Rollen ein, mal die des unabhängigen Beraters, mal die des Käufers und mal die des Verkäufers.

Eine deutsche Variante von Etsy.com ist DaWanda. Auf Edelight.de empfehlen Nutzer anderen Interessierten Geschenkideen und erhalten bei Kaufvermittlung eine kleine Provision. Eine typische Kleinanzeigenplattform ist Craigslist.org, die sich in Deutschland bisher nicht hat etablieren können, in den USA aber sehr erfolgreich positioniert ist. Dealjäger.de verfolgt einen ähnlichen Ansatz wie guenstiger.de oder billiger.de. Es handelt sich um Plattformen, um Preise zu suchen, zu vergleichen und zu unterbieten. Kunden mit gleichem Filmgeschmack finden sich gegen eine Gebühr bei Hitflip. Hier tauschen sich Heimatfilmliebhaber genauso intensiv aus wie Aktionfans. Tauschbörsen von Spielen, Büchern und CDs runden das Angebot von Hilflip ab.

Über die Wünsche der Community lässt sich für Unternehmen erkennen, was gerade die Renner sind. (Quelle: yieeha.de)

Yieeha bezeichnet sich selbst als Social Winning Plattform. Unternehmen können hier Produkte zur Verlosung anbieten, um sie bekannter zu machen.

Anwendungen und Chancen für die PR

Über ein Punktesystem kann jeder Nutzer versuchen, die gewünschten Lieblingsprodukte zu ersteigern und zu gewinnen.

Ähnlich verfährt die erste deutsche Agentur für *Word-of-Mouth* Marketing, trnd (the real network dialog). In viralen Kampagnen gibt trnd die Produkte seiner Auftraggeber an einen Pool von relevanten Meinungsführern aus und versorgt diese mit Insiderwissen. Die Community-Mitglieder danken es unentgeltlich mit Rezensionen im begleitenden Blog und mit Weitergabe der Informationen an ihre persönlichen On- und Offline-Kontakte. Bei Gefallen geben diese wiederum die Informationen an weitere Freunden weiter – Mundpropaganda eben, die dem Unternehmen obendrein wertvolle Informationen über die eigenen Produkte, gegebenenfalls auch über Schwierigkeiten und Tipps zur Verbesserung einbringen.

Aus der Game-Branche ist diese Art der Kundenbindung lange bekannt. Häufig können sich Spieler vor dem Release des Spiels für einen *Betatest* anmelden. Einerseits können sie das Spiel damit testen, bevor es alle anderen haben. Andererseits prüft die Spielergemeinde damit unentgeltlich für den Hersteller, wie das Spiel vor dem Release noch verbessert werden kann.

Der Verbraucher als Produktentwickler

Nicht mehr passives Konsumieren, sondern aktives Mitmachen ist bei den Verbrauchern gefragt. Die Kite-Surfing-Industrie zeigt sehr deutlich, wie qualitativ hochwertige Produkte von Kunden selbst entwickelt und umgesetzt werden können. Sie bereichern die Branche. Gleichzeitig profitiert der Verbraucher von den hochwertigen Sportgeräten und hat Spaß, sich in Produktentwicklung, Design oder Vertrieb selbst einbringen zu können. Der Grund: Die Kite-Surfer haben vielfältige Kenntnisse bezüglich der nötigen Materialien und Eigenschaften für die nötigen Segel, die Aerodynamik, Mechanik und Seilsysteme. Sie alle zusammen verfügen über größeres Knowhow als eine Abteilung von Produktentwicklern stellen könnte.

Allein aus der Liebe zum Hobby entwickeln und veröffentlichen die Sportler im Internet eigene, neue und optimierte Drachen und kommentieren sie. Diese Anleitungen werden zum *Download* angeboten. Die Folge: Mit relativ geringem monetären Aufwand, ohne Innovationsrisiko und Entwicklungskosten eines Herstellers steht dem Verbraucher ein hochwertiges Produkt zur Verfügung, das er sich beim Segelmacher von der Datei in ein Sportgerät umsetzen lassen kann (Quelle: open-innovation.de/cases.html).

Vorreiter wie der T-Shirt-Hersteller Spreadshirt, aber auch Offline-Unternehmen wie beispielsweise Adidas binden den Verbraucher ebenfalls verstärkt ein. Bei Spreadshirt können Nutzer eigene T-Shirts und Bekleidungsprodukte mittels eines Grafik- oder Malprogramms am eigenen PC entwerfen. Das Unternehmen produziert und liefert aus, egal ob Einzelfertigung oder Online-Shop eines Users den Auftrag erteilt haben. Der Kunde vertreibt das eigenkreierte Produkt selbst. Absatzrisiko, Lagerung, Entwicklung – all diese Herausforderungen des herkömmlichen Handels werden umgangen.

Auch der Sportartikelhersteller Adidas versucht, mit seiner Produktlinie »mi adidas«, dem Drang des Verbrauchers nach Individualität nachzukommen. Neben Fußvermessung und Expertengespräch kann der Kunde den Schuh in Passform, Farbe, Design und Funktion anpassen – ein Service, den sonst nur Spitzensportler.

Der Boom der neuen Plattformen gründet sich nicht nur auf dem Wunsch nach Mitbestimmungsmöglichkeiten und Individualität für den Konsumenten. Die neuen Unternehmen benötigen für ihre Geschäftsideen kaum monetäre Investitionen, kein eigenes Lager oder logistischen Aufwand. Bestellt beispielsweise ein Kunde auf Dealjäger.de ein Produkt, wird der Auftrag direkt an den Händler oder Hersteller weitergeleitet.

The Long Tail

Vollkommen neue Trends von sehr individuellen und zum Teil wenig massentauglichen Produkten kommen jetzt im Web zum Vorschein. Nicht mehr die Charts und Bestsellerlisten geben vor, was gut zu sein hat. In seinem Buch »The Long Tail. How Endless Choice Is Creating Unlimited Demand« beschreibt Chris Anderson (2007) den »Long Tail« als Summe von wenig massenerfolgreichen Produkten, die aber insgesamt mehr Umsatz schaffen als die wenigen Blockbuster. Basis ist eine Umsatzkurve pro Produkt, die die Kassenschlager an der Kurvenspitze und die mausgrauen Produkte in der abfallenden Kurve – dem langen Schwanz – zeigt. De facto sind mit dem Internet all diese Produkte in unbegrenzter Anzahl für alle verfügbar. Der Autor prophezeit große Veränderungen der Wirtschaft, wenn vermeintliche Flops plötzlich zu Must-Haves, In- oder Hip-Produkten avancieren.

3 Twitter: Wirkungsvolles Gezwitscher

Warum Twitter wichtig ist

Am 21. März 2006 um 12.50 Uhr wurde der erste öffentliche *Tweet* gepostet. War 2006 das Jahr der Berichterstattung und Diskussionen um Second Life, stürzten sich die Medien und Blogger dann im Jahr 2007 auf *Twitter*, was so etwas wie »Gezwitscher« bedeutet, und *Facebook*. Beide Dienste waren schon vorher in den USA populär. Nachdem es lange keine Neuigkeiten zu bestaunen gegeben hatte, freuten sich viele deutsche bzw. europäische Internet-Nutzer über die beiden neuen Anwendungen. Doch bereits nach wenigen Monaten ebbten die Berichte über Twitter ab, ein Hype? – Nein, denn bereits seit Mitte 2008 ist das Wachstum des Kurznachrichtendienstes nicht mehr aufzuhalten. Im März 2010 wurde die 10 Milliardste Twitter-Meldung registriert (Quelle: Mashable, alturl.com/tgvh). Inzwischen gibt es 2,4 Millionen Twitter-User in Deutschland, China, das Land in dem der Dienst offinziell gesperrt ist, hat 35,5 Millionen Nutzer (Quelle: emarketer.com). Menschen »zwitschern« wann und wo immer es geht, zu Themen, die sie gerade bewegen. Das kann die bevorstehende Prüfung sein, eine neue technische Spielerei oder ein Gefühl. Twitter bietet somit einen Einblick in die Stimmungslage und den Alltag der Mitglieder.

»Wen interessiert das denn?«, fragen sich oft diejenigen, die noch nie einen Blick auf die Kurzmeldungen geworfen haben. Doch jeder findet seine Zielgruppe. Auch Sie. Eine Zeitverschwendung? Das mag sein, aber warum sollte es wichtiger sein, Pressemeldungen zu lesen oder einen TV-Spot anzuschauen? Wer entscheidet, womit sich mögliche Kunden beschäftigen sollen und wollen?

Mikro-Blogging und Dokumentation

Twitter ist eine Art Newsfeed und Community zugleich, die ihren Mitgliedern unter twitter.com erlaubt, Kurznachrichten zu schreiben und zu veröffentlichen. Diese dürfen maximal 140 Zeichen lang sein und beantworten inhaltlich die schlichte Frage »What are you doing?« beziehungsweise »Was gibt's Neues?«. Doch es geht nicht darum, diese Frage knapp zu beantworten, Twittern ist mehr. Die einen schreiben auf, was sie gerade erleben, dokumentieren ganze Konferenzen oder Diskussionen, andere geben Artikel oder Links weiter, die ihnen gefallen. Es gibt an sich keinerlei Regeln zu den Inhalten, nur die 140 Zeichen dürfen und können nicht überschritten werden. So entstehen ganze Listen mit tagebuchähnlichen Notizen einzelner Mitglieder, die entweder für alle Internet-Nutzer einsehbar sind oder nur für einen ausgewählten, geschlossenen Kreis. Darüber, wer das eigene Gezwitscher lesen darf, entscheidet jedes Mitglied selbst.

Die Kurznachrichten können direkt online eingegeben werden, über Instant Messaging-Dienste (IM), eigene Programme wie tweetdeck.com oder via SMS und Apps. Ebenso kann der Leser sie im Web verfolgen, im IM oder RSS-Reader oder sie sich auf das Mobiltelefon schicken lassen. Zu den wesentlichen Funktionen von Twitter gehören das Gewinnen von Lesern (Friends) und das Zusammenstellen der individuellen Twitter-Autoren, deren Beiträge man selbst gern verfolgen möchte (Following). Je mehr Leser man hat, desto größer ist das Netzwerk, die eigene Bekanntheit; und die steigt mit der Zahl der Beiträge – viele Twitter-User geben mehrmals stündlich an, was sie gerade tun: Zug fahren, einen Kaffee trinken, einen Vortrag halten, ins Bett gehen. Diese Twitter-Postings können wiederum in das eigene Weblog und viele andere Online-Anwendungen integriert werden.

Wer es schafft, seinen bestehenden Kunden attraktive Nutzungsmöglichkeiten aufzuzeigen, kann durchaus ein erfolgreiches Projekt bei Twitter starten. Denkbare Ansätze sind:

- Community-Mitglieder tauschen sich über Twitter aus, wo gerade was los ist und welche Party keinen Spaß bringt.
- Teilnehmer einer Schnitzeljagd werden via Twitter mit Informationen versorgt.
- Große Sportveranstaltungen lassen sich via Twitter live dokumentieren und die Tore in einem Fußballspiel an die übermitteln, die gerade nicht am Rechner, Fernseher oder in der Nähe eines Radios sitzen.

- Spontaner Informationsaustausch innerhalb einer Community bei dringenden Fragen: Gibt es einen guten Zahnarzt um die Ecke? Wo ist das nächste Café? Wer kommt gleich mit ins Kino?

Die ersten Schritte

Wer sich nicht so recht vorstellen kann, was *Twitter* ist und bietet, sollte sich über search.twitter.com einen ersten Eindruck verschaffen. Über diese Suche kann gezielt nach einzelnen Stichwörtern innerhalb des Dienstes geforscht werden. Auch tweetscan.com bietet eine Suche, die von allein neuere Ergebnisse auflistet. Entweder, man gibt einfach den gesuchten Begriff ein, oder man nutzt die Zeichen, die auch beim Twittern eine wesentliche Rolle spielen:

@ wird dem Benutzernamen eines Mitglieds vorangestellt, wenn man diesen gezielt ansprechen möchte, es ist quasi das Reply-Zeichen (Antwort). Das @ zeigt einerseits, dass die Nachricht sich nicht an alle richtet, andererseits ist sie für alle lesbar und macht neugierig.

kennzeichnet einen Begriff als Schlagwort, unter dem ein Posting steht, die Raute wird als Hashtag bezeichnet. Durch die Verwendung eines Hashtags ist es einfacher, gezielt Inhalte zu finden und einzuordnen. Vor allem beim längeren Lesen eines Themas über die Suche ist es hilfreich, nach dem gewünschten Begriff mit # zu suchen – beispielsweise nach #Kommunikation.

RT Retweet bedeutet, dass man das Posting eines anderen an seine eigenen Follower weiterreicht und dadurch zum Lesen anregt. Das passiert häufig bei besonders spannenden, witzigen oder informativen Tweets. Man stellt dazu die Buchstaben RT vor die kopierte Nachricht und setzt ein @ vor den Nutzernamen des ursprünglichen Verfassers.

D Direct Messages können nur diejenigen lesen, für die sie bestimmt sind. Allerdings kann man sie nur an Follower versenden. Für eine solche Nachricht schreibt man ein D vor den Nutzernamen, an den die Meldung gehen soll.

Neben den erwähnten Suchen gibt es diverse weitere Echtzeit-Suchen, die das intensive Beobachten eines Themas ermöglichen. Bei Collecta (collecta.com) oder Spy (spy.Appspot.com) laufen automatisch neue Tweets zu einem einmal eingegebenen Stichwort ein. Twitscoop (twitscoop.com) zeigt zudem an, welche Themen gerade überdurchschnittlich oft bei Twitter vorkommen; der Dienst funktioniert als automatischer Trendscout.

Über twitter.com kann dann der eigene Twitter-Account eingerichtet werden. Hierzu klickt man einfach auf den Button »Sign up now«. Bei der Wahl eines Benutzernamens sollte man möglichst auf Unterstriche oder Zahlen verzichten, idealerweise verwendet man seinen Vor- und Zunamen oder den Markennamen des Unternehmens, für das man offiziell twittert.

In den Profileinstellungen ist es möglich, die eigene URL und eine Kurzinfo von 160 Zeichen über sich zu hinterlegen, zudem kann man ein Bild oder ein kleines Logo hochladen und sogar das Hintergrundbild des eigenen Accounts verändern. Ist das Profil vollständig, kann es mit dem Twittern losgehen, am besten zunächst als Trockenübung, ohne Leser. Denn wenn diese den neuen Strang entdecken, sollten schon mal fünf bis zehn Meldungen da sein. Keiner entscheidet sich dafür, einem anderen zu folgen, wenn man nicht weiß, was dieser bietet und schreibt. Die Schritte zum angesehenen und damit erfolgreichen *Twitter*-Mitglied sind einfach. Es beginnt mit dem Zuhören, dann folgt man und dann folgt die Kontaktaufnahme über kleine Gespräche.

Follower finden und für sich begeistern

Letztlich geht es darum, möglichst viele *Follower* bei Twitter zu gewinnen, Menschen, die das Gezwitscher der anderen lesen. Die Follower sehen in ihren eigenen Feeds, was diejenigen geschrieben haben, denen sie folgen, und können darauf reagieren. Je spannender oder werthaltiger die Meldungen sind, desto leichter wird man Leser finden. Tipps, Links, Fragen, Persönliches, Antworten auf Fragen anderer – damit kann man punkten. Großzügigkeit und Geben zahlt sich aus. Und wenn sich Mitglieder direkt an einen wenden – über ein @Benutzername, sollte man durchaus antworten. Im »wahren« Leben schweigt man ja auch nicht, wenn man angesprochen oder etwas gefragt wird. Mit Höflichkeit und Freundlichkeit kommen auch schnell die Follower.

Wer im riesigen Universum Twitter auffallen möchte, sollte zunächst selbst anderen folgen. Denn diese sehen, wer ihnen folgt und werden vielleicht neugierig. Zudem erscheint man in der Follower-Liste, und viele Twitter-Neulinge stöbern in solchen Listen – ganz nach dem Motto: Vielleicht entdecke ich einen interessanten Feed.

Doch wem sollte man folgen? Im professionellen Kontext ergibt sich dies aus dem Markt, den man bedienen möchte, der potenziellen Zielgruppe. Verkaufe ich Bücher, folge ich Lese-Begeisterten (suchen Sie doch mal nach #Buch oder #lesen), betreibe ich ein Restaurant, versuche ich herauszufinden, wer in meiner Stadt lebt oder sie gerade besucht. Über twittermap.de sieht man beispielsweise, wer gerade wo etwas twittert.

Über den Dienst twellow.com ist es möglich, jederzeit über Kategorien oder Regionen nach *Twitter-Nutzern* zu suchen. Zudem sollten Unternehmen ihr Profil bei Twellow anmelden, damit es dort ebenfalls gefunden werden kann. Es gibt über vierzig Haupt- und diverse Unterkategorien, die das Auffinden von Twitter-Profilen mit einem bestimmten Themenfokus erleichtern. Der Dienst funktioniert wie ein Katalog und bietet einen echten Mehrwert.

Man kann es sich auch einfacher machen und beim Wettbewerber oder bei den Profilen ähnlicher Branchen schnuppern. Sie sehen, wem diese folgen und wer diesen folgt und können es nachmachen. Zum Einstieg vielleicht ein bequemer Weg, aber keine Erfolgsgarantie für die dauerhafte Kommunikation.

Gerade Twitter-Frischlinge sollten denen ebenfalls folgen, die ihnen folgen – auch das ist eine Frage der Höflichkeit, aber auch des Eigen-Marketings. Eher lästig ist das Bedanken bei denjenigen, die sich entschlossen haben, Ihnen zu folgen oder einen Ihrer Beiträge retweetet haben. Vor allem für alle anderen Follower sind diese öffentlichen Danksagungen lästig. Ebenso nervig ist die regelmäßige Bekanntgabe der aktuellen Followerzahl: »500 Follower. Danke Euch.« Diese Aussage nutzt niemandem etwas und enthält keine wesentliche Information.

Neben den öffentlichen Gesprächen mit Hilfe des @-Zeichens gibt es die *Direct Messages* (DM), die nur derjenige lesen kann, für den sie bestimmt sind. Auch darüber schafft man Bindung, jedoch ist es nur möglich, denjenigen Direct Messages zu schicken, die einem folgen.

Übrigens können sich Follower jederzeit entscheiden, einem Mitglied nicht mehr zu folgen; sie unfollowen, wenn jemand nur sehr unregelmäßig etwas schreibt oder zu häufig, wenn die Erwartungen nicht erfüllt werden oder man schlicht zu viele Feeds abonniert hat und »aufräumen« möchte. So wie man selbst auch darauf achtet, den Überblick zu behalten und nur die wirklich spannenden Feeds zu lesen.

Twittern ist mehr als Texte verschicken

Das Wichtigste gleich vorweg. Wer neugierig und aufgeschlossen ist, kann an sich nichts falsch machen. Wer die ganze Zeit im Hinterkopf hat, dass Twittern banal und Zeitverschwendung sei, wird alles falsch machen. Probieren Sie es einfach aus und machen Sie sich keine allzu großen Gedanken darüber, wie Ihr Gezwitscher ankommen könnte. Wer Interesse an anderen Menschen und dem hat, was sie denken, wird Twitter mögen. Schreiben Sie, was Sie denken, sprechen Sie andere mit Hilfe des @-Zeichens an, retweeten – also adeln – Sie die Beiträge anderer.

Inhaltlich ist es natürlich hilfreich, sich vorab zu überlegen, was die erhoffte Zielgruppe interessieren könnte. Das können Links sein oder Tipps, Fragen oder Meinungen – zeigen Sie, dass Sie als Quelle vertrauenswürdig sind.

Mit 140 Zeichen lassen sich mehr Informationen verbreiten als es auf den ersten Blick scheint. Besonders beliebt sind Links zu guten Webinhalten und Quellen. Doch Link-Empfehlungen sind oft sehr lang und nehmen viel Platz der kostbaren 140 Zeichen weg. Dieses Dilemma kann man leicht umgehen. Zahlreiche Tools ermöglichen es, aus einer sehr langen URL eine kürzere zu machen, die schließlich zur gewünschten Webadresse führt – beispielsweise shorturl.com.

Auch Bilder können über Twitter gezeigt werden. Sie lassen sich bequem im TweetDeck hochladen oder auch beispielsweise via TwitPic (twitpic.com) – hier erfolgt das Login mit den Twitter-Zugangsdaten. Andere Nutzer können die Fotos kommentieren und bewerten. Über tweetcube wird jegliche Form von Daten bei Twitter publiziert, nicht nur Bilder, sondern auch Videos, Audio-Files und Präsentationen. Der Dienst ist bis zu einer gewissen Datenmenge kostenlos und löscht die angelegten Daten nach 30 Tagen. Eine spielerische Form des Twitterns ist mit BLIP.fm gegeben. Hier meldet man sich mit dem bestehenden *Twitter-Account* an und sucht nach Musik. Die Links zu Songs oder Videos werden dann geblipt – also mit einem Kurz-Link und zwei Noten davor getwittert. Die Blips können mit Nachrichten versehen werden. So werden Stimmungen beispielsweise mit Musik beschrieben oder Aussagen musikalisch unterstrichen.

Eine schöne Form, die eigenen Produkte über *Twitter* ins Gespräch zu bringen, hat 2009 der Fischer-Verlag gefunden.

Im Tagesfang (twitter.com/tagesfang) werden Zitate aus den im Verlag publizierten Büchern veröffentlicht – nebst Link zum Shop. Die Zitate sind so gut gewählt, dass sie Lust auf mehr machen und möglicherweise dazu verleiten, den ein oder anderen Titel zu kaufen. Der Aufwand dürfte sich dabei für den Verlag in Grenzen halten, und auch Diskussionen über einen möglicherweise fehlenden Tiefgang in Tweets haben keinen Ansatz bei diesem Konzept.

Tipp

Es gibt diverse Tools, die Ihnen dabei helfen, die Kommunikation bei Twitter bequem im Blick zu behalten. Gute Instrumente sind Twhirl (twhirl.org), Hootsuite (hootsuite.com) und das TweetDeck (tweetdeck.com). Mit den Anwendungen sparen Sie viel Zeit und Mühe. Sie können direkt, ohne auf die Twitter-Webseite gehen zu müssen, neue Kurzmeldungen lesen, darauf reagieren und eigene verfassen – inklusive des Versands von Fotos oder Links.

Tweets in andere Seiten integrieren

Praktisch ist *Twitter* auch deshalb, weil sich die Tweet-Feeds sehr bequem in andere Webseiten oder Profile bei sozialen Netzwerken integrieren lassen. Automatisch werden so die Tweets in Echtzeit auch an anderen Orten angezeigt. Die Integration eines Unternehmens-Twitter-Feeds in den bestehenden Webauftritt hat einen praktischen Nebennutzen – die häufige Aktualisierung und das Erwähnen einzelner Begriffe wirkt sich auf das Google-Ranking aus. In gewisser Weise bewirkt Twitter dann *Suchmaschinenoptimierung*. Ohnehin wird Twitter von den Suchmaschinen berücksichtigt – sofern sich ein Mitglied nicht gegen diese Option entschieden hat. Wer mit seinem Namen, seinen Produkten oder Marken über Suchmaschinen gefunden werden möchte, kann mit seinen Tweets bei Google & Co. aufgelistet werden.

Friendfeed – eine Adresse, viele Seiten

Friendfeed.com ist eng mit Twitter verknüpft, aber auch beispielsweise mit Facebook. Hier können Tweets direkt publiziert und auch kommentiert werden, neben den Meldungen und Inhalten aus anderen Netzwerken. Man hat somit eine Art Cockpit über alle Aktivitäten im sozialen Web: »Mit FriendFeed kannst du Neuigkeiten von allen möglichen Webseiten beziehen und deinen Feed auf anderen Services (wie zum Beispiel Twitter), die du bereits nutzt, veröffentlichen.«

Man kann bei Friendfeed herausfinden, wer sich mit den eigenen Produkten beschäftigt und was gerade im Gespräch ist. Die Suche erfolgt dabei in den Inhalten der eigenen Kontakte oder über alle Friendfeed-Mitglieder hinweg. Wer möchte, kann die Suchanfrage speichern und so immer wieder gucken, was aktuell zu einem Thema gesagt wird. Die Ergebnisse in Echtzeit sind in die eigene Homepage oder das eigene Weblog integrierbar, so dass auch die Leserinnen und Leser dort profitieren.

Facebook-Seiten bespielen

Mit wenigen Mausklicks lässt sich der eigene Twitter-Feed in die bestehende Facebook-Pinnwand integrieren. Jedes Posting wird dann auch dort abgebildet und kann von den Freunden oder Fans bei Facebook kommentiert und bewertet werden. Dies bietet sich vor allem dann an, wenn man mit möglichst geringem Aufwand mehrere Kanäle im Web bedienen möchte. Zudem lassen sich in der Darstellung bei Facebook auf einen Blick Entwicklungen und Reaktionen zeigen. Im professionellen Einsatz bietet sich dieses Zusammenspiel ebenfalls an. So gab es rund um das Osterfest 2009 eine Kampagne ostergaffer.de von evangelisch.de und dem erf.de. Vor und nach Ostern wurden in einem eigens dafür angelegten Twitteraccount twitter.com/ostergaffer fiktive Kurzmeldungen aus der Zeit rund um Jesu Kreuzigung gepostet; als hätte es damals Twitter bereits gegeben, schrieben sechs Personen auf, was sie in Jerusalem erlebten, hörten und dachten – und reagierten in heutiger Echtzeit auf Fragen und Anmerkungen der Follower. Die Webadresse ostergaffer.de führte direkt auf die *Facebook-Fanseite*, wo alle Tweets gebündelt wurden. Wer also zu spät bei Twitter von der Aktion erfuhr, konnte bei Facebook alles nachlesen. Und für die Macher der Aktion war diese Möglichkeit praktisch, eine Zeit- und Aufwandsersparnis zugleich. Früher hätte man das, was Facebook leistet, extra programmieren müssen.

Heute ist dies kostenlos vorhanden und wird nebst der Möglichkeit, sich direkt mit anderen Community-Mitgliedern zu vernetzen, quasi auf dem Silbertablett serviert. Was will man mehr?

Twitter und TV

Twitter verbindet, viele Fans des Dienstes nutzen die Kurzmitteilungen, um Erlebnisse und Eindrücke mit anderen zu teilen oder Meinungen auszutauschen. Da zugleich die Zahl derjenigen, die parallel zum Fernsehkonsum surfen, deutlich angestiegen ist, liegt es nahe, dass immer häufiger über TV-Sendungen getwittert wird, und zwar zeitgleich.

Ob ein spannendes Fußball-Spiel, Wetten dass…? oder Castings-Shows – mit Sicherheit gibt es gerade irgendwo jemanden, der die Sendungen ebenfalls guckt und dazu bei Twitter aktiv ist. Dann wird meist wild drauf los gezwitschert, über Outfits, die Moderatoren, einen Spruch oder den K.O.-Schlag in einem Boxkampf. Das, was einem sonst still durch den Kopf geht beim Fernsehen, wird mit anderen geteilt, mit Tausenden anderen, als würde man direkt neben ihnen im Wohnzimmer sitzen.

Vor Twitter war die Verleihung der Oscars eine Gala mit Preisverleihungen und Dankesreden. Seit es Twitter gibt wird aus der TV-Show zu den Oscars Konversation. Während die Besucher vor Ort still den Auftritten lauschen, wird im Internet intensiv diskutiert. Wer trägt was, wer ist nervös, wer gewinnt warum und warum nicht? Wie ein Dauer-Kommentar läuft Twitter parallel zum im TV Gesehenen. Und jeder ist eingeladen, es den anderen gleichzutun.

Unternehmen mit Twitter-Accounts können ihre Follower zum gemeinsamen Fernsehen einladen. Nachrichtenmagazine twittern parallel zu Politik-Talkshows oder Bundestagsdebatten, Buchverlage twittern während ihre Autoren im Vorabend-Magazin interviewt werden und die Polizei könnte eine neue Tatort-Folge bei Twitter kommentieren. Je mehr Zuschauer eine Sendung hat, desto wahrscheinlicher finden sich Gleichgesinnte beim Mikro-Bloggingdienst.

Suchen Sie einfach mal während einer »Deutschland sucht den Superstar«-Show nach #dsds oder nach #formel1 während eines Rennens. Bevor Sie das gemeinsame Fernsehen als PR-Aktion planen, sollten Sie es ausprobieren.

Freunde finden und die Region entdecken

Letztlich ist Twitter nur ein Dienst von vielen deutlich kleineren, über die Kurzmeldungen in Echtzeit versendet werden können. Andere Anbieter ziehen nach und bieten differenzierte Konzepte. So beispielsweise Foursquare. Unter foursquare.com können Mitglieder unterwegs mit ihren Handys Freunde entdecken oder gute Adressen austauschen. Als Location Based Social Network bietet es eine *Geo-Tagging-Applikation*, mit der die Nutzer jederzeit sehen, wer sich von ihren ebenfalls bei Foursquare registrierten Freunden in der Nähe aufhält. Dabei hinterlässt man quasi digitale Fußspuren an den Orten, die man besucht hat und wird dafür virtuell mit Auszeichnungen belohnt.

Wer also seine Lieblingsbar besucht, zückt sein iPhone und startet die App von Foursquare. Automatisch checkt das System via Geo-Tagging ein und merkt sich, wo man gerade war. Je häufiger hier »eingecket« wird, desto mehr »Badgets« verleiht der Dienst. Dasjenige Mitglied mit den meisten Auszeichnungen eines Ortes wird als virtueller Bürgermeister dieser Stelle gekürt.

Für Unternehmen mir regionaler Verankerung oder einem Ladengeschäft könnte es zu diesem frühen Zeitpunkt durchaus interessant sein, sich über Foursquare ins Gespräch zu bringen. Wettbewerbe um den nächsten »Bürgermeisterposten« im Geschäft sind ebenso denkbar wie Schnitzeljagden oder PR-Kampagnen für ganze Städte.

4 Facebook: Kontakte, Kontakte, Kontakte

Freundschaften knüpfen und pflegen

Facebook ist das weltweit größte soziale Netzwerk und damit eine der wichtigsten Online-Plattformen, um sich als Unternehmen mit Communities zu vernetzen und direkt mit Verbrauchern zu kommunizieren. Die Möglichkeiten, die das Portal bietet, sind so zahlreich, dass sich gerade neue Nutzer leicht überfordert fühlen. Dennoch oder gerade deshalb lohnt sich das Engagement in diesem Netzwerk. Am 14. September 2012 wurde die Marke von einer Milliarde aktiven Nutzern geknackt. Etwa 20 Millionen Nutzer stammen aus Deutschland. Auch die weiteren genannten Zahlen seit der Gründung können sich sehen lassen:

- 1,13 Billionen Gefällt mir-Angaben
- 140,3 Milliarden Freundschaftsverbindungen
- 219 Milliarden geteilte Fotos
- 62,9 Millionen Songs wurden 22 Milliarden Mal abgespielt
- 17 Milliarden Check-ins
- 600 Millionen aktive mobile Nutzer

Die Social-Network-Plattform wurde ursprünglich ausschließlich von Studenten in den USA genutzt. Seit September 2006 kann jedermann Mitglied werden. Unter facebook.com richten Mitglieder ein eigenes Profil mit diversen Inhalten aus den unterschiedlichen Web-Anwendungen ein. Das Praktische: Es gibt tausende Tools, Spiele und Elemente, mit denen die eigene *Facebook-Seite* individualisiert und angereichert werden kann.

Zudem und vor allem kann man via Facebook Kontakte knüpfen, Freunde einladen und sich untereinander vernetzen. Jedes Mitglied entscheidet selbst darüber, wer wie viel von dem eigenen Profil sehen darf. Das macht Facebook auch als Instrument für die interne Kommunikation interessant. Kollegen, die räumlich voneinander getrennt oder im Außendienst arbeiten, können über Facebook miteinander in engem Austausch bleiben und gezielt von der Zentrale informiert werden. Natürlich gehört auch das Personenmarketing zu den Anwendungsmöglichkeiten.

Die direkte Kommunikation mit Freunden ist die einfachste Form, Facebook zu nutzen. Hierbei steht das persönliche Profil im Mittelpunkt, das diverse statische Informationen bietet – in Form von Texten, Bildern und Filmen – und zudem die Freunde aktuell auf dem Laufenden hält. In kurzen Notizen steht dann etwas über die bevorstehende Prüfung oder den geplanten Urlaub, ein Gedanke zur Außenpolitik der Koalition oder zu einem Buch. Die Freunde lesen das und wissen, wie es einem geht und womit man sich beschäftigt. In dem persönlichen Facebook-Feed laufen alle diese Kurzmeldungen der Freunde zusammen, in Echtzeit.

Gruppen gründen und beitreten

Eine weitere gute Möglichkeit neben dem »Sammeln« von Freunden bieten die *Gruppen bei Facebook*. Jeder Nutzer kann selbst eine Gruppe zu jedem erdenklichen Thema ins Leben rufen. Diese Gruppen sind entweder geschlossen, so dass die Mitgliedschaft nur auf Einladung erfolgt, oder offen für jedermann. Eine Gruppe rund um ein Produkt oder dessen Einsatzmöglichkeiten ist als PR-Instrument ebenso denkbar wie eine Gruppe rund um eine Kampagne. Ferner können natürlich auch Firmen bestehenden Gruppen beitreten – um beispielsweise so mit potenziellen Zielgruppen in Kontakt zu treten, etwas über ihre Vorlieben und Abneigungen zu lernen. Wer sich beruflich mit Facebook befasst und bisher noch keinerlei Erfahrungen mit den Gruppen dort gemacht hat, sollte zunächst zwei, drei Gruppen beitreten und so ein Gefühl dafür bekommen, wie sie funktionieren und wie die Kommunikation abläuft. Erst wenn das verstanden ist, bietet sich das Anlegen einer eigenen Gruppe an.

Es dauert nur wenige Minuten, um eine eigene Gruppe aufzusetzen. Über den Button »Gruppe gründen« öffnet sich ein Formular zum Eingeben des Gruppennamens und einer Beschreibung. Ist die Gruppe angelegt, können sogleich Freunde eingeladen werden, ihr beizutreten; auch solche, die als Meinungsführer in dem der Gruppe nahen Themenumfeld gelten. Um schnell zahlreiche Mitglieder zu gewinnen, sollte die Gruppe über das eigene Weblog und die offizielle Webseite beworben werden. Interessierte kommen dann von selbst. Je spannender die Inhalte und Diskussionen in einer Gruppe sind, desto schneller wird man Mitglieder gewinnen.

Facebook: Kontakte, Kontakte, Kontakte

Anwendungen nutzen und aufsetzen

Bei Facebook gibt es unendlich viele Anwendungen, welche die Nutzer unterhalten und helfen, in Kontakt zu treten. Ob ein Test, welchem Tatort-Ermittler man entspricht, die Glücksnuss mit kurzen Sprüchen, eine Sammlung mit kostenfrei erhältlichen iTunes-Inhalten oder Smilies zur Weitergabe an Freunde – der Fantasie sind bei den Anwendungen keine Grenzen gesetzt. Die Anwendungen helfen vor allem dabei, sich immer mal wieder bei seinen Freunden in Erinnerung zu bringen, neben den Nachrichten einen kurzen Gruß als digitale Blume oder Geschenk zu verschicken.

Buddeln, pflanzen, ernten – mit den Freunden. Farmville verbindet und macht Spaß. (Quelle: *Apps*.facebook.com/onthefarm)

Auch für Unternehmen sind bei der Entwicklung von neuen Applikationen der Kreativität keine Grenzen gesetzt, je netter und lustiger eine Idee ist, desto wahrscheinlicher wird sie Erfolg haben und sich viral verbreiten. Außerhalb von Facebook bestehende Business-Anwendungen lassen sich leicht integrieren – angefangen bei elektronischen Grußkarten (E-Cards), Blogs oder einem Quiz.

Zeitweise erfreuen sich einzelne Anwendungen besonderer Beliebtheit, so ist das Spiel »Farmville«, bei dem es um das Beackern des virtuellen Landes geht, eine der am meisten genutzten Applikationen in den Jahren 2008 und 2009. Über 50 Millionen Nutzer hatten sich bereits Ende 2009 eine virtuelle Farm angelegt und mehrmals täglich bewirtschaftet. Die Spieler tauschen

sich untereinander aus und beschenken sich. So bleibt die Farm immer im Gespräch.
Diesen Erfolg kann man nicht planen, doch klar ist, dass gute – nicht unbedingt aufwändig programmierte – Spiele mit einer unterhaltsamen Idee und einem »Suchtfaktor« gern angenommen werden.

Positionierung über Fanpages

Für Unternehmen ist es besonders wichtig, auf Facebook eine sogenannte *Fanpage*, ein Unternehmensprofil, einzurichten, um sich damit als Marke zu präsentieren. Die Seiten bieten nahezu gleiche Funktionen wie die gewöhnlicher Nutzer. Interessierte können miteinander und mit dem Betreiber in Kontakt treten, sie bewerten, kommentieren und bekommen Neuigkeiten unmittelbar mit. Über ein »Gefällt mir« verbindet sich der »Fan« mit der Seite und kann über den Newsstream lesen, was das Unternehmen bei Facebook veröffentlicht und tut. Alles, was sich auf der Seite abspielt, kann gebündelt in externe Online-Angebote eingebunden und in Echtzeit abgebildet werden – so sind auch die Besucher einer regulären Firmen-Homepage immer informiert, was sich gerade bei Facebook abspielt.

Dabei stellt sich die Frage, ob Facebook-Nutzer, die sich in der Mehrzahl über Banales austauschen, Fotos und Links veröffentlichen, tatsächlich an Marken interessiert sind. David Eicher von der webguerilla GmbH sagt dazu in einem Kress-Interview:

»Die Leute sind heiß darauf, auf Augenhöhe mit den Marken zu kommunizieren. Sie sind heiß darauf, sich einzubringen. Sie sind heiß darauf, Dinge zu erfahren, die nicht über eine Presseabteilung oder über Werbung bekannt werden. Sie wollen Informationen bekommen, wenn sie darauf Lust haben – und nicht als Unterbrecher im Film. Das ist eine ganz andere Form der User-Kommunikation und des User-Involvements. Es geht um die Effizienz in der Konsumentenansprache. Reichweitenwerbung hat durchaus ihre Berechtigung, etwa bei der Produkt-Einführung oder zur Steigerung der Markenbekanntheit. Aber man muss sich fragen, wie man das Budget aufteilt. Liegt der Online-Anteil des Budgets beispielsweise nur bei 9%, wird er nicht dem Gewicht des Mediums gerecht. Social Media ist keine Eintagsfliege, sondern die Zukunft.«
(Quelle: kress.de, alturl.com/5my3)

Facebook: Kontakte, Kontakte, Kontakte

Fans versammeln sich

Facebook eignet sich nicht nur zur Unternehmens-Kommunikation, sondern ganz allgemein, um Marken im Gespräch zu halten. Auch Einzelpersonen gelingt dies. Besonders gut gelungen ist dies rund um die Casting-Show »Unser Star für Oslo«. Die Gewinnerin Lena Meyer-Landrut war bereits während der Staffel Gesprächsthema Nummer eins in den sozialen Netzwerken, sie polarisierte und begeisterte immer mehr Menschen innerhalb und außerhalb des Webs. Im Internet zeigte sich diese Popularität zunächst auf Twitter, wo vor allem während der Sendungen intensiv von Menschen unterschiedlicher Sozialisation über die 18-Jährige diskutiert wurde. Nach ihrem Sieg verlagerte sich das Gespräch rasch zu Facebook. Innerhalb von zwei Wochen hatten sich über 60.000 Fans auf ihrer Fanseite angemeldet. Pro Tag kamen (und kommen noch während des Schreibens dieser Zeilen) mehr als 1.000 neue Fans hinzu, das ist auch bei Facebook ein Rekord. Gelingen konnte dies aber nur durch einen aktiven Dialog über das Portal. Neben den integrierten Videos zu allen Singeinlagen und zahlreichen Bildern bietet die Seite aktuelle Informationen zu Auftritten und nächsten Schritten. Die Mitglieder werden direkt angesprochen und befragt. So macht Facebook als PR-Kanal Sinn.

Auffallen im Facebook-Universum

Das Internet hat in vielen Bereichen klassische Kommunikations-Instrumente überholt, teilweise verdrängt. Wer heute nicht bei Facebook ist, scheint abgeschnitten zu sein von wesentlichen Informationen und gilt als rückwärtsgewandt.

Es ist laut geworden im Web. Nicht die Töne an sich, aber all die Stimmen zusammen, das Geplapper und Gemunkel erzeugen einen Geräuschpegel am oberen Limit. Man versteht kaum das eigene Wort, geschweige denn das der anderen. Jeder hat etwas zu sagen, will zugleich nichts Wichtiges verpassen und vor allem zeigen, mittendrin und bestens informiert zu sein; vernetzt zu sein, das ist ohnehin der Dreh- und Angelpunkt der Online-Kommunikation. Ein banaler Aspekt, aber die Bedeutung des persönlichen Netzwerkes im Web ist in den vergangenen drei Jahren drastisch gestiegen. Dabei ist die ebenso rasant gewachsene Zahl der Nutzerinnen und Nutzer sogenannter Social Media-Dienste Segen und Fluch zugleich. Immer mehr Menschen bei Facebook, Twitter & Co. bedeuten mehr potenzielle Zuhörer und zugleich Konkurrenten auf der Suche nach Freunden, Fans und Followern. Das gilt gleichermaßen im privaten wie im beruflichen Bereich.

Facebook hat die Kommunikation verändert

Noch vor wenigen Jahren, bis ins Jahr 2010 hinein, verlief die Kommunikation im Web anders; nicht völlig, aber tendenziell war es einfacher aufzufallen, ein engagiertes Netzwerk aufzubauen, ins Gespräch zu kommen, Zuhörer zu finden. Zumindest in Deutschland. Mit dem Durchstarten von Facebook hierzulande wurden nicht nur mehr Leute für die Online-Kommunikation begeistert, der Stil und in gewisser Weise auch die Qualität der Kommunikation selbst veränderten sich. Vor dem Facebook-Siegeszug war es deutlich einfacher, mit klugen Gedanken, witzigen Bemerkungen, Innovativem und auch mit schlichter aufgeschlossener Neugier aufzufallen. So viele Themen, so viele Personen gab es nicht und wer sich ein wenig bemühte, mit Respekt und ohne sich anzubiedern Kreisen beizutreten, wurde meist mit offenen Armen empfangen. Kommuniziert wurde vor allem über Weblogs, Foren und später auch Twitter. Natürlich gab es schon StudiVZ, Youtube und auch Facebook wurde bereits 2004 gegründet. Doch nur wenige rechneten damit, dass ein einzelner Dienst eines Tages synonym zu Social Media gebraucht würde – zumindest Web-Einsteiger setzen Facebook meist mit dem Begriff gleich. Während vor allem in Weblogs – im Idealfall – ein Thema oft breit und lange ausgeführt und kommentiert wird, geht es bei Facebook vor allem um kurze Informationen und die Schnelligkeit, mit der die Inhalte verbreitet werden.

Natürlich gibt es auch bei Facebook tiefgründige Gedanken, doch diese werden meist einfacher, knapper oder schlicht visualisiert verpackt – wie beispielsweise mit Hilfe eines einfachen Zeichens. Das Ziel ist das Networking an sich, nicht die Verbreitung und Diskussion von Inhalten. Die ist quasi Mittel zum Zweck: Wer Inhalte postet, stärkt das Netzwerk. Im Vor-Facebook-Zeitalter galt dies umgekehrt. Ziel war – meist – die Aufklärung und Diskussion, dadurch entwickelten sich kleine, jedoch meist enge Netzwerke. Wer frisch hinzukam, wurde dort schnell wahrgenommen, viel rascher als der 394. »Freund« eines »Freundes« bei Facebook heute auffällt.

Für Neulinge, die mehr als ihre bestehenden Kontakte aus der Offline-Welt erreichen wollen, kann dies sehr frustrierend sein. Da wagt man den Schritt in die von den Medien so häufig kritisierte Datensammelwelt und dümpelt nach einem halben Jahr mit 50 »Freunden« rum. Oder bekommt

Freundschaftsanfragen von Leuten, zu denen maximal eine Berührung zu zwei eigenen Freunden besteht, die wiederum nur über andere miteinander bekannt beziehungsweise vernetzt sind. Was die schreiben, interessiert mich meist wenig; und was ich schreibe, wollen diese an sich auch nicht lesen. Eine große Freundesliste daegen macht schon was her. Und wenn dann auch noch ganz viele Menschen ein »Gefällt-mir« hinterlassen, wächst das Ansehen ins Unermessliche.

Mitmachen, ohne zu wissen, warum

Auch Unternehmen setzen immer häufiger Facebook als Marketinginstrument ein. Wie Privatpersonen wollen sie ihr Netzwerk, ihre Zielgruppe, erweitern und Botschaften platzieren. Selbst den kommerziellen Networkern gelang es früher leichter, aufzufallen und das eigene Image aufzupolieren. Es waren nur wenige, die den ehrlichen Dialog suchten, Interesse an der Meinung ihrer Kunden zeigten und auch Kritik einstecken konnten. Das fiel auf und wurde honoriert: durch Berichte, Kommentare, Verlinkungen, Interviews, Einladungen zu Insider-Konferenzen und Erwähnungen in den klassischen Medien. Heute hat fast jedes Unternehmen eine Social Media-Strategie, betreibt ein Web-Monitoring und eine Fanpage bei Facebook. Belohnt wird das nicht, ein Ziel selten erreicht. Für den Erfolg spielt die Facebook-Aktivität – wenn überhaupt – nur eine geringe Rolle. Wer ein gutes Produkt anbietet, wird es auch ohne soziale Netzwerke verkaufen können. Doch in den Köpfen der Verantwortlichen herrscht der Glaube vor, dass man unbedingt »bei Facebook sein« müsse, um – ja, was eigentlich? Und was heißt in deren Vorstellung, »bei Facebook zu sein«?

Unternehmen wollen vor allem etwas verkaufen und sie hoffen ganz tief im Inneren, mit Hilfe der Fanpage neue Kunden zu finden, Kunden zu binden, auf Produkte und Dienstleistungen aufmerksam zu machen – Umsätze zu steigern. Ob dies auch gelingt, wird selten überprüft; denn noch hat kaum jemand Erfahrung mit der Wirkung der Facebook-Aktivitäten. Somit haben die Maßnahmen fast nirgends Auswirkungen auf die jährlichen Umsatzplanungen. Bisher zumindest. Vielleicht aus gutem Grund.

Social Media verleiht einem Unternehmen zwar den vermeintlichen Anstrich von Modernität und Innovation, nur wird es dadurch allein nicht zeitgemäßer, ein Produkt nicht besser. Die Zuständigen ahnen dieses Dilemma und lassen sich trotzdem dazu hinreißen, das zu tun, was im Trend liegt. Das wird sich ändern müssen, denn so wie im privaten Bereich kostet die Pflege der Facebook-Seiten auch im professionellen Umfeld oft viel zu viel Zeit. Viel zu viel im Verhältnis zum Ergebnis, das irgendwann doch kritisch unter die Lupe genommen wird. Der rasante Fall der Facebook-Aktie sollte zumindest zur vorsichtigen Nutzenbetrachtung anregen.

Dass viele Freunde und »Gefällt mir«-Angaben gleichbedeutend mit Erfolg sind, ist ein Trugschluss. Denn in einem Angebot, in dem die Versuchung zum Klicken neben jedem Pixel lauert, wird viel zu leichtfertig ein Schalter gedrückt. Ein »Freund« zu sein heißt nicht, dass man sich füreinander interessiert. Ein »Gefällt mir« zeigt weder, dass man eine tiefe Bindung zum Absender hat, noch dass man ein so gekennzeichnetes Produkt kaufen würde. Oftmals handelt es sich schlicht um ein einfaches Lebenszeichen: Ja, ich bin auch noch bei Facebook, müsste eigentlich mal wieder was schreiben, weiß aber nicht was, also sage ich über xy »Gefällt mir«. Eine Umfrage von Reuters hat im Juni 2012 zudem ergeben, dass 34 Prozent der amerikanischen Facebook-Nutzer den Dienst heute seltener nutzen als noch vor einem halben Jahr. Sie haben weniger Zeit oder finden das Angebot »langweilig, nicht relevant oder unnütz«.

In der Menge untergehen

»Bei Facebook sein« heißt nicht, eine Seite anzulegen und täglich einen Link auf die eigene Webseite oder ein anderes Produkt im Shop zu veröffentlichen. Es geht darum, wirklich interessante Informationen zu bieten, Service und Mehrwerte. Die lassen sich nicht so einfach aus dem Ärmel schütteln. Und selbst, wer sich darum bemüht, steht – wie gesagt – in Konkurrenz zu all denen, die das ebenfalls tun und um Aufmerksamkeit buhlen. Sollte man es von daher lieber lassen? Ja. Wenn man nicht vorbereitet ist und nicht alle nötigen Schritte gehen möchte.

Wer ein Ziel hat, stellt leichter eine Verbindung zwischen seinem Unternehmen und den Menschen her. Und zwar am besten auf herkömmliche Weise in der Offline-Welt. Auch privat baue ich zunächst Beziehungen in der »realen« Welt auf, bevor ich mich mit den gleichen Menschen online vernetze und dieses Netzwerk durch neue, reine Online-Kontakte ergänze. Ferner gewinnen, herkömmliche Wege, Botschaften zu verbreiten und Kontakte zu knüpfen, wieder an Bedeutung, wenn alle anderen mit dem Neuen beschäftigt sind. Es bereitet doch eine große Freude, eine echte Postkarte mit einem Urlaubsgruß zu erhalten, sich zum Spielen am Wohnzimmertisch zu verabreden oder im Fall einer Beschwerde mit einem echten Menschen telefonieren zu können – statt auf eine Antwort auf einen Facebook-Kommentar warten zu müssen. Auch ist es manchmal ganz erholsam, nicht ständig nach seiner Meinung gefragt werden und bewerten, abstimmen oder etwas vorschlagen zu müssen.

Qualität vor Quantität

Wer eine Bindung zu anderen Menschen oder zwischen Produkt und Kunden hergestellt hat, kann diese durchaus online pflegen und ausbauen. Nur gelingt das nicht planlos nebenbei. Das Wichtigste ist die Qualität von Inhalten und Kommunikation. Diese sollte wohlüberlegt und an die Zielgruppe angepasst sein. Wenn es im sozialen Web um kurze, griffige Infos geht, gut. Dann sollten diese aber spannend, unterhaltsam und verlockend formuliert sein; anders als platte Werbung oder ein Abfallprodukt der sonstigen Publikationen. Hierin besteht die Chance, sich von der Menge abzuheben und tatsächlich Aufmerksamkeit zu erzeugen.

Heutzutage übernehmen viele Menschen Aufgaben, für die sie nicht ausgebildet wurden. Der Bedarf an Kräften im Online-Umfeld ist schneller gewachsen als deren Kompetenz. Und so mangelt es so manchen Textern, Grafikern oder Social Media-Managern an tiefergehenden Fertigkeiten. Hier besteht ein dringender Schulungsbedarf. Denn im Mittelpunkt stehen immer die Inhalte und die sollten gut, sehr gut in einem vor Wettberbern nur so wimmelnden Umfeld sein. Und wer dann das Glück hat, dass Menschen darauf reagieren, kommentieren und bewerten, sollte dies nicht nur wahrnehmen, sondern aktiv in den Dialog treten. Doch auch dies will gelernt sein. Denn nicht jeder »Freund« ist einem freundlich gesonnen und der ein oder andere kann schon mal ausfallend werden.

Ebenfalls beachtet werden muss im Umgang mit sozialen Netzen die Frage nach dem, was geheim, was privat bleiben sollte. Nicht alle Informationen gehören ins Internet, selbst wenn es noch so verlockend wäre, den aktuellen Standort zu veröffentlichen, während man als Mitarbeiter shoppend blau macht. Ein Unternehmen sollte klar darlegen, wo die Grenzen der Transparenz liegen. Es ist hier empfehlenswert, Richtlinien zu entwickeln, die für alle professionellen Networker gelten. Hier kann zudem genau geregelt werden, was abgestimmt werden muss, wie mit unangenehmen Fragen umzugehen ist oder was bei Falschaussagen in Kunden-Kommentaren zu tun ist. Diese Anhaltspunkte geben Sicherheit, im Alltag gehen Entscheidungen damit schneller von der Hand.

Facebook: Kontakte, Kontakte, Kontakte

Nur, wer sich also überlegt und zielorientiert auf die neuen Medien einlässt, wird davon profitieren oder zumindest keine bösen Überraschungen erleben. Selbstverständlich hat ein Dienst wie Facebook für den einzelnen viele Vorteile: man trifft alte Bekannte wieder, kann mit zahlreichen Menschen gleichzeitig in Verbindung treten und die Nutzung macht schlichtweg Spaß. Gehör zu finden, ist jedoch nicht so einfach.

Das soziale Web steht für Partizipation, Dialog, Demokratie; grenzenlose Kommunikation, zeitlich wie örtlich ist möglich. Und gerade diese Chancen führen – zumindest heute (noch) – dazu, dass eine echte Kommunikation nur in geringem Maße stattfindet. Das Internet bietet die Dienste. Doch vielleicht sind es zu viele; vermutlich sind wir alle noch zu unerfahren darin, damit umzugehen. Können nicht wirklich zielgerichtet online kommunizieren und erliegen der Faszination des Einfachen, Schlichten, Schnellen, Leichten.

Ob die Kommunikation gelingt oder nicht, hängt von den Erwartungen der Kommunizierenden ab. Die Mehrheit der Nutzerinnen und Nutzer sozialer Medien will Kontakte sammeln und sich mit dem geringsten Aufwand mit diesen austauschen. Beim Wunsch nach tiefergehendem Beziehungsaufbau jedoch geht es nicht um ein Sammeln, nicht um die schlichte Anzahl von Kommunikationsteilnehmern. Und er funktioniert nicht nebenbei, schnell und flüchtig. Gerade bei der Kommunikation im Web sind Missverständnisse vorprogrammiert, es fehlen schlicht die hierfür so wichtigen Ausdrucksformen über beispielsweise Gestik, Mimik und nonverbale Signale. Wer die Kommunikation forcieren möchte, muss sehr bewusst agieren. Das ist selbstverständlich online machbar, nur nehmen sich die wenigsten die Zeit hierfür. Je komplexer eine Kommunikations-Situation ist, desto schwieriger ist es, diese digital abzubilden. Erst wenn sich die aufgeregte Begeisterung für die schier unendlichen Angebote des Internets gelegt hat, werden wieder vermehrt zielorientierte Dialoge, Kontakte mit Tiefgang stattfinden. Im noch so jungen sozialen Web hat sich noch gar keine allgemeine Sozialkompetenz herausbilden können, um stets respektvoll und ernsthaft miteinander umzugehen.

Es mangelt an virtueller Sozialkompetenz

Auch der Aspekt der Vernetzung und Interaktion über Länder- und Sprachgrenzen hinweg scheint bezogen auf das Web überschätzt und nur vereinzelt – vor allem im persönlichen direkten Austausch – von Relevanz zu sein. So wurde Facebook erst richtig zum Massenmedium als die amerikanische Version nahezu vollständig ins Deutsche übersetzt worden war. Und das Netzwerk LinkedIn schaffte es in Deutschland bis heute nicht bis an die Spitze – obwohl hierüber noch vor Facebook gerade die Vernetzung zu Kontakten im Ausland klappt.

Netzwerke haben Erfolg, wenn sie Menschen mit gleichen Interessen und Hintergründen zusammenbringen – die Hobbygärtner im Forum, die »Akademiker« in der Partnerbörse Elitepartner, bei »wer kennt wen« vor allem die Hessen und Pfälzer, Modebewusste bei brands4friends... Und die Plattformen bleiben lebendig, wenn sie einfach, intuitiv, schnell sind und von wirklich vielen Aktiven genutzt werden.

Das wird sich ändern. Soziale Medien sind noch so neu, der Umgang mit ihnen ebenfalls, bereits in fünf Jahren wird sich die Nutzung wahrscheinlich völlig gewandelt haben; andere Dienste entstehen, erfolgreiche Marken verschwinden. Menschen wollen den intensiven Austausch, enge Bindungen und klare Strukturen. Natürlich ist ein neues »Spielzeug« zunächst verlockend und bietet Unterhaltung; ohne echten Mehrwert jedoch verlieren (nicht nur) Internet-Dienste ihre Reize. Wer nicht bis dahin warten möchte, kann natürlich schon jetzt bei der die Online-Kommunikation lernen. Die Erwartungen sollten nur nicht zu hoch gesetzt werden, und der Zeitaufwand im gesunden Verhältnis zur Kommunikation in der echten Welt stehen. Wem außerhalb des Internets Gehör geschenkt wird, der hat auch die Chance auf Zuhörer im Web. Und dann wird auch eine echte, tiefergehende Kommunikation vermehrt möglich sein. So, wie sie unseren Alltag offline prägt.

5 Multiplikatoren

Finden der Meinungsmacher

Erfolgreiche Kommunikation ist erst dann möglich, wenn sich die richtigen Gesprächspartner gefunden und eine für alle Beteiligten angenehme Ebene des Austauschs gewählt haben. Normalerweise gelingt dies durch Fragen und Empfehlungen Dritter. Das Internet nimmt den Platz erfahrener Kollegen oder Bekannter ein. Hier geht es vor allem darum, die richtige Webseite oder Anwendung mit den richtigen Suchparametern zu bedienen.

Die klassischen Suchmaschinen wie Google oder Yahoo bieten Ihnen hier einen ersten Anhaltspunkt. Schnell wird deutlich, in welchen Foren oder in welchen Online-Journalen häufiger über Ihre Dienstleistungen, Produkte oder Ihre Branche geschrieben wird. Lesen Sie regelmäßig und eine gewisse Zeit lang mit. Nach und nach werden Sie einen Einblick bekommen, wer die meisten Tipps gibt, das größte Wissen hat, auf wen man hört. Oft gibt es auch Moderatoren für ein Spezialgebiet, die als Meinungsmacher und damit als Multiplikatoren in Frage kommen. Sie können auch aktiver auf die Suche gehen und sich konkret erkundigen, wer sich unter den Mitgliedern mit Ihrem Thema besonders gut auskennt. Wenn Sie hierbei freundlich fragen, ohne den Anschein zu vermitteln, kostenlos Werbung platzieren oder manipulieren zu wollen, wird man Ihnen gern helfen. Die Mitglieder einer Community, eines Forums oder die Leser eines Blogs kennen sich untereinander am besten.

Meist trifft man die einflussreichen Meinungsmacher des WWWs auf den einschlägigen Veranstaltungen in der Offline-Welt. Ob Konferenzen, Blogger-Treffen oder Business-Frühstücke mit kurzen Referaten – es gibt nahezu jede Woche irgendwo in Deutschland einen interessanten Termin, bei dem man mit potenziellen Multiplikatoren ins Gespräch kommen kann.

Spezialsuchmaschinen

Diverse Suchmaschinen sind speziell darauf ausgerichtet, Inhalte der modernen Kommunikationsinstrumente aufzulisten, egal ob es sich um Videos, Bilder und vor allem auch Weblog-Beiträge handelt. Sie ermöglichen einen schnellen Überblick darüber, ob bereits über Ihre Marken oder Ihre Branche berichtet wird. Je generischer die Suchbegriffe ausfallen, desto mehr verwässert das Ergebnis natürlich und umso aufwendiger wird die Analyse. Der Vorteil: Man erhält nicht eine seitenlange Ergebnisliste mit unterschiedlichsten Fundstellen, sondern die Erwähnungen in genau der Art von Quellen, nach denen man gesucht hat. Eine Auswahl der Suchmaschinen für den ersten Überblick:

- www.blogpulse.com
- www.blogsearch.google.de
- www.seekport.de
- www.technorati.com
- www.alexa.com
- spy.Appspot.de

Der Nachteil dabei, mit Hilfe von Suchmaschinen Erwähnungen zu finden, besteht darin, dass sie bei einer großen Produktpalette oder einem Suchwort wie »Coca Cola« sehr mühsam ist. Immer wieder gibt es Bemerkungen wie »Ich trinke noch eine Cola« oder »Brauchte ein Tempo«, und diese Beiträge lassen sich nur schwer von relevanten Produktbewertungen unterscheiden. Zudem listen nicht alle Suchmaschinen jede wichtige Fundstelle auf. Es sollten deshalb immer mehrere Tools parallel genutzt werden, vor allem wenn es darum geht, möglichst alle Nennungen zu ermitteln.

Der Vorteil von Technorati & Co. besteht darin, dass sie nicht nur die Fundstelle anzeigen, sondern zudem etwas sehr Wesentliches über diese verraten; nämlich welche Bedeutung die Webseite im Vergleich zu anderen hat und damit, ob der Autor als Meinungsmacher akzeptiert wird.

Multiplikatoren

Einordnung der Relevanz

Die Bedeutung einer Quelle zeigt sich in ihrem *Vernetzungsgrad*. Je mehr Links auf eine Webseite, ein Blog, ein Video verweisen, desto höher ist die Autorität der Fundstelle und des Autors. Andere Internet-Nutzer empfehlen einen Beitrag, vernetzen sich mit ihm. Das bedeutet im Umkehrschluss, dass eine Nachricht, eine Aussage, eine Empfehlung auf dieser stark verlinkten Webseite wahrscheinlich von den Lesern sehr schnell entdeckt, aufgegriffen und weiter verbreitet wird. Für den Betreiber eines eigenen Weblogs oder Absenders eines Podcasts heißt das, dass ein Ziel darin bestehen sollte, möglichst häufig verlinkt zu werden.

Einige Autoren übertreiben ihre Bemühungen um möglichst große Aufmerksamkeit jedoch. Allzu offensichtliche Linkerhaschung stößt oft auf Ablehnung oder wird nur von denen unterstützt, die ihrerseits eine eher unwesentliche Rolle im Web spielen. Wer gute Inhalte anbietet, sollte darauf vertrauen, dass diese nach einer gewissen Zeit gefunden und empfohlen werden.

Rivva bietet einen gewichteten Schlagzeilenüberblick der deutschsprachigen Blogs und Medienlandschaft (Quelle: rivva.de)

Bei Technorati wird der Verlinkungsgrad durch den Begriff »Authority« und eine Zahl direkt beim Ergebnis angezeigt. Mehr als 50 Links deuten schon auf ein gern gelesenes Angebot hin, bei mehr als 100 oder gar 150 Verlinkungen handelt es sich um ein sogenanntes *A-Blog* und man kann davon ausgehen, dass sich hier zahlreiche Leser tummeln. Bei Blogpulse bekommt man einen Eindruck von den verlinkenden Anhängern eines Weblogs, indem man nach der Suche auf »view blog profile« und dann auf »citations« geht. Man erfährt, wofür sich die Leser sonst noch interessieren und mit welchen Worten sie auf das Blog verweisen.

Eine weitere gute Möglichkeit zur Einschätzung der Relevanz einer Webseite bietet alexa.com. Hier gibt es Auskunft zu Traffic, der Anzahl der Verlinkungen, Aktualisierungsgrad und erste Hinweise, welche Seiten noch von den Besuchern einer Fundstelle aufgerufen werden.

Bewertung von Inhalten im Web

- Kommentare
  Hinterlassen die Leser viele Kommentare und Anmerkungen, bedeutet das, dass hier diskutiert und Meinung gemacht wird.

- Aktualität
  Werden regelmäßig, mehrmals pro Woche, neue Inhalte veröffentlicht?

- Qualität
  Gute, umfassend recherchierte Beiträge, die über Tageszusammenfassungen hinausgehen.

- Quellen-Preisgabe
  Nennt der Autor offen seine Quellen und verlinkt er transparent und serviceorientiert auf andere Webseiten?

- Ton
  Provokation und eine klare eigene Meinung steigern die Glaubwürdigkeit und die Lust bei den Lesern, eine Webseite häufig aufzurufen. Jemand der nur haltlos pöbelt oder wie ein Oberlehrer daherkommt, schreckt Leser hingegen eher ab.

Monitoring

Monitoring ist eine regelmäßige Beobachtung des Web-Geschehens rund um das eigene Produkt oder Unternehmen. Fast alle bekannten Clipping-Dienste in Deutschland bieten inzwischen ebenfalls das genannte *Online-Monitoring* an. Wer aus zeitlichen Gründen nicht in der Lage ist, selbst im Web nach bestimmten Suchbegriffen zu suchen, ist bei den Dienstleistern sicher gut aufgehoben. Abgesehen von den Kosten, die gerade bei Begriffen wie »Tempo-Taschentuch« sehr hoch ausfallen können, entgeht dem Kommunikationsexperten etwas sehr Wesentliches: Die direkte Berührung mit der Kommunikation im Web 2.0 und damit die Möglichkeit, sich schrittweise den neuen Dialoginstrumenten anzunähern. Nur durch das kontinuierliche Lesen, vielleicht auch ein wenig Begeisterung für die neuen Medien, weiß man, wie der einzelne Autor zu nehmen ist, wie er am besten angesprochen werden sollte.

Ob mit Hilfe eines externen Dienstleisters oder durch eigene Ressourcen: Sind Corporate Weblogs, Unternehmens-Podcasts oder Social-Commerce die Kür der Kommunikation im Web, gehört das Monitoring quasi zur Pflicht. Wobei Monitoring nicht als »Überwachung« betrachtet werden sollte, als lückenloses Beobachten jeder einzelnen Bemerkung zur neuen Werbekampagne. Nein, es geht vielmehr darum, zu lernen und zu verstehen, was die eigenen Kunden, Mitarbeiter, Zulieferer, Vertriebspartner oder potenziellen Zielgruppen denken, erwarten und wünschen. Das Monitoring ist ein Marktforschungsinstrument und der Einstieg in die neue Kommunikationswelt.

Zehn Minuten täglich reichen aus

Der erste Schritt besteht darin, die Suchbegriffe zu definieren. Geht es um konkrete Marken, Produktgattungen, den Firmennamen, den Wettbewerber oder den Geschäftsführer? Je nach Situation können die Begriffswelten angepasst und ergänzt werden. Die Optimierung erfolgt im Laufe der Zeit durch die Erfahrung mit den Ergebnissen.

Wer bei den ersten Suchaufträgen feststellt, dass täglich nur maximal zehn Webseiten die definierten Begriffe erwähnen und es sich zudem immer wieder um andere Angebote handelt, kann schlicht dabei bleiben, täglich kurz bei Technorati und Google Blogsearch die Suchbegriffe einzugeben und über die Ergebnislisten zu scannen. Mehr als zehn Minuten pro Tag dürfte diese einfache Form des Monitorings nicht beanspruchen.

Sollte sich herausstellen, dass auf einzelnen ermittelten Webseiten regelmäßig über das Gesuchte berichtet wird, eventuell sogar deutlich kritisch, ist es bequemer, diese via RSS zu abonnieren (mehr dazu im Kapitel »RSS«, S. 59 ff.); das ist natürlich nur dann möglich, wenn ein *RSS-Feed* angeboten wird. Dazu wird die interessante Adresse einfach in den zuvor installierten *RSS-Reader* eingegeben, schon kann man die aktuellsten Berichte auf der Webseite im Blick behalten, ohne diese extra aufrufen zu müssen. Gerade wenn es darum geht, mehrere Fundstellen im gezielten Monitoring zu betrachten, ist die Nutzung von *RSS* deutlich bequemer als das kontinuierliche Absurfen. Zudem ist ein *RSS*-Abonnement effektiver bei der zeitnahen »Beobachtung« von Webseiten in Krisensituationen. Sobald ein Bericht veröffentlicht wurde, wird dies angezeigt. Sie können sich so Ihren ganz persönlichen Nachrichtenkanal zusammenstellen, der sogar Bilder problemlos anzeigt.

Und selbst wenn man gerade nicht am PC arbeitet, kann der Feedreader für einen arbeiten und die Ergebnisse aufs Handy oder den PDA liefern. Somit ist nahezu garantiert, dass man in jeder Situation und zu jeder Zeit über das für das Unternehmen Bedeutsame informiert ist.

Kontaktaufbau und Reputationsmanagement

Wozu wird dieser Aufwand des Monitorings betrieben? Um Kundenbedürfnisse besser einschätzen zu können? Sich besser für Krisensituationen zu wappnen? Wettbewerbsvorteile herauszubilden? Jedes Unternehmen wird für sich individuelle Ziele definieren, die mit dem gezielten Lesen von *vorrangig User generated Content erreicht werden* sollen. Doch im Endeffekt wird es darum gehen, die Autoren der identifizierten Journale zu behandeln wie die klassischen Medien, mit einem wichtigen Unterschied: Der Journalist hat die Berichterstattung über bestimmte Themen als Beruf gewählt, dafür wird er bezahlt. Die Motive derjenigen, die ganz ohne Bezahlung im Web ihr Wissen preisgeben, sind andere. Und damit unterscheiden sich auch die »Köder«.

Wer sich heute im Web engagiert, kann ganz unterschiedlichen Antrieben folgen. Für die einen ist es beispielsweise die »Rache« am schlechten Service im Restaurant, für andere die eigene Reputation, weil sie als Freiberufler auf neue Aufträge hoffen, für andere der pure Drang, die Welt besser oder klü-

Multiplikatoren

ger zu machen. Allein die Thematisierung dieser Frage ist heikel und kann jedem, der sie stellt, viele Feinde im Web, insbesondere in der Blogosphäre bescheren – wird doch immer wieder die hehre Absicht gelobt, dass es um »die Sache« an sich ginge, das Web, die Kommunikation. Nichtsdestotrotz gehören gerade zu den Multiplikatoren, den Betreibern der bestbesuchten Webseiten, zahlreiche freiberufliche Berater, die selbstverständlich davon profitieren, dass sie sich mit dem Web auskennen, ihr Wissen verbreiten und darüber neue Auftraggeber gewinnen. Daran ist nichts verwerflich. Als ein an der Online-Kommunmikation interessiertes Unternehmen muss man nur wissen, dass viele von den Beratern es sind, welche die Online-Charts mit anführen und auf die die Mehrzahl der Internet-Gemeinde hört.

Kontakte knüpfen zu denen, auf die alle hören?

Mit dem Aufkommen von User generated Content wurden regelmäßig *A-Blogger* oder Multiplikatoren anderer Medienformen von den Firmen angesprochen, um quasi im Auftrag von Unternehmen und bezahlt zu berichten. Sie testeten neue PKW-Modelle, Knabber-Snacks oder Digitalkameras. Auch heute ist diese Form der Kommunikation über Produkte mithilfe von Dritten noch üblich. Viele Experten und *A-Blogger* sind erfreut darüber, in offiziellem Auftrag ihrem Hobby, ihrer Passion nachzugehen, dafür sogar entlohnt zu werden oder exklusive Einblicke oder Informationen zu erhalten. Andererseits kann der Imagevorteil der glaubwürdigen Kommunikation über unabhängige Dritte dadurch relativiert werden, dass immer häufiger Firmen Multiplikatoren »kaufen«. Es hat in den vergangen Jahren regelrecht einen Ansturm auf die Betreiber beliebter Homepages gegeben. Zwar nicht alle, aber doch ein großer Teil der Meinungsführer kritisieren dieses Vorgehen stark – und nicht nur die, die keine Angebote von Firmen erhalten, sondern auch solche, die selbst sehr gefragt sind.

Potenzielle Multiplikatoren können also bedenkenlos angesprochen werden. Viele Unternehmen agieren in dieser offenen Form der Produkttests, und sofern man nicht versucht, Werbung als unabhängige Berichterstattung auszugeben, wird dies zu keiner Kritik führen. Womit Sie eventuell rechnen müssen, ist die Kritik an den Autoren, an den von Ihnen mühsam ermittelten Multiplikatoren selbst. Aus diesem Grund hat es sich seit Neuestem etabliert, nicht die Meinungsmacher anzusprechen, sondern eben diese eher außen vor zu lassen. Je nach Situation und Absicht werden die Vorzüge für die eine oder andere Vorgehensweise überwiegen.

Es gibt keinen falschen oder richtigen Weg, keine Kommunikationsanleitung oder allgemeingültige Regeln im sozialen Web. Jeder muss seine eigenen Erfahrungen machen und daraus lernen. Denn letztlich hat man es mit einer so heterogenen Zielgruppe zu tun wie im »wahren« Leben, auch hier finden nie alle gleich gut, was Sie tun. Doch Sie sollten zumindest Folgendes beherzigen:

- keine Lügen,
- keine Manipulation,
- keine Verstellung,
- keine unhaltbaren Versprechungen.

Wer diese wenigen Grundsätze beachtet, ist nicht angreifbar. Das Internet ist für alle da, auch für Unternehmen, die ihre berechtigten Interessen vertreten möchten und hier PR oder Marketing betreiben. Es gibt eine kleine Interessensgruppe, die Unternehmen dieses Recht abspricht. Doch wird deren Kritik an der Kommerzialisierung der Web-Anwendungen vor allem dadurch geschürt, dass ein Unternehmen die genannten Verhaltensregeln nicht beachtet.

Fragen stellen und involvieren

Es ist keine Schande, die eigene Unkenntnis – im Zweifel sogar öffentlich – einzugestehen. Sie können Experten, die sich mit ihren Kenntnissen online hervorgetan haben, ebenso gezielt ansprechen wie Ihre potenziellen Kunden. Stellen Sie Fragen, bitten Sie um Hilfe. Und wenn Ihnen nicht ganz klar ist, warum die von Ihnen aufgesetzte Community nur wenige Mitglieder anlockt, dann sprechen Sie mit den Besuchern. Lassen Sie sich erklären, was fehlt, was besser sein könnte. Es ist sogar möglich, eine Art »Task-Force« zu bilden, der nicht nur Kollegen, sondern auch fremde *User* angehören. Ein Unternehmen muss nicht allein oder mit den Experten aus der Agentur Strategien entwickeln, es gibt zahlreiche Menschen im Web, die sowohl kompetent als auch bereit sind, Sie zu unterstützen.

6 Evaluation

Wissen einsammeln

Unternehmen profitieren vom Internet bereits dadurch, dass sie hinschauen, lesen, wie Verbraucher und mögliche Kunden urteilen. Es geht nicht immer darum, kostspielige Projekte aufzusetzen und gezielt Informationen einzuholen. Zahlreiche Anregungen, Tipps und Kritiken stehen frei verfügbar im Web für jedermann einsehbar zur Verfügung – auch für das betroffene Unternehmen. Es muss nur einen Blick darauf werfen und so die Analyse der klassischen Clippings ausdehnen auf das Internet, auf die Berichte der eigentlichen Zielgruppen. Somit verändert sich die Kommunikation und die Öffentlichkeitsarbeit dahingehend, dass Informationen, die ursprünglich allein über Dritte, die Medien, verbreitet wurden, nun auch zusätzlich von weiteren Multiplikatoren ergänzt werden. Mit der Kommunikation im Web werden ganz »gewöhnliche« Verbraucher zu diesen Dritten; jeder, der mit dem Produkt oder der Dienstleistung in Berührung kommt, kann ein Multiplikator sein, kann sich theoretisch qualifiziert über das äußern, womit er sich umgibt. Und das können Sie alles erfahren:

- was Ihre Zielgruppen gerade interessiert, womit sie sich beschäftigt,
- welche Erwartungen es gibt – auch bezogen auf Ihre Produkte und Dienstleistungen,
- wo es Marktlücken gibt,
- welche Sprache, welche Begriffe genutzt werden; dies kann zu ansprechenderen Werbetexten führen,
- ob sich negative Stimmungen ausbreiten,
- worin die Vor- und Nachteile der Angebote des Wettbewerbers liegen.

Doch im Web stehen noch zahlreiche andere Informationen gratis zur Verfügung. Dabei muss es nicht immer einen direkten Bezug zum Unternehmen geben. Experten berichten über neueste Marketingtrends und kommentieren Werbekampagnen; es gibt Anregungen für neue Kommunikationsansätze durch Beispiele aus der ganzen Welt; Studien werden vorgestellt, aber auch neueste technische Lösungen; wer wissen will, was die Kollegen

Evaluation

oder ehemalige Schulkameraden machen, an Klatsch und Tratsch aus der Werbeszene interessiert ist, wird im Internet besser und aktueller informiert als durch die klassischen Magazine. Das Web ist ein riesiges, unerschöpfliches Fachmedium und dient der Fortbildung und dem Wissensaustausch.

Sie konnten die spannende Konferenz über neueste Public-Relation-Trends nicht besuchen? Der Chef hat die 800 Euro Teilnahmegebühr nicht genehmigt? Kein Problem, heutzutage dokumentieren fast alle Veranstalter ihre Tagungen im Web – in der Regel für jedermann kostenlos einsehbar mit *Videos* und *Downloads* der Präsentationen. Und wer nach einer Veranstaltung noch einmal das Erlebte Revue passieren lassen möchte, kann dies ebenfalls im Web tun. Viele Teilnehmer und Organisatoren stellen ihre Eindrücke öffentlich zur Verfügung.

☞ **Tipp**

Suchen Sie doch mal nach Bildern von Bloggertreffen oder Konferenzen. So bekommen Sie einen ersten Eindruck davon, wie die Meinungsführer aussehen und verlieren eventuell die Scheu, diese persönlich zu kontaktieren und um Unterstützung zu bitten. Gerade flickr.de bietet eine große Auswahl von Fotos der Besucher solcher Veranstaltungen.

Auch Pressekonferenzen werden immer häufiger als *Live-Stream* und Mitschnitt denjenigen zur Verfügung gestellt, die nicht teilnehmen können oder nachträglich etwas überprüfen möchten.

Wer nun noch immer behauptet, kein Budget für ein Social Media-Projekt zu haben, sollte überlegen, ob sich nicht an anderer Stelle durch die bessere Nutzung des Internets Kosten einsparen lassen. Wird das Fachmagazin-Abonnement wirklich benötigt, wenn doch viele aktuellere Informationen online zu finden sind? Muss die Konferenz unbedingt persönlich besucht werden? Ist die Marktforschungsstudie erforderlich? Der »Hausfrauentest«, der teure Betatest der neuen Software? – Es kostet einen Bruchteil, solche Untersuchungen öffentlich durchzuführen und dazu die Internet-Gemeinde anzusprechen.

Rückfragen

Der große Vorteil des Internets besteht in seiner starken Ausrichtung auf den Dialog. Fast alle Anwendungen ermöglichen es, Feedback zu geben, zu bewerten und sich auszutauschen. Der Internet-Nutzer ist es demzufolge gewohnt, Fragen zu beantworten und sich zu äußern. Dies kann einem Unternehmen einen echten Mehrwert bescheren. Wer Fragen stellt, signalisiert seinem Gegenüber, dass er ihn ernst nimmt, sein Urteil schätzt.

Doch Unternehmen sind es selten gewohnt, andere um Auskunft oder gar Hilfe zu bitten. Sie müssen erst umdenken, eine neue Kultur aufbauen und erkennen, dass sie nicht allwissend sind. Der Weg dahin ist mühsam, jahrzehntelang wurde womöglich den Mitarbeitern suggeriert, dass der Kunde zwar König ist, aber nichts Neues mitzuteilen habe.

 Tipps

- Zeigen Sie Ihren Kollegen, was Kunden im Web alles zustande bringen, wie sie sich engagieren und wie professionell manche Videos, Berichte oder Animationen sind.

- Befragen Sie Ihre Kollegen zu Marken oder Dienstleistungen, die nichts mit Ihrem Unternehmen zu tun haben. Es wird schnell offensichtlich, wie gut man sich als ganz gewöhnlicher Verbraucher auskennt und wie klar die Meinungen sind.

- Suchen Sie sich Gleichgesinnte im Unternehmen, und richten Sie eine Art Arbeitsgruppe ein. Nach und nach werden sich Ihnen weitere Kollegen anschließen.

- Starten Sie mit einer dialogorientierten Maßnahme im Bereich der internen Kommunikation (mehr dazu im Kapitel »Interne Kommunikation«).

- Versuchen Sie, die Vorgesetzten zu begeistern. Es ist einfacher, eine Veränderung voranzubringen, wenn diese Ihre Ideen aktiv fördern.

Wer Antworten und konstruktives Feedback einholen möchte, muss natürlich auch die richtigen Fragen stellen. Doch was heißt das? Klar ist, dass die Gesprächspartner in der Lage sein müssen, die Fragen überhaupt beantworten zu können. Und es muss eine Motivation geben, sich in gewisser Weise für das Unternehmen zu bemühen. Anreiz könnte die Steigerung der eigenen Reputation im Web sein, aber auch eine monetäre Aufwandsentschädigung oder die Verlosung von Produkten. Auch der Spaßfaktor spielt eine Rolle oder aber auch die Herausforderung, etwas wirklich Kniffeliges zu lösen.

Ansätze und Ideen

Es gibt vielfältige Möglichkeiten, Feedback von Kunden einzuholen. So ist es möglich, Produkte testen zu lassen – eventuell auch vor der eigentlichen Markteinführung. Durch gezieltes Fragen lassen sich Ideen für Produktspezifika einholen – etwa für eine neue Geschmacksrichtung, das Design oder zusätzliche Features. Auch könnten Alternativen für Kampagnenmotive bewertet und darüber abgestimmt werden, welches tatsächlich umgesetzt werden soll. Weitere Fragen: Gefällt die Musik für den TV-Spot und wie ist das Model? Verstehen die Kunden den Claim, können sie ihn sich merken? Ist der geplante Preis akzeptabel?

Letztendlich hängen die Fragen natürlich von der jeweiligen Branche ab. Ein Verlag wird um Feedback zu einem geplanten Fachbuch oder der Gestaltung eines Covers bitten; eine Bank erkundigt sich womöglich nach Wünschen an Finanzprodukten, ein Lebensmittelkonzern nach Portionsgrößen eines neuen Fertiggerichts. Selbst kleine Unternehmen, Einzelhändler oder Freiberufler können durch geschickte Fragestellungen für Aufmerksamkeit und Sympathie sorgen. Vorausgesetzt, es bleibt nicht bei den Fragen, sondern es entsteht ein echter Dialog, dem Taten folgen.

Dialoge führen

Dialoge kommen dann zustande, wenn sich die richtigen Gesprächspartner gefunden haben und die Kommunikation allen Beteiligten nützt: zur Unterhaltung, Weiterbildung, Informationsvermittlung. Einem Blogger nützt es aber im Zweifel gar nichts, irgendwelche Pressemitteilungen zu erhalten. Warum sollte er über das Vermeldete berichten? Der Blogger will ein gut besuchtes, interessantes Journal mit einmaligen Geschichten bieten. Nur so kann er seine Leser binden und neue gewinnen. Presseinformationen, die frei verfügbar an tausend Autoren geschickt wurden, helfen dem *Blogger* nicht weiter. Exklusive Informationen, Hintergründe oder Zusatzmaterial – damit ließe sich gut ein Dialog eröffnen.

☞ **Tipp**

Wählen Sie maximal zwei bis vier Journale aus, die Sie mit exklusiven Informationen versorgen möchten. Beschäftigen Sie sich intensiv mit den Inhalten und versuchen Sie herauszufinden, was der Autor für ein Charakter ist und worüber er regelmäßig begeistert berichtet. Es gibt Autoren, die es wie Don Alphonso von blogbar.de strikt ablehnen, mit PR in Berührung zu kommen. Das sollte man wissen, bevor man auf die Suche nach neuen Multiplikatoren geht.

Einen regen Austausch mit seinen Kunden und allen Interessierten betreibt Björn Harste über sein Weblog shopblogger.de. In seinem SPAR-Supermarkt in Bremen erlebt er tagtäglich neue Geschichten mit Käufern, Lieferanten und Mitarbeitern und berichtet im *Blog* über lustige und manchmal auch nachdenklich stimmende Ereignisse, so wie dieses: »Ich gab einer Kundin ein paar Artikel aus der Vegan-Vitrine. Sie konnte kaum glauben, dass diese Produkte eingeschlossen sind und fragte völlig verdutzt: Warum geht man zum SPAR und klaut Tofu?!?« (Quelle: shopblogger.de, alturl.com/ajgq)

Immer wieder fragt Harste um Rat und die Meinung seiner Leser, egal ob es dabei um den Preis für eine Schokolade oder den Umgang mit Ladendieben geht. Mit viel Humor und Selbstironie begeistert er sogar die Blogger, die ansonsten Journalen kommerzieller Absender eher kritisch gegenüberstehen. Und so konnte »der Shopblogger« viele treue Anhänger gewinnen und weit über Bremen hinaus bekannt werden.

Auch umgekehrt kann ein Dialog angestoßen werden: durch die Verbraucher selbst. Die HSBC-Bank hat dies im August 2007 erlebt. Auf der Social-Networking-Plattform Facebook hatten sich Hunderte von Studenten in einer Gruppe organisiert, die der Bank mit einem Boykott drohte. Der Hintergrund: Die HSBC hatte verkündet, künftig Zinsen auf zinsfreie Studentenkonten zu erheben, sobald die Eigentümer ihr Studium abgeschlossen haben – und zwar auch dann, wenn diese noch keinen Arbeitsplatz gefunden haben. Der Druck durch die Studenten und deren Sympathisanten wurde so groß, dass sich die Bank der Diskussion stellte und schließlich sogar einlenkte (Quelle: education.guardian.co.uk, alturl.com/shoz). Diese Reaktion war angemessen und die einzig richtige. Anderenfalls hätte die Bank vermutlich zahlreiche potenzielle Kunden gegen sich aufgebracht.

Zehn Regeln für einen erfolgreichen Dialog im Web

1. Stehlen Sie Ihrem Gesprächspartner nicht die Zeit. Überlegen Sie vorher, ob er an einem Austausch Interesse haben könnte.
2. Akzeptieren Sie ein Nein und versuchen Sie nicht, sich aufzudrängen.
3. Wenn es Ihnen nicht klar ist: Fragen Sie, was der andere will.
4. Nehmen Sie Kritik entspannt und aufgeschlossen an, lassen Sie sich nicht provozieren oder zu Äußerungen hinreißen, die Sie eventuell später bereuen.
5. Vermeiden Sie jede Unwahrheit.
6. Vertrauen ist zwar gut, aber verraten Sie nichts, was Sie nicht möchten oder dürfen – auch wenn das Gespräch nahezu freundschaftliche Züge aufweist.
7. Ein einfaches Dankeschön hat noch nie geschadet. Es muss kein Geschenk sein – außer Sie haben von Anfang an eine »Entschädigung« für gewisse Mühen in Aussicht gestellt.
8. Hören Sie nicht auf, sobald Sie den gewünschten Input haben.
9. Informieren Sie Kollegen über die Maßnahmen. Es könnte sonst sein, dass sich jemand aus dem eigenen Unternehmen einschaltet und nicht so kommuniziert, wie Sie das wünschen.
10. Es gibt keine verlässlichen Regeln. Dialoge lassen sich beeinflussen, aber nicht immer so steuern, wie man es gern hätte.

7 Issue Management

Einsatzbereiche

Ob Konzern, Agentur, Partei oder Einzelunternehmen – für alle, die in der Öffentlichkeit stehen (können), spielt das sogenannte *Issue Management* eine Rolle. Es geht hierbei darum, möglichst frühzeitig aufkommende Diskussionen zu erkennen und entsprechend der Kommunikationsstrategien zu reagieren. Da im Web Meinungsäußerungen und Erfahrungsberichte frei zugänglich zu recherchieren sind, spielt das Issue Management hier eine ganz besondere Rolle. Kritische Äußerungen, Falschinformationen oder Hinweise auf Service-Mängel werden von Verbrauchern notiert und von anderen gelesen. Ein Unternehmen, das diese Berichte entdeckt, bevor sie sich weiter verbreitet haben, hat vor allem bei fehlerhaften Behauptungen die Chance einzugreifen und etwas richtig zu stellen. Das *Online-Monitoring* ist demzufolge das A und O eines erfolgreichen Issue Managements (siehe dazu das Kapitel »Monitoring«). Ziel sollte es sein, die entsprechenden Foren, Weblogs, Verbraucherportale und Video-Plattformen im Blick zu behalten und zu wissen, wer die relevanten Meinungsmacher sind.

Beschwerden ernst nehmen

Einsatzgebiete gibt es zahlreiche, je nach Situation und möglichen sich abzeichnenden Problemfeldern sollten sie intensiviert und ausgedehnt werden. Gerade auch bei Produkt-Neueinführungen, Veränderungen an Dienstleistungen oder Preisen, bei Umstrukturierungen oder bedeutenden Neueinstellungen kann man davon ausgehen, dass die Themen im Web besprochen werden. Je größer die Fangemeinde oder auch Community eines Unternehmens ist, desto wahrscheinlicher werden selbst kleine Veränderungen oder Entscheidungen diskutiert. Als Apple beispielsweise im September 2007 eine Preissenkung für das iPhone um 200 Dollar bekannt gab, machte sich eine Welle der Entrüstung bei denjenigen breit, die das Handy bereits zum höheren Preis erstanden hatten. Sogar Boykottaufrufe wurden gestartet. Steve Jobs, CEO von Apple, erhielt Hunderte E-Mails entrüsteter Kunden und reagierte prompt in einem offenen Brief (Quelle: apple.com/hotnews/

Issue Management

openiphoneletter): »Therefore, we have decided to offer every iPhone customer who purchased an iPhone from either Apple or AT&T, and who is not receiving a rebate or any other consideration, a $100 store credit towards the purchase of any product at an Apple Retail Store or the Apple Online Store. Details are still being worked out and will be posted on Apple's website next week. Stay tuned.«

Harte Kritik bei »The Register« an der Preissenkung des iPhones.
(Quelle: theregister.co.uk, alturl.com/62ya)

Zur modernen Form des Issue Managements gehört aber auch das aktive Platzieren von Botschaften und Themen. Ein Unternehmen muss also nicht darauf warten, bis eine Diskussion irgendwo durch Zufall aufkommt, sondern kann gezielt die Debatte anstoßen. Der Vorteil: Es ist einfacher, die Gespräche zu steuern, und gerade auch bei kritischen Punkten hinterlässt es einen wesentlich besseren, glaubwürdigeren Eindruck, wenn das Unternehmen das Problem quasi selbst erkannt und ausgesprochen hat. Auch hierfür bieten die vielfältigen Angebote und Tools im Web beste Voraussetzungen. So kann ein Unternehmen je nach Möglichkeit und Ressourcen entscheiden, ob es sich an bestehenden Webseiten beteiligt, eigene Plattformen schafft oder schlicht das Sponsoring für eine virtuelle Interessensgemeinschaft übernimmt. Hauptsache, der Fuß ist in der Tür.

Themen gezielt platzieren

Zu Beginn des Jahres 2009 machte Nestlé die Erfahrung, wie sich negative Äußerungen im Internet auf das Image eines Unternehmens auswirken können. In einem Video hatte Greenpeace Kitkat-Werbung (Schokoriegel aus dem Hause Nestlé) parodiert und mit erschreckenden Bildern darauf hingewiesen, dass das für die Riegel verwendete Palmöl zum Abholzen der Urwälder und damit zur Ausrottung von Orang Utans führe. Greenpeace schrieb zum Video: »Kitkat – ein süßer Riegel mit bitterem Beigeschmack. Das Palmöl zur Herstellung des Nestlé-Produkts kommt aus indonesischen Plantagen, für die die letzten Urwälder des Landes abgeholzt werden. Der Lebensraum der stark bedrohten Orang-Utans geht damit für immer verloren. Nestlé: Have a break - Stop Palmöl aus Urwaldvernichtung.« Der Spot verbreitete sich wie ein Lauffeuer im Internet und wurde von Greenpeace europaweit durch Straßenaktionen und Kampagnen im Social Web flankiert (Die offizielle Kampagnen-Seite: alturl.com/9fhp).

Das Thema Palmöl wurde bei Twitter, Facebook & Co. zu einem der wichtigsten Diskussionsthemen – eifrig unterstützt von den Greenpeace-Aktivisten, die kaum einen Kanal zur Kommunikation im Web ausließen. Im Gegensatz zu Nestlé. Das Unternehmen überließ den NGOs und Unterstützern der Kampagne komplett das Feld. Allein eine Pressemitteilung wurde seitens Nestlé verschickt. Darin heißt es unter anderem: »Nestlé teilt die Sorge um die Bedrohung von Regenwäldern durch die Ausweitung des Palmöl-Anbaus. Nestlé Deutschland verwendet nur in einem geringen Volumen Palmöl und Palmkernöl bzw. daraus hergestellte Zwischenprodukte. Das Gesamtvolumen liegt in einer Größenordnung um 7.000 Tonnen pro Jahr, dies entspricht nur etwa 0,03 Prozent der weltweiten Produktion.«

Die Reputation des Konzerns hat einen echten Schaden erlitten. Gab es im Januar 2009 noch 59 Prozent positive und nur 11 Prozent negative Erwähnungen des Unternehmens in Weblogs, waren es Ende März nur noch 32 Prozent positive und 30 Prozent negative Äußerungen (Quelle: fuellhaas.com, alturl.com/e742). Dabei wäre es für Nestlé leicht gewesen, die Vorwürfe zu entkräften – indem sich das Unternehmen der Diskussion offen gestellt hätte, mit Argumenten und Fakten.

Issue Management

Die Greenpeace-Kampagne über Kitkat löste eine Lawine der Diskussion aus.
(Quelle: alturl.com/2u4g)

Maßnahmen

Die größte Herausforderung beim Krisenmanagement besteht bekanntermaßen darin, dass es erst dann initiiert wird, wenn die Krise da oder absehbar ist. Dann also, wenn man eigentlich bereits die ersten Maßnahmen umsetzen müsste. Bei der Kommunikation über das Internet stellt dies ebenfalls das größte Problem dar. Die Unternehmen verschwenden wertvolle Zeit damit, unter Zeitdruck Strategien zu definieren, statt sie umzusetzen. Sollen diese im Web greifen, besteht die zusätzliche Schwierigkeit darin, möglichst glaubwürdig aufzutreten. Doch ein Unternehmen, das bisher die Instrumente des Internets nicht genutzt hat, nie oder nur über die eigene Homepage in Einbahn-Kommunikation Informationen verbreitet hat, wird es schwer haben, dass man ihm Glauben schenkt – vor allem in Krisenzeiten.

Das Issue Management beginnt also idealerweise zu jedem beliebigen Zeitpunkt, auch wenn das Unternehmen mit keinerlei Kritik zu rechnen braucht. Im Idealfall ist es dennoch möglich, potenzielle Schwachpunkte zu entdecken, Angriffsflächen beim Auftreten komplexer Umstände, Risiken. Was könnte passieren, wenn?

Anschließend gilt es auch jetzt, mögliche Meinungsmacher zu identifizieren, die mögliche Krisenthemen aufgreifen und verbreiten könnten – weil sie sich grundsätzlich regelmäßig mit Problemen von Unternehmen befas-

Issue Management

sen, weil sie ohnehin oft über ein spezielles Produkt berichten und weil man auf sie hört (siehe dazu das Kapitel »Multiplikatoren«).

Gerade in Zeiten, in denen sich eine Krise abzeichnet, ist es von großem Vorteil, mittels RSS die Journale der relevanten Autoren zu abonnieren und rechtzeitig informiert zu werden, wenn ein Bericht über das eigene Unternehmen erscheint (siehe dazu das Kapitel »RSS«, S. 59 ff.). Doch was heißt rechtzeitig? Im Idealfall entdeckt ein Unternehmen einen kritischen Bericht, bevor er in den vielgelesenen Weblogs oder gar auf den Seiten der klassischen Medien erscheint.

Checkliste: Kommunikation bei Falschmeldungen

- Versuchen Sie, eine Telefonnummer des Autors zu ermitteln und rufen Sie ihn an. E-Mails, vor allem zu bürokratisch oder mit einem drohenden Unterton verfasste E-Mails, führen oft dazu, dass sie nebst einem süffisanten Kommentar gleich mit veröffentlicht werden.

- Wenn Sie keine Telefonnummer finden, schreiben Sie eine E-Mail mit Bitte um Rückruf oder Übermittlung der Rufnummer des Autors.

- Verhalten Sie sich freundlich und respektvoll. Kaum ein Autor schreibt mit Absicht etwas Falsches.

- Bitten Sie nett um Korrektur der Falschinformation und bieten Sie Ihre Unterstützung an.

- Ein Wort des Dankes schadet nicht, denn es ist ja gut für Sie, dass über Ihr Unternehmen berichtet wird.

- Wenn sich der Autor weigert, die Falschmeldung zu korrigieren oder nicht reagiert, sollten Sie eventuell eine Richtigstellung auf Ihrer Unternehmenswebseite veröffentlichen.

Sie haben natürlich bei einer Falschmeldung das Recht auf eine Gegendarstellung und können sich durchaus juristischen Beistand suchen (siehe dazu das Kapitel »Rechtliche Aspekte«). Doch versuchen Sie möglichst alles, dies

Issue Management

zu vermeiden und über einen offenen Dialog eine Richtigstellung zu erreichen. Manche Autoren fühlen sich ansonsten angegriffen und unter Druck gesetzt und initiieren allein aufgrund eines Anwaltsschreibens eine Kampagne, die dem Unternehmen schaden könnte. Man sollte immer davon ausgehen, dass der Autor nicht böswillig oder absichtlich etwas Falsches geschrieben hat.

Erst recht unwirsch reagieren Autoren, wenn sie zu Unrecht bedrängt werden, wenn sie also die Wahrheit geschrieben haben und das Unternehmen die Verbreitung dieser trotzdem verhindern möchte. Mit großer Wahrscheinlichkeit wird die unangenehme Äußerung infolgedessen erst recht publik und das Verhalten der Kommunikationsverantwortlichen obendrein scharf gerügt.

Blogger halten zusammen

Genau dies musste auch Transparency Deutschland, der Verein gegen Korruption, schmerzhaft erfahren. Die Freundin einer ehemaligen Mitarbeiterin hatte in ihrem Weblog darüber berichtet, dass der Verein ihrer Bekannten nach der Probezeit auf unschöne Art und mit nicht nachvollziehbarer Begründung gekündigt habe (Quelle: alturl.com/nyxd). Der Justiziar von Transparency Deutschland schrieb zwei Monate später an die Bloggerin eine E-Mail und forderte sie darin auf, den Beitrag zu löschen – ansonsten sei mit einer »strafbewehrten Unterlassungserklärung« und einer »einstweiligen Verfügung« zu rechnen. Auch darüber berichtete die Autorin in ihrem bis dahin eher unbekannten Journal. Die Folge: Innerhalb weniger Tage stiegen die Zugriffszahlen auf das Weblog enorm an, zahlreiche bekannte Blogger berichteten über den Fall.

Die Stimmung wurde weiter angeheizt, als der ursprüngliche Beitrag tatsächlich von der Bloggerin aus dem Netz genommen wurde – aus Furcht vor möglicher Geldstrafen. Nun war die Welle richtig ins Rollen gekommen und es gab kaum eine Webseite, die nicht über das Vorgehen des Vereins berichtete. Juristen schrieben in ihren Blogs über die Unkenntnis des Anwalts von Transparency Deutschland, andere Blogger boten der Betroffenen finanzielle Unterstützung an, unter anderem Focus, tagesschau.de und SAT.1 griffen das Thema auf.

Issue Management

Umgang mit kritischen Bloggern

Blogger können in den meisten Fällen behandelt werden wie Journalisten, es gelten für sie die gleichen berufsethischen Richtlinien wie für andere Medientätige. Das bedeutet, dass die in einem Weblog geäußerte Kritik gerechtfertigt sein muss, fundiert und sachlich. Je sorgfältiger ein Blogger demnach recherchiert hat, desto schwieriger wird es, ihn abzumahnen. Zudem sollte es bei der Kommunikation auch gar nicht darum gehen, jemandem gegenüber juristische Drohungen auszusprechen. Vielmehr steht der Dialog im Vordergrund, das Bemühen, sein Gegenüber zu verstehen und Argumente auszutauschen. Es geht nicht darum, ob ein Unternehmen Recht hat, sondern ob es das vermitteln kann. Wie gesagt, ein Unternehmen, das sich bereits eine gewisse Reputation im Web aufgebaut hat, wird es im Krisenfall viel einfacher haben, sich bei Angriffen zu wehren.

In »Die Stimme der freien Welt« wird die »Chronik eines PR-Desasters« geboten. (Quelle: die-stimme-der-freien-welt.de, alturl.com/f5qh)

Issue Management

Die Krise tritt ein

Ist eine echte Krise eingetreten oder steht eine solche kurz bevor, kann über die Kommunikationsinstrumente des Webs versucht werden, diese eventuell zu steuern oder vielleicht auch den Schaden geringer zu halten. Wer nicht eine sogenannte Dark Site vorbereitet hat, die im Krisenfall einfach online gestellt wird, kann innerhalb kürzester Zeit ein Weblog einrichten und darüber Informationen anbieten und auf Fragen und Kommentare der Verbraucher reagieren. Das Einrichten eines Forums würde deutlich länger dauern. Aber auch die aktive Beteiligung an Diskussionen zum Thema in bestehenden Portalen gehört zu den wichtigsten Maßnahmen des Issue Managements. Alles vorbehaltlich dessen, dass in diesem Fall ehrlich kommuniziert und nichts verschleiert wird. Dazu ist es dann meist zu spät.

Tipp

Sprechen Sie Multiplikatoren im Web ruhig auch an, wenn bereits negativ über Ihr Unternehmen berichtet wird. Bieten Sie an, die Hintergründe zu erörtern und exklusive Interviews zu geben. Das steigert die Glaubwürdigkeit Ihrer Bemühungen um Aufklärung und hilft, Ihre Botschaften und Hilfestellungen für betroffene Verbraucher zu verbreiten.

Bedeutung für die PR

PR-Verantwortliche sind heute geradezu dazu verpflichtet, das *Issue Management* auch auf das Web hin auszurichten. Es ist undenkbar, sich nur auf die klassischen Kommunikationswege zu verlassen und zu ignorieren, welche wesentliche Rolle Verbraucher vor allem im Web spielen. Man muss nicht seine Strategie von einem Tag auf den nächsten über Bord werfen, doch sollten nach und nach folgende Maßnahmen umgesetzt werden:

- Finden Sie heraus wer die Meinungsführer im Web sind und ob es Anhänger Ihrer Marke gibt.
- Stellen Sie eine Liste mit allen relevanten Foren, Weblogs und Verbraucherportalen zusammen.

Issue Management

- Lesen Sie zumindest hin und wieder, was im Web über Ihr Unternehmen und Ihre Produkte veröffentlicht wird.
- Lesen Sie auch privat Weblogs oder Foren, die Sie interessieren. So erhalten Sie zumindest einen Eindruck von Ton und Umgangsformen.
- Schreiben Sie als Privatperson einen Kommentar und auch mal als Vertreter Ihres Unternehmens, um ein Gefühl für die Reaktionen zu bekommen.
- Abonnieren Sie bei einer aufkommenden Krise via RSS die Webseiten, die sehr wahrscheinlich über diese berichten werden.
- Nehmen Sie die Kritik oder gar Vorwürfe ernst. Eventuell sollte Ihr Service oder ein Produkt tatsächlich verbessert werden.
- Versuchen Sie nicht, anonym oder unter Verwendung eines Pseudonyms positive Beiträge zu lancieren.
- Eventuell finden Sie einen Sympathisanten Ihrer Marke, der bereit ist, Ihnen bei der Lösung der Krise zur Seite zu stehen und eventuell Erklärungen für die Ursachen und Hilfestellungen im eigenen Journal zu veröffentlichen.

Wer im Web Inhalte publiziert, trägt dadurch zur öffentlichen Meinungsbildung bei. Es ist ganz klar Aufgabe der PR, diese Veröffentlichungen zur Kenntnis zu nehmen und einzuordnen – so wie es bisher allein über die Print-Clippings praktiziert wurde. Und so ist es auch Aufgabe der PR-Experten nachzuhaken, wenn etwas unklar ist. Nicht alle Autoren haben Verständnis dafür, betrachten es gar als Spionage. Doch wer aufgeschlossen und ehrlich interessiert an sie herantritt, wird mehr erreichen als beim Ignorieren der Beiträge.

Ein großer Vorteil der Krisen-PR über das Web besteht in der Möglichkeit, in Echtzeit zu reagieren. Die Kommunikation erfolgt deutlich schneller und ist auch länger wirksam als über herkömmliche Wege – immerhin kann eine Information, ein Statement oder das Umtauschangebot auch noch lange Zeit abgerufen werden; die Tageszeitung ist zu dem Zeitpunkt schon im Müll gelandet, der TV- Beitrag ausgestrahlt und eventuell verpasst.

Ziel sollte es sein, über das Issue Management zumindest gegenüber einem Teil der Kunden und Zielgruppen einen Vertrauensverlust abzuschwächen und die Reputation zu schützen. Gute Kommunikation schützt das Ansehen eines Unternehmens – zwar werden nicht alle Verbraucher erreicht und positiv reagieren, doch zumindest mehr als beim Schweigen. Doch auch dies ist manchmal hilfreich. Gerade gut besuchte Portale oder Weblogs

Issue Management

spiegeln die Meinungen zahlreicher unterschiedlicher Personen wider. Und so kann es sein, dass sich jemand aus der Nutzerschaft für das Unternehmen einsetzt, ohne dass dieses das aktiv fördert. Dies ist meist auch dann der Fall, wenn eine Firma zu Unrecht angegriffen wird oder gar falsche Behauptungen aufgestellt werden. Einzig die Erfahrung hilft, einschätzen zu können, wann es besser ist, sich zurückzuhalten oder zu reagieren.

Erst nachdenken, dann publizieren

Damit eine Krise oder ein unangenehmes Problem erst gar nicht auftaucht, sollte der bewusste Umgang mit Veröffentlichungen oberstes Gebot der PR sein. So lässt es sich zumindest vermeiden, dass ein Issue entsteht, der ohne das eigene Zutun nicht verbreitet worden wäre. Im Extremfall kann das sogar zum Arbeitsplatzverlust führen. So hatte beispielsweise eine Flugbegleiterin Ende 2004 die Kündigung von ihrem Arbeitgeber Delta Airlines erhalten, weil sie in ihrem Weblog »Diary of a Flight Attendant« über ihren Arbeitsalltag berichtet hatte (queenofsky.journalspace.com). Kritisiert wurde vor allem, dass sie ein Bild von sich in der Arbeitskleidung veröffentlichte, was Rückschlüsse auf die Airline erlaubte, die bis dahin nicht genannt worden war. Für die Stewardess ging die Kündigung glücklicherweise dennoch gut aus, inzwischen hat sie über ihre Erfahrungen sogar ein eigenes Buch veröffentlicht und ist im Web eine Berühmtheit.

Und Delta Airlines? Die Fluggesellschaft hat im August 2007 ein eigenes Corporate Weblog unter blog.delta.com gestartet. »We welcome the blogging experience with enthusiasm and are excited to be giving you a peek inside our airline«, schrieb Delta Vize President Lee Macenczak zum Start.

Issue Management

Sogar BBC berichtete über den Fall der gefeuerten Stewardess und verhalf ihr so zu großer Bekanntheit. (Quelle: news.bbc.co.uk, alturl.com/xpok)

Es ist zwar nicht Aufgabe der PR-Abteilung, innerhalb des Unternehmens die Kollegen über gewisse Risiken des Publizierens im Web – auch als Privatperson – aufzuklären, doch da sie sich ohnehin mit dem Thema befasst und daran interessiert ist, Reputationsverluste abzuwenden, wäre es ratsam. Denn letztendlich hat der Fall der Flugbegleiterin vor allem der Airline geschadet. Eine Strategie kann im Rahmen der internen Kommunikation entwickelt werden (siehe dazu das folgende Kapitel).

8 Interne Kommunikation

Der Change-Prozess

Das Bewusstsein im Unternehmen, bei den Kollegen und Vorgesetzten dafür zu schaffen, dass sich die Kommunikation verändert hat, ist ein langwieriger und mühsamer Prozess. Zu groß sind die Vorbehalte und der Wunsch, am Bekannten festzuhalten, das ja lange Jahre erfolgreich praktiziert wurde. Doch um eine echte Kommunikation zu etablieren, ist es wichtig, dass alle im Unternehmen diese verstehen, ja sogar leben und dahinter stehen. Im Idealfall initiiert das obere Management den Change-Prozess, fördert diesen durch das eigene Handeln und die Begeisterung. Allerdings ist das eher die Ausnahme in deutschen Firmen und Agenturen. Es ist meist schon als fortschrittlich einzustufen, wenn ein Chef seine Mitarbeiter dazu auffordert, sich mal mit Weblogs oder Podcasts zu beschäftigen. Meist besuchen diese dann ein kurzes Seminar und kommen mit der ernüchternden Erkenntnis an den Arbeitsplatz zurück, dass das alles ganz schön aufwändig und kostspielig sei.

PR-Abteilungen, die künftig nicht auf innovative Kommunikationsstrategien verzichten möchten, sollten damit starten, sich Gleichgesinnte zu suchen. Kollegen, die eventuell mal erzählt haben, dass sie regelmäßig auf Reiseportalen Fotos ihrer Ferien veröffentlichen, die bei Xing ein Profil angelegt haben oder sich regelmäßig freudig über die Buchempfehlungen von Amazon äußern. Gemeinsam ist man stärker und in einer kleinen Arbeitsgruppe lassen sich schnell realistische Ideen für die interne Kommunikation erarbeiten. Zudem berichten die Mitglieder ihren Kollegen von den Treffen und Beschlüssen der Arbeitsgruppe und betreiben ihrerseits Mundpropaganda.

Das Intranet als Chance

In den meisten Unternehmen ist das Intranet für die Mitarbeiter eines der uninteressantesten Kommunikationsinstrumente überhaupt. Die Inhalte sind oft veraltet, uninteressant, nutzerunfreundlich aufbereitet oder schlicht abschreckend layoutet. Und wenn es Möglichkeiten gibt, seine Meinung zu veröffentlichen oder mit den Kollegen in einem Forum oder virtuellem Pin-Board zu diskutieren, wird diese nur selten genutzt – man könnte sich ja blamieren oder jemanden beleidigen. Zum Change-Prozess gehören die Optimierung des Intranets und die Begeisterung der Mitarbeiter, dies zu nutzen und sich im Idealfall aktiv zu beteiligen. Auch hier gilt: Wenn die Geschäftsleitung sich hin und wieder ebenfalls einklinkt und womöglich Kommentare hinterlässt, werden die Kollegen eher motiviert – zumindest dann, wenn sie nicht befürchten müssen, dass der Vorgesetze sie dort beobachtet und aushorcht ...

Auch ein Weblog lässt sich gut als Kommunikationsinstrument in das Intranet integrieren. Dies hat neben der Dialogförderung intern den Vorteil, dass erste Erfahrungen mit einem Instrument gemacht werden, das ohnehin eine große Bedeutung innerhalb der PR-Arbeit hat. Das *Intranet-Blog* ist passwortgeschützt und nur für Mitarbeiter einsehbar. Hier können von Berichten der Außendienstmitarbeiter, über unterhaltsame Notizen aus dem Call Center bis hin zu Tipps und Tricks beim Umgang mit Kooperationspartnern all die Inhalte publiziert werden, die für die Mitarbeiter interessant sind, sie unterhalten oder weiterbilden.

Aber auch die Nutzung von *Wikis* im Intranet könnte ein erster Schritt in die gewünschte Richtung darstellen. Über ein Wiki können die Mitarbeiter ihre Kenntnisse über ein Produkt, Erfahrungen mit Partnern oder Händlern und auch schlicht Präsentationsvorlagen teilen. Wissensverwaltung und -teilung ist hierbei nur ein Vorteil. Die Nutzung eines Wikis lehrt die Anwender, sich sehr genau Gedanken über das zu machen, was man publiziert. Wichtig ist es, objektiv und verständlich zu schreiben – anderenfalls wird der Beitrag sehr wahrscheinlich gelöscht oder geändert. Eine Erfahrung, die zur Kommunikation 2.0 führt.

Vorteile aufzeigen

Um einen Change-Prozess anzustoßen, genügt es nicht, die interaktiven Anwendungen innerhalb der internen Kommunikation einfach nur anzubie-

Interne Kommunikation

ten. Die Vorteile und Chancen müssen ebenso kommuniziert werden wie es nötig ist, dass ein gewisser Spaßfaktor enthalten ist. Niemand sollte gezwungen werden, sich zu beteiligen, niemand dafür gerügt, dass er sich auch während der Arbeitszeit intensiv einbringt.

Bei der Vorteilskommunikation intern sind begeisterte Kollegen die besten Fürsprecher. Zum einen motivieren sie andere dadurch, dass sie sich positiv über die Anwendung äußern, zum anderen kann es sein, dass der Neidfaktor weitere aktive Nutzer mobilisiert – sie sehen den Erfolg ihrer Kollegen, das Feedback auf deren Beiträge und probieren die neuen Kommunikationsformen ihrerseits aus. Die Veränderung hat begonnen.

Tipp

In Zeiten hohen Arbeitsaufkommens oder anstehender Entlassungen sollten Sie eventuell davon absehen, einen Change-Prozess zu starten. Keiner mag es, wenn die Kollegen über Privatangelegenheiten im Intranet berichten, während andere Mitarbeiter Überstunden leisten. Auch bezogen auf die interne Kommunikation 2.0 haben Einfühlungsvermögen und Weitsicht oberste Priorität.

Basisaufgaben

Zur internen dialogorientierten Kommunikation gehört es, Kollegen für kleine Projekte zu gewinnen, die einen ersten aber sehr wichtigen Schritt in die richtige Richtung darstellen. Sogenannte Basisaufgaben sollten von jedem Unternehmen in Angriff genommen werden, das neue Wege beschreiten möchte. Es geht selten darum, von heute auf morgen die Kommunikation völlig umzustellen. Vielmehr kann durch kleine Schritte der Grundstein für erfolgreiche, große Projekte im Web gelegt werden. Die Mitarbeit und Unterstützung der Kollegen ist hierbei geradezu unerlässlich.

Vorteile von Basismaßnahmen

- Schnell
  Kein Einrichtungsaufwand, lediglich Prozesse und Verantwortlichkeiten sind zu definieren.

- Einfach
  Kaum technische Vorkenntnisse nötig, Nutzung bestehender Tools.

- Kostengünstig
  Kostenlose Nutzung der Tools, nur personelle Ressourcen müssen gestellt werden.

- Effizient
  Virale Verbreitung, Steigerung des Suchmaschinenrankings.

- Notwendig
  Voraussetzung, um sich als professionell und erfahren darzustellen. Und es vor allem auch zu sein.

Doch was ist genau unter diesen Aufgaben zu verstehen? – Es geht letztlich darum, die Grundlage für eine erfolgreiche Kommunikation zu schaffen und zwar zunächst durch kleine Schritte. Aufgaben, die jeder motivierte Mitarbeiter eines Unternehmens übernehmen kann.

- Veröffentlichen Sie als Vertreter Ihres Unternehmens Favoriten, für Sie persönlich spannende Webseiten und Einträge bei Social-Bookmark-Diensten.
- Veröffentlichen Sie private, aber auch PR-Bilder bei Flickr. Auch Aufnahmen aus dem Unternehmen, von Veranstaltungen oder Personen können für Interessierte spannend sein.
- Sollten Sie TV-Spots oder andere Filme haben, auch Videoaufnahmen von Messen oder Konferenzen, können Sie diese bei den verschiedenen Videoportalen veröffentlichen.
- Bemühen Sie sich bei allen Beiträgen und Angeboten, die auf Ihrer Unternehmenswebseite erscheinen, diese mit *Tags* zu versehen. Das erhöht die Auffindbarkeit über Suchmaschinen.

Interne Kommunikation

- Führen Sie RSS-Feeds ein – egal ob zur Übermittlung von Presseinformationen, News oder Veranstaltungsdaten.
- Kommentieren Sie als Vertreter Ihres Unternehmens in *Blogs*, Foren oder Groups, wenn dort über Ihre Branche oder sogar Ihre Produkte und Dienstleistungen berichtet und diskutiert wird.
- Optimieren Sie Ihr Xing-Profil und ermuntern Sie Ihre Kollegen, dort ebenfalls ein Profil anzulegen.
- Werfen Sie einen Blick auf den Wikipedia-Eintrag zu Ihrer Firma. Eventuell muss dieser aktualisiert oder ergänzt werden. Oder es gibt bisher keinen Eintrag und Sie können einen neuen Beitrag verfassen – jedoch immer unter der Prämisse der Objektivität, Werbung und PR haben hier nichts zu suchen.

Natürlich müssen nicht alle aufgeführten Punkte umgesetzt werden, nicht jeder möchte beispielsweise bei Xing vertreten sein oder hat genug Tipps, um sie über Bookmark-Dienste weiterzugeben. Bereits zwei, drei Maßnahmen genügen, um erste Erfahrungen zu sammeln, Kollegen an Bord zu holen und vor allem: Beziehungen zu Multiplikatoren im Web aufzubauen. Dies ist wichtig, um später erfolgreich ein Projekt zu starten.

Eine der bekanntesten Marken, die so zahlreiche Fürsprecher gewonnen hat, ist Dove. Der Spot »Dove Evolution« wurde zunächst nur online über Portale wie Youtube verbreitet. Er zeigt im Zeitraffer eine durchschnittlich attraktive Frau, die mit wenigen Handgriffen, Make Up und Bearbeitung am PC zum extrem hübschen Model auf einem Plakat wurde. Mehrere Millionen Menschen haben dieses Video angeschaut und mit hunderten begeisterter Bemerkungen versehen. Unilever entschied sich daraufhin, den Spot in zahlreichen Ländern auch via TV auszustrahlen. So wurde das Web zum Marktforschungsinstrument, zum kostenlosen Hausfrauentest.

Interne Kommunikation

Ein Blick hinter die Kulissen zeigt oft größere Wirkung als ein schlichtes Aufklärungsvideo. (Quelle: youtube.com/watch?v=iYhCn0jf46U)

Über 21.100 Spots zum Stichwort »Dove« waren im November 2007 unter Youtube zu finden, die meisten davon eingestellt von privaten Nutzern. Viele haben einfach die Thematik aufgegriffen und eigene Filme gedreht, auch unterhaltsame Parodien befinden sich darunter – beispielsweise der Film über ein etwas arrogant wirkendes männliches Model, das, ebenfalls im Zeitraffer, mit viel Fastfood, Zigaretten und jede Menge Alkohol unansehnlich wird. Was kann einer Marke besseres passieren, als wenn sich Menschen aus freien Stücken so intensiv mit ihr beschäftigen und so Nähe zu ihr herstellen?

Fürsprecher motivieren

Wie gelingt es, die Kollegen im eigenen Unternehmen für das Web zu begeistern, umzudenken und neue Wege des Kommunizierens zu gehen? Nicht jeder reagiert auf die gleichen Anreize, so dass man unterschiedliche Strategien entwickeln muss.

Finanzielle Anreize

Eine Möglichkeit besteht darin, finanzielle Anreize zu schaffen. Also den Mitarbeiter dafür zu bezahlen, dass er in seiner Freizeit einzelne von den oben genannten Aufgaben übernimmt – die Messefotos bei Flickr einstellt oder in einem Forum Tipps gibt. Diese Form der Motivation ist eher unüblich, zumal sich nicht jede Firma diese Extrainvestition leisten kann und will. Aber eventuell genügen schon einige zusätzliche Urlaubstage, der Besuch eines Seminars oder Geschenke, um einzelne Kollegen zu überzeugen.

Wissensvorsprung bieten

Da sich der Umgang mit den Web-Tools nicht aus dem Ärmel schütteln lässt, ist ohnehin eine Weiterbildung nötig. Diese kann für die Mitarbeiter sehr attraktiv sein und dazu beitragen, dass sie anschließend engagiert mitarbeiten. So gehört neben dem Aufzeigen der Kommunikationsregeln im Web auch das Erstellen von einfachen Videodateien oder Audio-Podcasts zum Schulungsprogramm. Aber auch Bildbearbeitung oder Fotografie-Kurse können die Qualität der veröffentlichten Aufnahmen steigern. Manche Kollegen wollten eventuell schon immer mal ihre Programmierkenntnisse erweitern, andere sich hingegen in kreativem Schreiben üben. Wer sich im Unternehmen umhört, wird sicher den einen oder anderen Kollegen finden, der sich so motivieren lässt.

Herausragen aus der Masse

Es gibt aber auch immer diejenigen, die es schlicht genießen, eine besondere Aufgabe zu übernehmen und damit hervorzustechen. Eventuell ist es auch schon Anreiz genug, neben den Alltagstätigkeiten mal etwas Neues auszuprobieren. Doch für viele erscheint es besonders attraktiv, zu einem »inneren Kreis« zu gehören, zu denjenigen, die innovative Schritte gehen. Und wenn dann auch noch das Feedback der Web-Gemeinde, der Austausch mit bis dahin völlig fremden Menschen hinzu kommt, sind sie meist infiziert. Es ist eben ein extrem befriedigendes Gefühl, Rückmeldungen zu bekommen und sein Wissen weiterzugeben. Der begeisterte Kollege wird anderen davon berichten, sie neugierig machen, und so kommt Mundpropaganda im eigenen Haus ins Rollen.

Interne Kommunikation

Talente fördern

In jedem Unternehmen gibt es Mitarbeiter mit den unterschiedlichsten Talenten, sie sitzen in verschiedenen Abteilungen und gehören allen Hierarchiegruppen an. Der eine spielt in seiner Freizeit in einer Band, der andere ist begeisterter Hobby-Fotograf oder schreibt Kurzgeschichten. Wer sich umhört, wird sicher ungeahnte Talente entdecken, sie arbeiten in der Poststelle, der Kantine, am Empfang oder im Vorstandsbüro. Und das, was man in seiner Freizeit gern macht, wird jeder auch im Auftrag seines Arbeitgebers gern übernehmen. Zumal die Aussicht winkt, damit aus dem Schatten der Anonymität herauszutreten und andere an seiner Passion teilhaben zu lassen.

Tipp

Zwingen Sie niemandem die neuen Kommunikationsinstrumente auf und versuchen Sie herauszufinden, was für wen am besten geeignet ist, wo er sich am wohlsten fühlt. Nur dann wird er mit Begeisterung anderen davon berichten und diese zum Mitmachen animieren. Und es braucht seine Zeit. Ein Unternehmen, das jahrzehntelang wenig dialogbereit war, kann nicht von heute auf morgen seine Kultur umkrempeln.

Corporate Blogging im Intranet

Wer plant, mittelfristig ein *Business-Weblog* aufzusetzen, sollte dies vorab intern im Unternehmen testen. Die Vorteile liegen auf der Hand. Neben ersten Erfahrungen mit dem Medium und der Technik lernen auch die Kollegen diese Kommunikationsform und ihre Vorzüge kennen. So wird zum einen frühzeitig verhindert, dass sich einige darüber beschweren, dass plötzlich auf den ersten Blick sinnlose Aufgaben verteilt werden, während man kaum hinterher kommt, das Tagesgeschäft zu bewältigen. Zum anderen verbessert ein Intranet-Blog die interne Kommunikation an sich.

Ein Weblog wird jedoch nicht von allein erfolgreich, sondern es bedarf der intensiven Auseinandersetzung mit dem Instrument und einiger Überlegungen vorab. Was könnte die Kollegen interessieren? Wo gibt es Informationsdefizite? Was sollte lieber nicht angesprochen werden und wie umgeht man diese Lücken geschickt? Auch die Leser sollten immer wieder ermutigt

Interne Kommunikation

werden, Kommentare zu hinterlassen und Fragen zu stellen. Nur so entsteht ein echter Dialog, und die Autoren engagieren sich motiviert weiter.

Ob Unternehmensentscheidungen, Produktinnovationen oder Neueinstellung – das Themenspektrum eines *Corporate Blogs* im Intranet ist breit. Alles, worüber die Mitarbeiter ansonsten via Flurfunk sprechen, kann hier stattfinden. Informationsdefiziten und Gerüchten wird so vorgebeugt. Und gerade in großen Unternehmen wissen Mitarbeiter oft nicht, was ihre Kollegen tun und dass diese eventuell bereits Herausforderungen bewältigt haben, vor denen sie gerade stehen. Ein Blog dient auch dem Wissensmanagement für Außendienstmitarbeiter oder Entwickler. Im Gegensatz zum Austausch durch E-Mails werden die Informationen archiviert und sind nach Interessensgebieten durchsuchbar. E-Mails werden auch leicht übersehen und oftmals inflationär eingesetzt, so dass sich manch ein Empfänger schnell belästigt fühlen kann.

Im Vergleich zu Foren haben Blogs in der Regel einen höheren Unterhaltungswert und dienen nicht nur dem Einholen und Sammeln von Informationen. Zudem ist die Installation und Wartung eines Forums deutlich aufwändiger und kostenintensiver. Dadurch, dass die Diskussionen parallel in verschiedenen Strängen stattfinden, lässt sich die Kommunikation nur eingeschränkt steuern. Unerfahrenen Lesern eines Forums fällt die Orientierung anfangs schwer. Doch ein Forum im Intranet ist trotz allem besser als gar kein Dialoginstrument.

Freiheit mit Grenzen

Aber auch beim Bloggen im Intranet sollten Regeln für die Autoren und Kommentatoren definiert und kommuniziert werden. Es muss klar sein, dass bestimmte Informationen schlicht geheim sind und auch in einem Blog nichts zu suchen haben. Jeder Autor sollte sehr bewusst und korrekt schreiben und immer im Hinterkopf haben, dass jede Äußerung schnell aus dem internen Kreis an die breite Öffentlichkeit gelangen kann. Copy und Paste verlocken allzu leicht dazu, eine Information aus dem Intranet ins Internet zu stellen. Gerade brisante Äußerungen oder Unternehmensinterna könnten von frustrierten oder sensationsfreudigen Mitarbeitern anonym irgendwo ins Web gestellt werden.

Dass sich jeder um einen respektvollen Ton und Umgang bemüht, sollte selbstverständlich sein. Und wer meint, den Kommentar eines Kollegen nicht publizieren zu können, weil dieser eventuell beleidigend wirkt oder

Interne Kommunikation

eine Unwahrheit beinhaltet, sollte dem Absender eine kurze Notiz mit einer Erklärung senden. Ansonsten könnte leicht der Eindruck der Zensur oder Bevormundung entstehen und damit genau das Gegenteil von dem, was man eigentlich erreichen möchte.

☞ **Tipp**

> Geben Sie die Guideline, die sowohl für die Autoren als auch für kommentierende Leser gilt, allen Mitarbeitern zum Lesen. Somit kennt jeder die Grenzen und Spielregeln und versteht, unter welchen Bedingungen agiert wird.

Vom Intranet ins Internet

Mitarbeiter der österreichischen Bausparkasse Wüstenrot haben sich im Mai 2007 aus der Kreativwerkstatt ins Internet gewagt und bloggen seitdem unter dem Namen »Frische Garantie«. Hier geht es um alles, was die Autoren erleben und sie interessiert, speziell um Musik, Veranstaltungen und Neuem aus dem Web. Aber eben auch um das Thema Bausparen. Denn Ziel der Schreiber ist es, einen Einblick in das Unternehmen und die Leute dahinter zu bieten und auch zu zeigen, dass Bausparen nicht unmodern ist. »Weil das Thema Bausparen so staubig klingt, obwohl's doch eigentlich sehr nützlich ist, sammeln wir ab sofort alles zum Thema Bausparen, was nicht staubig ist. Zum Beispiel diesen Fernsehspot unseres deutschen Konkurrenten«, schreibt Autor Philipp und erntet zahlreiche Kommentare (Quelle: alturl.com/x8bb).

Interne Kommunikation

Wüstenrot-Mitarbeiter schaffen es, durch ihre erfrischenden Beiträge das Image der Bausparkasse positiv zu beeinflussen. (Quelle: wuestenrot.at)

9 Pressearbeit 2.0

Journalismus und das Internet

Durch das Internet verwischen die einst so sauber definierten Grenzen zwischen Journalismus und PR zusehends. Publizistische und wirtschaftliche Interessen klaffen zwar auseinander, doch immer öfter erscheint es den finanziell oft nicht so gut ausgestatteten Online-Redaktionen allzu attraktiv, den einen oder anderen Euro mitzunehmen – auf Kosten der redaktionellen Unabhängigkeit. Neue Werbeformen machen die Abgrenzung von publizistischen Inhalten und Anzeigen schwer, der Leser kann sich kaum orientieren. Zudem sind Kooperation mit PR-Agenturen und Unternehmen in vielen Online-Medien an der Tagesordnung. Ob Texte für ein Themenspezial »Norwegen« oder Bilder für die Illustration einer Gesundheitsserie – die extern erstellten und kostenlos gelieferten Inhalte werden von Journalisten dankend angenommen, denn die Personalsituation sieht gerade in der Internet-Abteilung selten rosig aus, so dass keine Zeit bleibt, selbst zu recherchieren. Oftmals werden ganze PR-Texte unredigiert übernommen, da es weder Korrektorat noch Zeit gibt, sie umzuschreiben. Die Folge: Freude bei den PR-Profis und Kummer bei den Journalisten, die quasi von Schreibern zu Verwaltern, Kooperationsexperten und Content-Managern werden. Das frustriert, zumal die zahlreichen erfolgreichen Web-Portale und Blogger sich um genau das kümmern (können), was Aufgabe der Medien sein sollte.

PR-Material redaktionell gestalten

Es liegt mit in der Hand der PR- und Kommunikationsexperten, verantwortungsvoll mit den neuen Möglichkeiten umzugehen, die sich ihnen bieten. Die Herausforderung besteht darin, die Journalisten bei ihrer Tätigkeit und der Wahrung ihrer Unabhängigkeit zugleich zu unterstützen und zudem die eigenen Ziele zu erreichen. Dies gelingt vor allem dann, wenn man sich in den Redakteur und die Leser hineindenkt. Vielleicht mag es auf den ersten Blick erfreuen, seinen unredigierten werbelastigen PR-Text auf der Online-Seite einer bekannten Tageszeit wiederzufinden, doch spätestens der Leser erkennt meist den Unterschied und wird sich nicht darauf einlassen. Wer das

Glück hat, einen guten Kontakt zu Redakteuren zu haben, die ein Interesse an extern erstelltem Material haben, sollte sich gut überlegen, wie dieses aufbereitet ist. Am erfolgversprechendsten in Hinblick auf eine Publikation und gute Klickraten ist die Orientierung an den journalistischen Maßstäben.

Merkmale für gutes PR-Material

- Ein Text sollte möglichst ausgewogene und objektive Informationen bieten.

- Werbung oder Eigen-PR hat nichts in einem guten Bericht zu suchen. Wenn überhaupt, sollte das Unternehmen oder das im Mittelpunkt stehende Produkt nur am Rande erwähnt werden.

- Zitate, Studien oder Verbrauchermeinungen runden das Bild ab und geben dem Beitrag einen authentischeren Anstrich.

- Bilder sollten eher informativ oder illustrierend sein und keine reine Produktabbildung bieten.

- Gerade kleine Filme oder Interviews zum Anhören werden gern von Online-Medien verwendet – sofern das Material neue Informationen bietet oder das Geschriebene untermauert, ohne als Marketing zu wirken.

Chancen durch neue Nachrichtenportale

Neben den Online-Angeboten der bekannten Verlagshäuser haben sich zahlreiche neue Portale etabliert, die ebenfalls Nachrichten, Unterhaltsames und Kommentare publizieren. Zu den Bekanntesten zählen Auftritte von T-Online und MSN, aber auch Yahoo, Google News und Web.de stehen in direktem Wettbewerb zu den klassischen Anbietern und warten mit personell gut ausgestatteten Redaktionen auf. Ein engagierter PR-Mitarbeiter lässt es sich nicht entgehen, auch diese Publikationen mit Informationen und zusätzlichem Material zu versorgen – zumal die genannten Portale über ungeheure Zugriffsraten verfügen. Hier besteht die Herausforderung noch stärker darin, etwas zu bieten, das tatsächlich den Besucher zum Lesen verleitet. Denn den Portalen ist gemein, dass sie extrem traffic-orientiert agieren. Ein Text, der nicht innerhalb kurzer Zeit die gewünschten Zugriffe erzielt, fliegt im Zweifel schon nach 30 Minuten wieder von der Seite. Gerade bei den großen Portalen, die überdurchschnittlich oft von Internet-Einsteigern besucht werden, steht der Unterhaltungsaspekt deutlich im Vordergrund. Auch das sollte bei der Zusammenstellung des PR-Materials berücksichtigt werden. Die individuelle Aufbereitung der Informationen ist demzufolge das A und O guter PR-Arbeit – auch oder gerade im Web.

 Tipp

Fragen Sie sich immer, was Sie in Ihrer Tageszeitung oder auf einem Online-Portal gern lesen würden. Bei welchem Radiobeitrag hören Sie zu? – Wohl eher bei den Worten eines unabhängigen Experten als bei einer Werbebotschaft. Und bei Bildern sollten Sie sich immer überlegen, ob sie geeignet sind, einen Beitrag in dem Magazin tatsächlich zu illustrieren und zum Lesen zu animieren.

Mit Inhalten den Traffic steigern

Die Zugriffe auf einen Beitrag hängen ganz wesentlich von seiner Platzierung ab. Je weiter oben ein Text auf einer Webseite angeordnet ist, je größer die Überschrift erscheint oder das illustrierende Bild, desto häufiger wird er aufgerufen. Auch eine zusätzliche Unterzeile oder farbige Schriften steigern den Traffic einer Veröffentlichung. Die Art der Platzierung kann selten durch den externen PR-Berater beeinflusst werden, doch auch hier gilt: Ein aufmerksamkeitsstarkes Bildmotiv, das kostenlos von der Redaktion verwendet werden darf, wird eventuell für eine bessere Platzierung sorgen – selbst wenn der Text nicht ganz so spannend ist.

Bei der Orientierung an den Inhalten zeigt sich, dass sich ein Leser vor allem von Folgendem leiten lässt: Überraschung, Schaden, Erotik und Emotion. Fast alle Nachrichtenportale orientieren sich bei der Themenauswahl an dem Massengeschmack und erzielen einen Großteil ihrer Zugriffszahlen mit leicht konsumierbaren, unterhaltsamen Beiträgen. Es ist also nicht die großartige Überarbeitung einer Maschine, über die berichtet wird, sondern eher die Geschichte des Ingenieurs der bei seiner Arbeit zum Glauben fand, nicht die Grundsteinlegung, sondern der betrunkene Architekt; nicht der neue Sprachkurs, sondern der Promi, der daran teilgenommen hat.

Doch auch die Aktualität spielt eine große Rolle dabei, ob ein Text angeklickt wird oder nicht. Es wird vom Leser geradezu erwartet, stets nur die aktuellsten Informationen im Web geboten zu bekommen. Ein Pressetext, der über ein zwei Wochen zurückliegendes Ereignis berichtet, wird nur schwer den Weg auf eine Nachrichten-Webseite finden.

Gesteigert wird die Wahrscheinlichkeit des Aufrufens einer Reportage, wenn in der Überschrift, in der Unterzeile oder im Teaser bestimmte Schlüsselwörter auftauchen. Ob Mord, Sex, Drama, Krise oder Katastrophe – derartige Reizwörter sind wahre Traffic-Magneten. Die Redakteure investieren viel Zeit darin, einen Teaser zu formulieren, der so spannend klingt, dass der Leser Lust verspürt, den gesamten Text zu lesen. Eine gut aufbereitete PR-Geschichte, die bereits einen »knackigen« Vorspann mit entsprechenden Reizwörtern enthält, wird voraussichtlich dankbar aufgegriffen.

Tipp

Viele Magazine mit klarer Fokussierung auf beispielsweise Sport, Wirtschaft oder Kultur ergänzen ihre Berichterstattung auf den eigenen Webseiten durch zusätzliche Ressorts, um größere Reichweiten zu erzielen. Bedenken Sie auch diese Publikationen, wenn Sie Presseinformationen verbreiten. Auch beim Handelsblatt finden kulturelle Themen statt, und sogar ein Internetmagazin berichtet über attraktive Studienreisen.

Multimedia-Pressemitteilung

Nicht nur die Pressearbeit im Allgemeinen wird durch die neuen Kommunikationsmittel und -bedürfnisse verändert, sondern auch ganz konkret eines der wichtigsten Instrumente von PR-Abteilungen: die Pressemeldung. Ein Text bleibt auch im Internet ein Text, doch wird er ergänzt und kann im Sinne multimedialer Aufbereitung und Vernetzung zum dialogischen Instrument werden.

Die Pressemitteilung ist bereits über 100 Jahre alt, doch bis auf die Übermittlungsart – meist via E-Mail statt per Post – hat sie sich wenig verändert. Dabei könnte eine Pressemeldung heute ganz anders aussehen und wirken. Bei der Aufbereitung geht es vor allem darum, auf einen Blick erkennbar die

Informationen zu liefern, welche den Journalisten tatsächlich interessieren. Also beispielsweise die wichtigsten Fakten zusammenzufassen, mehrere Zitate in einem Blog anzubieten und diverse Links mit vertiefenden Informationen. Natürlich dürfen bei einer Pressemeldung 2.0 auch keine Videos, Audiodateien oder Tags zum Einordnen der Inhalte fehlen. Die Düsseldorfer PR-Agentur conosco geht bei ihren Überlegungen sogar noch weiter. Sie hat einen Pressetext zum Thema »EduBook II: Mobile Lernstation ist sofort startklar« aufbereitet und unter pr-kloster.de/2006/12/12/erste-pressemitteilung-20-in-deutschland zur Diskussion gestellt. Neben diversen Download-Möglichkeiten bietet die Meldung vertiefende Links bei Social Bookmark-Diensten, einen RSS-Feed und Trackbacks an.

Übrigens reagieren viele engagierte Blogger eher allergisch auf Pressemeldungen, die mit einer 2.0-Auszeichnung versehen sind. Sie wünschen sich, wie bereits gesagt, entweder gute und exklusive Informationen und multimediale Inhalte ohne gesonderte Kennzeichnung. Der Vorwurf: Wer sich und seinen Maßnahmen oder Produkten das 2.0-Zertifikat auf die Brust schreibt, betreibe an sich nichts anderes als PR und biedere sich an. Auch hier ist wieder Fingerspitzengefühl gefragt und derjenige ist im Vorteil, der sich auskennt und bereits einen gewissen Ruf innerhalb der Internet-Gemeinde geschaffen hat.

Doch zur Beruhigung sei gesagt, dass es auch die Fraktion der Befürworter einer im Sinne der 2.0 aufbereiteten Presseinformation gibt. So wie der amerikanische Journalist und A-Blogger Tom Foremski, der begeistert in seinem Journal schreibt: »And this way, the PR industry becomes a partner in communicating truthful and factual information. And we save the millions of person-years wasted in producing press releases. We should produce new media communications releases, imho.« (Quelle: siliconvalleywatcher.com, alturl.com/n26i)

Pressearbeit 2.0

Tom Foremski vom Silicon Valley Watcher meint, Pressemeldungen seien überflüssig. (Quelle: siliconvalleywatcher.com)

☞ **Tipp**

Wenn Sie Ihre Presseinformationen moderner und dialogischer aufbereiten, denken Sie immer daran, dass die Information an sich und die Menschen dahinter das Wichtigste in der Kommunikation darstellen. Und wenn Sie eine wie auch immer geartete Webseite online gestellt haben, die einen Feedbackkanal für die Leser bereithält, sollten Sie regelmäßig einen Blick darauf werfen, Spam und Werbung löschen und auf Fragen antworten. Ansonsten hat Ihr Engagement im Web leicht den Anstrich reiner PR. Und das könnte Ihrer Reputation eher schaden.

Versand via RSS

In den meisten Pressestellen erfolgt die Verbreitung von Presseinformationen noch immer auf traditionelle Weise – per Post, Fax oder via E-Mail. Dabei werden die Journalisten beliefert, die mühsam über eine Verteilerrecherche ermittelt wurden, deren Adressen eingekauft wurden oder die auf ominösen Wegen irgendwann vor Jahren in die Datenbanken gelangten. Im seltensten Fall hat sich ein Redakteur aus eigenem Antrieb um Aufnahme in den Verteiler bemüht. Dabei wäre das doch wünschenswert. Die PR beliefert die Medienvertreter, die wirkliches Interesse an den Produkten oder

159

Dienstleistungen haben und somit sogar ihre Kontaktdaten eigenständig pflegen. Ein Traum, der mit Hilfe von RSS-Feeds wahr werden könnte.

Vorteile von Aussendungen via RSS

- Ein Redakteur abonniert einen Feed aktiv. Er hat also tatsächlich Interesse an den Informationen. Die Meldungen gehen nicht an irgendwelche Karteileichen der PR-Verteiler.

- Eine E-Mail ist in ihrer Größe beschränkt, via RSS können Sie auch große Datenmengen zur Verfügung stellen. Videos, Audiodateien oder komplexe Grafiken zu versenden, ist kein Problem.

- E-Mails werden leicht übersehen. Immerhin erhält ein Redakteur täglich bis zu 200 oder mehr E-Mails. Mit RSS passiert dies nicht.

- Auch können via RSS Texte mit bestimmten Schlagworten versendet werden, die der Spam-Filter des Empfängers aussortieren würde.

- Per Post verschickte Informationen sind nicht nur teuer, sondern beim Eintreffen oft unaktuell. In der heutigen nachrichtenorientierten Zeit will ein Redakteur immer so aktuell und schnell wie möglich berichten.

- Der Versand via RSS ist kostenlos. Sie müssen lediglich ein Feed einrichten und die Meldung publizieren.

- Auch wenn es unwahrscheinlich ist, dass Sie mit Ihrer E-Mail einen Virus verbreiten, bei der Nutzung von RSS kann dies nicht passieren.

Wer sich dafür entscheidet, einen RSS-Feed anzubieten, kann gleich einen Schritt weiter gehen und mehrere einrichten – individuelle Newsfeeds für die unterschiedlichen Zielgruppen und Interessen. Der Wirtschaftsredakteur wird vermutlich nur die Unternehmensnachrichten abonnieren, der Fachredakteur die Produktneuheiten und der Lokaljournalist eher Berichte über das regionale Engagement des Unternehmens. Es müssen nicht gleich zehn

Pressearbeit 2.0

Feeds sein, doch je spezifischer die Inhalte sind, desto effektiver kann der Redakteur arbeiten.

 Tipp

Warum bieten Sie den Medienvertretern nicht einen eigenen *RSS-Reader* an? Dieser könnte Ihr Unternehmens-Branding enthalten und als Service von Ihnen recherchierte *Feeds*, die den Redakteuren die Arbeit erleichtern. So bieten Sie einen echten Mehrwert und erleichtern den Umgang mit den neuen Kommunikationsinstrumenten. Allerdings sollten Sie je einen Reader für die unterschiedlichen Betriebssysteme anbieten.

Die Handelskammer Hamburg bietet RSS-Feeds zu unterschiedlichen Themen an. (Quelle: hk24.de, alturl.com/ukrx)

Verteiler aufbauen

Die moderne Pressearbeit zeichnet sich dadurch aus, dass sie Zielgruppen erreicht, die über die klassischen Medien hinaus gehen. Dazu müssen Verteiler optimiert und aufgebaut und Ansprechpartner der neuen Medien und Multiplikatoren gefunden werden (siehe dazu das Kapitel 5 »Multiplikatoren«). Das kann auf zwei verschiedenen Wegen erfolgen. Ein PR-Berater sucht nach den einflussreichsten Bloggern, Moderatoren der größten Foren und Meinungsführer auf Veranstaltungen. Ziel ist es, mit diesem Verteiler möglichst große Reichweiten zu erzielen. Ob das thematische Umfeld deckungsnah zu den vom Unternehmen verbreiteten Inhalten ist, ist nebensächlich.

Alternativ kann nach weniger bekannten und angesehenen Betreibern von Weblogs, Podcastern oder Community-Mitgliedern gesucht werden – Hauptsache, diese sind engagiert und an den Produkten oder Dienstleistungen des Unternehmens interessiert oder dafür zu begeistern. Bei dieser Form der Verteilerrecherche geht es vor allem darum, dass die zum Unternehmen und seinen Botschaften passenden Umfelder und Autoren gefunden werden, selbst wenn der Traffic auf diesen Seiten nicht so groß ist.

Vor- und Nachteile des »Promi«-Verteilers

Wer tonangebende, einflussreiche Ansprechpartner in seinem Verteiler aufweisen kann, wird über diese die virale Verbreitung von Informationen und Botschaften schneller erreichen als mit einem Verteiler eher unbekannter Schreiber. Die große Herausforderung besteht jedoch darin, diese Autoren überhaupt erst zu begeistern, sich als Absender mit seiner Meldung abzuheben und dadurch aufzufallen. Denn die sogenannten A-Blogger und all die anderen »Promis« des Webs werden allzu oft und gern von Unternehmen angesprochen, zum Kooperationspartner erkoren und fast noch mehr hofiert als bekannte Journalisten.

Da sich die durchschnittlichen Leser und Besucher vorrangig Orientierung über diese Meinungsmacher des Internets holen, scheint es von großem Wert, bei ihnen Erwähnung zu finden. Doch die Multiplikatoren wären nicht so bekannt und einflussreich, würden sie sich brav an PR-Spielregeln halten und vielleicht sogar Werbung betreiben. Sie berichten im Gegenteil kritischer und ausgewogener als manch ein Redakteur, aber auch subjektiver und provokanter. Somit ist das Ergebnis beim Versand über einen »Promi«-

Verteiler in Wahrheit unberechenbarer als beim Beliefern von weniger im Interessensmittelpunkt der Web-Gemeinde stehenden Autoren.

Je besser sich ein PR-Berater im Web auskennt, desto mehr wird er in der Lage sein, Trends zu erkennen und die möglichen Meinungsmacher von morgen zu entdecken. Darin liegt die große Herausforderung. Das Unternehmen, das dann quasi gemeinsam mit dem Online-Journal wächst, hat gewonnen. Doch bis dahin ist es ein langer, leseintensiver Weg.

Tipp

Wer sich an *A-Blogger* wendet und in deren Journalen erwähnt wird, muss damit rechnen, dass daraufhin andere A-Blogger eben dies kritisieren und sogar Verschwörungstheorien in ihren eigenen Blogs entwickeln – oft geht es dann um Bestechung, Bezahlung oder Manipulation. Nehmen Sie diese Berichte hin und versuchen Sie, es positiv zu werten: Spekulationen sind besser als gar keine Erwähnungen. Und mit der Zeit werden Sie mit Ihrer Kommunikation die meisten Skeptiker von Ihren hehren Zielen überzeugen.

Vor- und Nachteile des breiten Verteilers

Bei der Erstellung eines breiten Web-Verteilers geht man davon aus, dass es effektiver sei, viele Personen anzusprechen, die sich intensiv mit den Themen des Unternehmens beschäftigen, als einige wenige Meinungsmacher, die zwar eine große Fangemeinde haben, ansonsten thematisch aber nicht fokussiert sind. Gerade die nicht so bekannten Autoren sind dankbar für Informationen und Material; beziehen sich diese zudem auf die Themen, die ihnen am Herzen liegen, werden sie vermutlich die Inhalte der Pressemeldungen aufgreifen. Ganz gewöhnliche Mitglieder einer Community oder eines Verbraucherportals engagieren sich oftmals mehr als bekannte Blogger. Ihr Einfluss ist allerdings geringer, ihre Texte oder Filme verbreiten sich wesentlich langsamer und werden von weniger Lesern beachtet. Allerdings vermeidet man auch Streuverluste. Denn die regelmäßigen Besucher einer monothematischen Webseite suchen ja genau nach Informationen zu dem gebotenen Gegenstand.

10 Umsetzung

Bedarfsanalyse

Eine wichtige Frage, die sich vor der Einführung neuer Kommunikationsinstrumente stellt, ist, ob es seitens der Kunden, Partner oder Mitarbeiter überhaupt ein Verlangen nach Veränderung oder neuen Tools gibt. Nicht jeder Mensch ist an privaten Einblicken interessiert oder möchte solche bieten, nicht jeder will etwas über die Schwierigkeiten bei der Rezeptentwicklung für eine neue Suppe seines Lieblingsfertiggericht-Herstellers wissen. Noch immer möchten viele Internet-Nutzer schlicht Preise vergleichen und fokussierte Informationen einholen. Es könnte also sein, dass viel Aufwand seitens eines Unternehmens betrieben wird, um ein Weblog tagtäglich mit interessanten Inhalten zu füllen, ohne dass diese Informationen auf Interesse stoßen. Stellen Sie sich also folgende Fragen:

- Ist Ihre Zielgruppe überhaupt online-affin und im Internet vertreten?
- Nutzt Ihre Zielgruppe bereits einzelne dialogorientierte Anwendungen des Webs?
- Was ist das Hauptinteresse Ihrer Zielgruppe bezogen auf Ihr Unternehmen oder Ihre Produkte?
- Wurde Ihre Zielgruppe eventuell bereits durch die Angebote Ihres Mitbewerbers durch das Web angesprochen oder gar von der Vielfalt der Möglichkeiten abgeschreckt?
- Sind Ihre bisherigen Kommunikationsmaßnahmen, die Sie auch weiterhin betreiben möchten und sollen, so ausgereift, dass sich hier nichts weiter verbessern ließe?

Einzelne Internet-Nutzer sind bereits derart von der großen Anzahl der Angebote überfordert, dass ein weiterer Dienst sie eher abschrecken würde. Die Berichte über die Innovationen des Internets und all die vielen kleinen Webseiten haben zum Teil dazu geführt, dass man sich wünscht, eben keinen Kommentar abgeben, keine Videos mehr sehen zu müssen. Bei all der Begeisterung für das Web sollte dies immer berücksichtigt werden. Es kann hilfreich sein, kleine Schritte zu gehen und vielleicht zunächst die Unternehmens-Webseite zu optimieren, nutzerfreundlicher und aktueller zu gestalten – und eventuell mit einem kleinen *Wiki* oder einem temporären *Weblog* zu starten.

Nicht jeder Mensch reagiert gleichermaßen begeistert auf die bunte Vielfalt der Anwendungen des Webs. (Quelle: alleinr.de)

Der Bedarf an einem veränderten Kommunikationsverhalten kann sich aber auch direkt aus dem Unternehmen heraus ergeben, wenn beispielsweise die Kollegen das Kundenfeedback dringend zur Produktoptimierung benötigen und der Etat für kostspielige Marktforschungsumfragen ausgeschöpft ist. Dann kann eine *Marktforschung* über das Internet genau das Richtige sein. Eine neue Form der Kommunikation bietet sich auch bereits dann an, weil es schlicht der Mitarbeitermotivation dient, wenn die Kollegen im Auftrag ihres Arbeitgebers offiziell in Erscheinung treten dürfen.

Zudem zeigt sich ein Bedarf, wenn das Image des Unternehmens oder das einzelner Marken nicht dem ursprünglich definierten Bild entspricht. Über gezielte Kommunikationsmaßnahmen im Web kann sich dieses Image

Umsetzung

verändern. Dies ist jedoch ein länger andauernder Prozess, der von Offline-Aktivitäten flankiert werden sollte.

Zur Bedarfsanalyse gehört die intensive Beschäftigung mit der avisierten Zielgruppe immer dazu (siehe hierzu das Kapitel »Multiplikatoren«). Ein erster Schritt besteht auch hier wieder darin, hinzuschauen und zuzuhören. Wo sind potenzielle Kunden im Web bereits aktiv? Was nutzen sie? Gibt es Wünsche der Verbraucher nach neuen Kommunikationsinstrumenten? Was unternimmt der Wettbewerber? Viele Antworten liegen bereits kostenlos im Internet vor und müssen nur gefunden und ausgewertet werden.

Kunden zeigen den Bedarf

Auch die Bedarfsanalyse kann ganz im Sinne der Kommunikation 2.0 durchgeführt werden. Es ist keine Schande, öffentlich zu fragen, ob und worin ein Bedarf seitens der Verbraucher besteht. Die vielen Tools des Internets erleichtern diese gezielte Ansprache und den Dialog immens. Und ganz nebenbei gewinnt man erste Interessenten – spätere Besucher – für das angedachte Tool, fördert das virale Marketing und erhält konkrete Tipps. Diese Vorgehensweise erfordert jedoch ein gewisses Maß an Mut und Überzeugungskraft. Denn kaum ein Unternehmen spricht bisher öffentlich über seine Ideen und angedachten Projekte, ob aus Furcht, sich zu blamieren, der Konkurrenz etwas zu verraten oder zu viel zu versprechen. In Deutschland ist es einfach nicht üblich, Einblicke in Geschäftsentscheidungen zu gewähren. Die Furcht ist groß, dass die Außenwelt das Unternehmen als nicht kompetent genug wahrnehmen könnte, als schwach.

Praxisbeispiel: Blog über ein Bonusprogramm

Dass eine solche Vorgehensweise unter Einbeziehung der Zielgruppen jedoch großen Anklang finden kann, bewies die Loyalty Partner GmbH im November 2006. Sie bat damals um Hilfe beim Finden von Inhalten und dem Design für ein Weblog für ihr Bonusprogramm PAYBACK und diskutierte mit den Lesern den Bedarf.

»Auch wenn sich die Leute von PAYBACK bereits intensive Gedanken zu Blogs machen: Viele Blog-erfahrene trnd-Partner stecken sicher voller Ideen, die das Blog noch spannender und interessanter machen könnten. In drei Umfragen – hier wird es um Inhalte und das Design des neuen Blogs

Umsetzung

gehen – wollen wir das Projekt mit Euch diskutieren«, steht dazu in der Projektbeschreibung bei trnd (Quelle: paybackblog.trnd.com/projektinfos). Die Community-Mitglieder von trnd reagierten begeistert: »Ich finde die Thematik recht interessant. Außerdem finde ich spannend, dass alles noch so im Nebel liegt: Was ist denn dann die eigentliche Aufgabe von uns? Wird am Ende wirklich auf unsere Meinung gehört oder soll das Payback-Blog nur mit dieser Aktion gepusht werden? Rätsel über Rätsel. Und damit schon in der Aufwärmrunde schön spannend …«

Bevor ein Weblog für PAYBACK eingerichtet wurde, konnten sich die Nutzer Wünsche äußern. (Quelle: paybackblog.trnd.com)

Checkliste: Realisierung von Web-Projekten

- Kennenlernen der diversen Anwendungen und relevanten Plattformen
- Analyse der Erwähnungen von Produkten und Dienstleistungen
- Bewertung der Webseiten und Suche möglicher Multiplikatoren
- Ziel- und Zielgruppendefinition
- Einordnung und Untersuchung der Bedürfnisse der Zielegruppe
- Maßnahmen zur internen Kommunikation und Überzeugung der Bedenkenträger
- Gemeinsames Brainstorming und Ideenfindung
- Entwicklung von Online-Marketing-Maßnahmen zur Bekanntmachung des Projektes
- Umsetzung der geplanten Maßnahme
- Pflege, Optimierung und Ausbau der Plattform

Ziel- und Zielgruppenbestimmung

Oftmals werden die Ziele und Bedürfnisse der avisierten Zielgruppen bei all der Begeisterung für die spannenden Web-Projekte außer Acht gelassen. Natürlich sollte die Euphorie nicht durch ermüdende Strategie-Meetings und die Definition quantitativer Zielvorgaben gebremst werden, doch kann eine Maßnahme nur erfolgreich umgesetzt werden, wenn man sich seiner Ziele bewusst ist. Zur Zielgruppenbestimmung ist es hilfreich, diese sehr eng zu definieren. Je breiter eine Maßnahme angelegt ist, desto mehr verwässert sie. Kunden, Mitarbeiter oder Handelspartner können nur selten mit den gleichen Anwendungen und Inhalten begeistert werden. Und auch nicht alle Kunden sind gleich. Der eine ist von den Interaktionsmöglichkeiten begeistert, der andere eventuell unerfahrener im Umgang mit dem Internet und benötigt umfassende Hilfestellung. Nutzer auf dem Land haben oftmals langsamere Internetverbindungen, Manager weniger Zeit als Studenten.

Eingrenzung von Kernzielgruppen im Web nach folgenden Kriterien

- Aktivität im Internet

- Erfahrung mit Web-Angeboten

- Interessensgebiete

- Alter

- Geschlecht

- Bildungsgrad und Beruf

- Aufgeschlossenheit gegenüber Neuem

- Bereitschaft zu Interaktion

- Wohnort (ländliche Region oder Stadt)

Wer auf diese Weise seine Zielgruppe eingegrenzt hat, sollte unbedingt im Anschluss die Bedürfnisse dieser ermitteln (siehe dazu das Kapitel 10 »Umsetzung. Ideen finden«). Je mehr Kenntnisse ein Unternehmen über seine Zielgruppe hat, desto mehr Aussicht auf Erfolg haben die geplanten Maßnahmen – vorausgesetzt natürlich, das Wissen fließt in die Projektplanung mit ein. Übrigens geht es auch darum, herauszufinden, wie die Zielgruppe kommuniziert, ob sie eher eine saloppe Ausdrucksweise verwendet oder Fachjargon, ob sie eher kritisch reagiert oder gar besserwisserisch. Wer es schafft, mit seiner Maßnahme die Bedürfnisse der Nutzer zu befriedigen, kann sicher sein, dass das Empfehlungsmarketing ins Rollen kommt.

Umsetzung

Erwartungen und Wünsche

- Zeitersparnis

- Finanzielle Vorteile

- Kontakte knüpfen und pflegen

- Spaß und Unterhaltung

- Engagement

- Beachtung und Anerkennung

- Anleitung und Tipps

Bei der qualitativen Zielbestimmung beziehen sich die genannten Punkte auf das eigene Unternehmen. Was soll mit den geplanten Maßnahmen erreicht werden? Was kann überhaupt erreicht werden? Sollen gut ausgebildete neue Mitarbeiter gefunden oder die Marketingkampagnen optimiert werden? Geht es um die Verbreitung wichtiger Informationen an Kooperationspartner oder um Aufklärung im Krisenfall?

 Tipp

Versuchen Sie, mit Ihrer Maßnahme dazu beizutragen, dass Ihrer Zielgruppe bei einer Problemlösung geholfen wird. Wer merkt, dass Sie mit Ihrer Anwendung einen echten Mehrwert und Service bieten, wird anderen davon berichten. Dazu müssen Sie sich intensiv mit den Zielgruppen beschäftigen und eventuell im Gespräch herausfinden, welche Probleme bestehen. Auch dies kann wieder online erfolgen – in einem bestehenden Forum oder durch eine eigens aufgesetzte Maßnahme.

Qualitative Ziele

- Mitarbeitermotivation
- Kundenfeedback einholen
- Imagesteigerung
- Produktoptimierung
- Wissensmanagement
- Mundpropaganda
- Innovationsvorsprung
- Steigerung der Glaubwürdigkeit
- Streuung von Botschaften
- Intensivierung von Beziehungen

Die quantitativen Ziele sind teilweise nur schwer zu bestimmen, zumal die Ergebnisse durch die parallel laufenden Marketing- und PR-Aktivitäten beeinflusst werden. Gemessen wird der Erfolg einer Online-Maßnahme zunächst am *Traffic* einer Webseite und der Anzahl der Besucher, aber auch die Verweildauer, und die Anzahl der von einer Person aufgerufenen Unterseiten spielen eine Rolle. Die Größe einer Community und ihr Wachstum sagen ebenfalls etwas darüber aus, wie gut ein Angebot angenommen wird. Neben der Häufigkeit von Meinungsäußerungen und Aktivität der Besucher gilt es auch, die Qualität der Beiträge zu messen.

Umsetzung

»Snakes on a Plane« für alle zum Mitmachen

Umsatzsteigerung kann ebenso ein Ziel darstellen wie beispielsweise die Entwicklung eines neuen Produktes. Aber auch das muss nicht immer zum Erfolg führen, wie das Beispiel »Snakes on a Plane« zeigt (snakesonaplane.com). Der Film war schon in Teilen fertig gedreht, als die Marketing-Experten das große Interesse von Internet-Nutzern in den USA an diesem Titel bemerkten. Die Macher boten darauf dem Blogger Josh Friedman an, am Drehbuch mitzuwirken. Andere Internet-Nutzer beteiligten sich schnell. Es kam zu einem regelrechten »Snakes on a Plane«-Hype.

In zahlreichen Weblogs und Foren wurde über mögliche Inhalte und Wendungen diskutiert, ganze Szenen wurden entwickelt. Die Nutzer erstellten Filmtrailer, zeichneten Comics und komponierten Filmmusik. Viele dieser Ideen und Anregungen wurden von den Produzenten aufgegriffen und es gab sogar einen Nachdreh, um zu zeigen, wie ernst man die Wünsche der künftigen Zuschauer nimmt. Das traurige Ergebnis: Der Film wurde ein Flop, alle wollten sich einbringen, doch nur wenige waren bereit, ein paar Dollar für die Kinokarte zu investieren. Die Qualität von User generated Content ist eben nicht immer die Beste, und die Experten hätten rechtzeitig eingreifen müssen, um nicht ganz das Ruder aus der Hand zu geben. Ein weiterer Grund für die schlechten Verkaufszahlen war die Tatsache, dass schon viel zu viel über den Film öffentlich bekannt geworden war. Es gab schlicht keinen Grund mehr, sich ihn im Kino anzuschauen.

Umsetzung

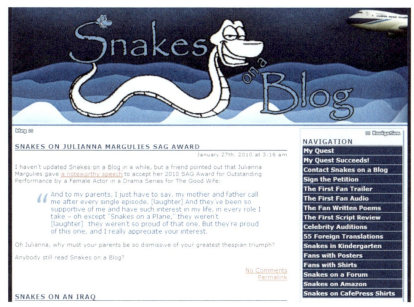

Im Weblog »Snakes on a Blog« steht der Film »Snakes on Plane« im Mittelpunkt. (Quelle: snakesonablog.com)

In der Mehrzahl der Projekte führt die Einbeziehung der Kundenwünsche und die gezielte Ansprache der Verbraucher zu spürbarem Erfolg. Messbare Größen sind beispielsweise:

Platzierung in Suchmaschinen: An welcher Position erscheinen Ihre Produkte oder Dienstleistung in den Suchmaschinen? Welches *Page Ranking* hat die neue Webseite? Wie häufig erfolgen Nennungen?

Kundenwachstum, neue Zielgruppen: Erschließen Sie mit der Maßnahme neue Zielgruppen, werden Ihre Produkte von neuen Kunden erworben? Gibt es eine spürbare Umsatzsteigerung? Steigen die Marktanteile für einzelne Marken?

Clippings in klassischen Medien: Berichten die klassischen Medien über die Maßnahme, loben sie diese sogar? Eventuell lässt sich der Anzeigen-Äquivalenzwert berechnen.

Umsetzung

Kostenreduktion: Lässt sich feststellen, ob durch die ergriffenen Maßnahmen Kosten in anderen Bereichen reduziert wurden? Konnten Kosten für das klassische Marketing gesenkt werden, für Marktforschungserhebungen oder Betatests?

Das wünscht sich Ihre Zielgruppe

Von Jannis Kucharz

Morgens, kurz vor dem Aufwachen, streckt sich eine Hand aus meinem Bett, fischt blind nach dem Macbook, zieht es liebevoll auf die Matratze und klappt es auf. Blasser Bildschirmschein weckt mich auf und sofort bin ich mittendrin. Tweets prasseln auf mich ein, E-Mails werden gecheckt: Was hat sich getan in den letzten sechs bis acht Stunden?

Ich bin ein Medienjunkie, genauer ein »neue Medien«-Junkie, auch Digital Native genannt.

Der Gedanke, ein physisches Lexikon aufzuschlagen, erscheint mir absurd, das gedruckte Telefonbuch vergilbt auf der Toilette, denn online finde ich alles schneller und genauer. Und so bestimmt das Internet auch mein Leben: Was ich abends kochen kann, sagt mir chefkoch.de, wo ich etwas trinken kann, qype.de, welchen Film ich mir anschauen soll, moviepilot.de. Falsch wäre es allerdings zu sagen, ich überließe diese Entscheidungen einem Algorithmus. Nein, all das, was ich im Social Net finde, sind die Meinungen von Menschen, die ein Algorithmus lediglich für mich sortiert.

Einordnen mit dem Netz

Wie früher sind es auch heute noch die Meinungen anderer Menschen mit spezifischen Erfahrungen, die relevant sind. Zum Beispiel kann mir ja nur der Freund sagen, ob ein Film gut ist, der er ihn gesehen hat. Das Netz hilft mir, den Wert dieser Meinung für mich persönlich einzuordnen: Zum Beispiel gleicht Moviepilot nun ab, was der Freund noch gesehen hat, wie es ihm gefallen hat und ob unser Filmgeschmack entsprechend zusammen passt. Je nachdem steigt die Wahrscheinlichkeit, dass meine Meinung über den Film mit der meines Freundes übereinstimmt. Und wie man sich früher in der Tageszeitung möglichst einen Kritiker gesucht hat, der dem eigenen Geschmack entspricht, kann ich dadurch einsortieren, ob der Freund in Fragen Filme reliable für das eigene Geschmacksempfinden bleibt. Daraus ergibt sich ein Netzwerk von Personen, die für mich zu persönlichen Experten auf einem bestimmten Gebiet werden.

Als Folge daraus habe ich ein auf mich zugeschnittenes Informationsnetzwerk, das mir in der Flut der Masse die Informationen zugänglich macht, die mich interessieren. So lässt es sich auch erklären, dass, obwohl ich Medien- und News-Junkie bin, ich inzwischen eher selten die Startseite von Spiegel-Online aufrufe. Diese wird mir zu sehr von dem sich gefühlt täglich weiter emporstrebenden Boulevard-Ressort eingenommen. Dennoch kann ich sicher sein, dass mich relevante Artikel oder Meldungen erreichen. Via Twitter, *Facebook* oder Rivva, bekomme ich die wichtigsten Meldungen in Echtzeit und kann sicher sein, dass ich dieselbe Wissensgrundlage habe wie alle anderen in meinem Netzwerk. Ich stelle mir meine Informationen selbst zusammen, auf mich zugeschnitten; nicht mehr ich muss zu den jeweiligen Nachrichten gehen, sondern die Nachrichten kommen zu mir.

Das beste Produkt setzt sich durch

Was müssen jetzt Unternehmen in dieser, meiner Welt leisten? Zunächst einmal müssen sie gute, am besten hervorragende Produkte machen. Der potenzielle Kunde mit seinen Bedürfnissen muss absolut im Fokus stehen. Im Internetzeitalter wird quasi jede Produktentscheidung, gemessen an früheren Maßstäben, mit high envolvement getroffen. Eine Eingabe in Google und ich finde Produkttest, Vergleiche und Meinungen zu allem. Es kann sich also nur das beste Produkt durchsetzen und PR-Nebel hilft in diesem Konkurrenzkampf relativ wenig.

Dazu fällt auch mir nur wieder das leidige Beispiel Vodafone ein, die mit einer Riesenkampagne versuchten die »Generation Upload« zu gewinnen, dabei jedoch vergaßen, konkrete Angebote an die Zielgruppe zu machen. Dabei verfolgte eben diese die Entwicklung mit durchaus großem Interesse und war gespannt, was der Kommunikationsriese zu bieten hätte. Es gab aber nur einen bunten Werbespot. In der Konsequenz wurde auch das tarifliche Angebot genau inspiziert und dann auseinandergenommen, weil es die angesprochene Zielgruppe nicht traf.

Umsetzung

Gleichzeitig senkte O2 einige seiner Preise und schnitt seine Tarife besser auf mobile Onliner zu und schaffte es so, ganz ohne Kampagne, an vielen Stellen positiv erwähnt zu werden. Das Netz verpflichtet also zu guten Produkten.

Was ein Unternehmen darüber hinaus tun muss, dass ich mich als »Fan« auf Facebook oute, oder ihm zum Beispiel auf Twitter folge? Nun, das Unternehmen oder die Marke will sich in eine Reihe mit meinen Freunden stellen, also verlange ich von ihm auch das, was ich von einem Freund erwarte. Wie oben erwähnt sind meine Anforderungen an mein Informationsnetzwerk sehr hoch, die muss zwangsläufig auch das Unternehmen erfüllen; mit Pressemitteilungen wird das kaum getan sein. Entweder also das Unternehmen ist wichtig für mein tägliches Leben und bietet dafür die besten Informationen oder ich werde mich wohl kaum mit ihm »anfreunden«.

Kann ich Ihnen vertrauen?

Was muss es noch bieten? Als »Friend« muss ich ihm vertrauen können. Dass wir heutzutage Unternehmen Vertrauen schenken, ist dabei keineswegs mehr absurd, denken wir nur an Google. Menschen vertrauen Google privateste Daten an, was, fordert der Staat sie zum Beispiel in Form einer Vorratsdatenspeicherung, dieselben Menschen auf die Barrikaden treibt. Google hat es geschafft, für viele Menschen vertrauenswürdiger zu sein als Vater Staat.

Wie erreicht ein Unternehmen solches Vertrauen? Es kann natürlich nicht jedes Unternehmen Google sein, aber ein erster Schritt in Richtung Vertrauen ist Transparenz, Transparenz und Offenheit. Unternehmen, denen ich etwas (an)vertraue, stehen unter akuter und erhöhter Beobachtung. Ein Fehler und noch schlimmer ein nachfolgender Fehler in der Kommunikation und die Kunden sind weg und bei der Konkurrenz. Deshalb Transparenz. Geschieht ein Fehler, sollte ein Unternehmen so weit wie möglich uneingeschränkte Verantwortung übernehmen, offen und ehrlich erklären, wie es dazu kommen konnte und sich angemessen entschuldigen (Alte PR-Regel, oder?). Egal, ob es sich um einen Einzelfall oder eine größere Panne handelt. Schließlich kann im Netz sofort aus jedem unglücklichen Einzelfall eine größere Krise entstehen. Hier hilft nur schnelles und ehrliches Vorgehen.

Das Netz ist gleichzeitig so schnelllebig, dass es in seinem neuesten Trend eigentlich von Unternehmen verlangt, jederzeit eine Echtzeitstellungnahme abgeben zu können. Bleibt diese aus oder wird erst Tage später, nach aufwändiger interner Abstimmung, veröffentlicht, ist die Aufmerksamkeit längst 150 Millionen Tweets weiter, nur der Imageschaden bleibt (be)stehen. Schnelle offene Kommunikation also, aber Kommunikation reicht nicht. Der Begriff Kommunikation meint in der PR auch oft eine einseitige Beziehung von Sender und Empfänger. In meinem Freundesnetzwerk verlange ich aber einen Dialog. Niemand hat schließlich Freunde gerne, die stets nur von sich erzählen und einen nicht zu Wort kommen lassen. Der wichtigste Schritt dazu ist erst einmal die Erreichbarkeit.

Was nützt mir ein Freund, dem ich von einem Problem erzählen möchte, wenn ich ihn nicht erreichen kann? Ein Unternehmen sollte also, will es eine Beziehung oder Bindung zu mir aufbauen, erreichbar sein, am besten auf allen Kanälen die ich nutze, um stets den kürzesten Weg zu sichern. Zum Beispiel über Twitter, hier ist die Kommunikation einfach und 140 Zeichen sind schnell geschrieben.

Eine Antwort erfreut

Ein guter Freund sollte auch zuhören. Wie hört man als Unternehmen zu? Genau, wie als anderer Mensch auch: dem folgen, was der andere sagt. Ich freue mich zum Beispiel, wenn ich einen belanglosen Tweet absetze mit: »Wow, das Produkt XY ist aber echt toll, macht Spaß damit« und ich bekomme eine Antwort von dem Unternehmen, das schreibt: »Danke, @netzfeuilleton. Freut uns, dass dir unser Produkt gefällt.« Mag sein, dass andere Zeitgenossen das schon wieder als SPAM betrachten; ich persönlich finde es nett, denn es zeigt mir, dass man mir zuhört. Noch netter ist es natürlich, wenn eine Antwort auch kommt, wenn ich mich nicht über Produkt XY freue, sondern mich ärgere und man mir dann schnelle und unkomplizierte Hilfe anbietet. Es ist ganz einfach, es ist menschlich. Unternehmen müssen auf ihre soziale Komponente setzen oder diese ausbauen, schließlich heißt es Social Network.

Gehen wir noch einen Schritt weiter. Als Blogger und aktiver Twitterer erreichen mich immer wieder Unternehmen, die nicht nur möchten, dass ich sie gut finde, sondern das auch öffentlich weitergebe. Mehrere PR-

Mails am Tag trudeln ein mit der Bitte, die folgende Information in meinem Blog netzfeuilleton.de zu veröffentlichen. Antwort: Nein. Ein Blog ist immer, auch wenn es mit teilprofessionellem Anspruch gestaltet wird, eine sehr persönliche Sache. Hier bestimme ich, zusammen mit meinen anderen Autoren, was veröffentlicht wird und das ist vor allem das, was uns persönlich interessiert. Das Schöne ist, dass wir nicht unter dem Druck stehen, wie beispielsweise eine Zeitung, jeden Tag eine gewisse Anzahl Seiten zu füllen, sondern wir müssen nur so viel veröffentlichen, wie wir für richtig halten. Eine PR-Meldung gehört selten zu dem, was wir für wichtig halten. Schon gar nicht, wenn sie mit den Worten beginnt: »Liebe Medienpartner...«. Solche E-Mails werden nicht einmal geöffnet.

Startet eine ungefragte Mail dagegen mit »Lieber Herr Kucharz, wie ich in Ihrem Weblog netzfeuilleton.de gesehen habe, beschäftigen Sie sich mit Medien & Kultur ...«, führt die Anrede wenigstens dazu, dass ich die Mail bis zu Ende lese. Wird dann noch ein konkreter Artikel von mir erwähnt, fühle ich mich geschmeichelt. Ihre Pressemitteilung veröffentliche ich trotzdem nicht. Schließlich gibt es unter Bloggern auch so etwas wie einen Ehrencodex, ich schreibe dort unter meinem eigenen Namen und muss jederzeit persönlich dahinter stehen können, denn das Internet vergisst nicht. Wenn Sie also möchten, dass ich über Ihr Produkt schreibe, dann senden Sie es mir zu. Wenn es den Themenbereich trifft und ich gerade Zeit habe, erhalten Sie im Austausch eine ehrliche Meinung.

Jannis Kucharz (Jahrgang 1987) studiert Publizistik- und Filmwissenschaft und bloggt unter netzfeuilleton.de. Zu erreichen via Twitter: @netzfeuilleton.

Überzeugungsarbeit

Wer klare Ziele für seine geplante Maßnahme definiert hat, wird es einfacher haben, andere von seinen Ideen zu überzeugen und eine Freigabe von den Vorgesetzten zu erhalten. Doch meist müssen mehr Hindernisse beseitigt werden als der skeptische Controller oder ein in Gewohnheiten verhafteter Marketing-Chef. Diverse Möglichkeiten und Strategien, die Kollegen und Chefs zu überzeugen und begeistern, wurden bereits erwähnt (siehe dazu das Kapitel »Interne Kommunikation«, S. 145 ff.). Die Überzeugungsarbeit beginnt beim Erkennen der Ängste und Vorbehalte des Gegenübers.

Je mehr man selbst von der Strategie überzeugt ist, desto leichter fällt es, andere zu begeistern. Doch Bedenkenträger gibt es überall. Mit folgenden Einwänden können Sie rechnen:

- Wir sind ein traditionelles Unternehmen und wollen nicht unseren Ruf ruinieren.
- Für das Geld können sollten wir lieber Anzeigen schalten.
- Wer soll das überwachen? Wir haben keine Zeit und Ressourcen.
- Die Rechtsabteilung hat Bedenken, dass uns dadurch Abmahnungen drohen.
- Wir sind froh, wenn die Kunden nicht öffentlich über uns berichten.
- Unser Call Center ist ohnehin überlastet. Wir müssen uns nicht noch mehr Arbeit machen.
- Wir sind die Experten. Was sollten unsere Kunden uns verraten können, was wir nicht ohnehin schon wüssten?

Umsetzung

 Tipp

Legen Sie sich bei der Umsetzung einer innovativen Kommunikationsmaßnahme nicht von Anfang an fest auf ein konkretes Projekt oder eine Strategie. Es ist manchmal besser, mit einer kleinen oder temporär angelegten Aktion zu starten, als wochenlang zu versuchen, die Kollegen und Vorgesetzten zu überzeugen. Die positiven Ergebnisse – gerade einer wenig aufwändigen Maßnahme – überzeugen mehr als alle Studien und Berichte zur Kommunikation im Web. Zudem verändern sich Tools und Möglichkeiten im Internet so rasend schnell, dass es wenig Sinn macht, gleich einen Plan für die nächsten Jahre aufzustellen.

Sollte trotz all Ihrer Bemühungen und guten Argumente auf die angespannte Budgetsituation verwiesen werden oder die Angst vor Imageschäden als Begründung für die Ablehnung der Ideen genannt werden, bleiben immer noch die kleinen Projekte, nahezu kostenneutrale Maßnahmen, die zudem nur geringe Ressourcen binden. Die Einrichtung eines Weblogs verursacht keinerlei Kosten – so lange nicht besondere Layouts dafür entwickelt oder programmiert werden müssen. Auch ein Wiki einzurichten, kostet nicht mehr als die Zeit für die Ideenentwicklung, Pflege und Anpassung. Wenn die PR-Mitarbeiter bereit sind, die Beiträge der Nutzer intensiv zu beobachten, dürften auch die Ängste vor Imageschäden beseitigt werden. Wie gesagt, wer nichts unternimmt, kann nichts verändern. Und im Web kann bereits mit kleinen Schritten viel erreicht werden. Wer das erkennt, wird bald zu größeren Maßnahmen bereit sein.

Ideen finden

Noch vor zwei bis drei Jahren reichte es, via Typepad oder Wordpress ein Weblog einzurichten, auf einige bekannte Weblogs zu verlinken und der Welt zu verkünden, jetzt sei auch das Unternehmen XY Teil des Webs und habe die ungeheuren Vorteile dieser spannenden Kommunikationsform entdeckt. Doch dann kamen die Firmen, die genau dies postulierten, ohne jedoch tatsächlich von dem Gesagten überzeugt zu sein. Sogenannte Fake-Blogs gerieten immer mehr in die Kritik; Marketing-Maßnahmen unter dem Deckmantel der freien Meinungsäußerung unabhängiger Bürger durchzuführen, ist mit das Schlimmste, was ein Unternehmen tun kann. Viele Fälle sind bekannt geworden und haben sogar den Weg in die klassischen Medien gefunden. Wer sich heute als kommerzielles Unternehmen, als Vertreter einer Firma oder Agentur im Web äußert, hat es dementsprechend schwer, akzeptiert zu werden. Es könnte sich ja erneut um eine geschickt positionierte Werbekampagne handeln.

Doch auch abgesehen von den möglichen Vorbehalten der Meinungsführer im Web und potenzieller Zielgruppen, sollte bei der Ideenfindung von Internet-Projekten immer das ehrliche Bedürfnis nach einer Intensivierung und Ausdehnung der Kommunikation im Mittelpunkt des Interesses stehen. Und damit das Interesse der Leser.

Eine gute Methode zur Ideenfindung ist eine Art Brainstorming unter Berücksichtigung der Vorlieben der angestrebten Zielgruppe. Hierbei wird zunächst genau definiert, an wen sich die Maßnahme richten soll und eine Einzelperson der Zielgruppe möglichst umfassend beschrieben. Anschließend wird überlegt, wofür sich die Person begeistern könnte, wonach sie vermutlich sucht. Denn kaum ein Internet-Nutzer wird gezielt nach einem neuen Angebot im Internet suchen, wenn er noch nie davon gehört hat. Vielmehr werden Suchbegriffe verwendet, die sich aus den eigenen Interessen ergeben. Wenn nun ein Unternehmen genau das Gesuchte bereithält, hat es seine Ziele und Zielgruppe erreicht.

Folgendes Beispiel veranschaulicht die Vorgehensweise:

Ziel: Eine Fluggesellschaft möchte ihre attraktiven Angebote für Business-Reisende bekannt machen und dafür ein innovatives Kommunikationsinstrument im Internet einsetzen.

Zielgruppe: Manager, Geschäftsführer und Entscheider, die regelmäßig fliegen.

Spezifizierung der Zielgruppe: Klaus Weber, 43 Jahre alt, verheiratet, zwei Kinder. Klaus hat vor zwei Jahren eine Doppelhaushälfte gekauft und lebt am Stadtrand von Düsseldorf, weil das für die Kinder besser ist. Seine Frau arbeitet nicht mehr. Klaus fährt einen BMW 5er, und er arbeitet in einer bekannten Unternehmensberatungsgesellschaft.

Dafür interessiert sich Klaus: Karriere, Work-Life-Balance, Reisen – am liebsten nach Südfrankreich oder in die USA, Wein und gutes Essen, De-

Umsetzung

signmöbel, Golf, Segeln. Hin und wieder geht er ins Museum oder besucht ein Konzert. Am Abend sitzt Klaus gern mit Freunden bei einem Glas Rotwein zusammen.

Nun werden alle Begriffe aufgelistet, die einem zu den einzelnen Interessengebieten von Klaus einfallen – alle Substantive, Adjektive und Verben zum Beispiel für den Begriff »Golf«:
Natur, Wettkampf, entspannen, Gespräche führen, Luxus, Elite, Freizeit, Rasen, gewinnen, Geschäfte, Bewegung, draußen, besser werden, den Job vergessen, Gemeinschaft, Ruhe, exklusiv, sich verbessern, Geschicklichkeit, auspowern, Freunde ...

Dieses Brainstorming sollte nun für alle weiteren Interessengebiete durchgeführt werden. Schnell stellt man hierbei fest, dass es einzelne Begriffe gibt, die bei mehreren Vorlieben von Klaus vorkommen. Wichtig ist hierbei, ausschließlich positiv besetzte Wörter zu wählen, denn Ziel der Übung ist es herauszufinden, wofür sich Klaus so richtig begeistert, auf welche Schlüsselwörter er reagiert. Für »Wein« wären dies:

Genuss, entdecken, Gespräche führen, entspannen, Erholung, exklusiv, Belohnung, sich etwas gönnen, Freunde, Luxus, den Job vergessen, sich berauschen, zur Ruhe kommen, Ablenkung, Unterhaltung ...

Bei dieser Übung ergeben sich immer mehrere Ansätze für eine Kommunikationsmaßnahme, es könnte ebenso der Job oder das Reisen im Vordergrund stehen. Idealerweise finden alle Themen statt. Das beispielhafte Matching zeigt schnell, dass Klaus an Entspannung und Ablenkung gelegen ist – am besten verknüpft mit einem Hauch von Luxus. Bezogen auf das Ziel der Fluggesellschaft, Menschen wie Klaus für ihre Angebote zu gewinnen, könnten folgende Ideen in Frage kommen:

- ein Portal zum Einstellen und Bewerten von internationalen Business-Hotels, die sich in der Nähe von Golfplätzen befinden,
- eine Community für Geschäftsreisende, die nach Zielorten suchen und sich anzeigen lassen können, wer sich gerade ebenfalls dort aufhält (inklusive Profil dieser Person),
- ein *Wiki* rund um Genuss und Luxus,

- ein unterhaltsames *Podcast* mit lustigen Geschichten rund um Passagiere, die für Flugverspätungen verantwortlich sind. In der Business-Class werden bespielte iPods ausgegeben, und es wird so für die Airline-*Podcasts* im Web geworben,
- ein *Weblog*, das von drei bis vier Managern im Auftrag der Airline betrieben wird und die über ihr Leben und ihre Erlebnisse im Job tagebuchartig und unterhaltsam berichten. Als Dankeschön gibt es für die Autoren Freiflüge, sie wurden über eine Art Wettbewerb ermittelt.

Es gibt diverse Kreativitäts- und Brainstormingtechniken, die helfen, gute Ideen zu finden. Es ist auf jeden Fall ratsam, sich in größerer Runde zusammenzufinden. Und je heterogener die Gruppe ist, desto besser, denn dann entstehen ungewöhnlichere Ideen.

Marketing

Nur selten und nur bei sehr großen Projekten wird ein Web-Projekt durch klassische Marketing-Kampagnen offline bekannt gemacht. In der Regel finden Werbe- und Marketing-Maßnahmen direkt online statt, dort, wo sich die avisierte Zielgruppe aufhält. Wie bereits mehrfach angedeutet, hat die Wirkung von Bannern, Pop-ups & Co. stark nachgelassen, sodass es nicht empfehlenswert ist, das meist ohnehin sehr geringe Kommunikationsbudget damit zu belasten. Dennoch ist die Online-Werbung heutzutage die am meisten wachsende Position bei der Budgetplanung von Marketing-Abteilungen. Doch statt in Bannerwerbung wird vielmehr in Suchmaschinenoptimierung und -marketing, in Newsletter-Marketing, Verbesserung der Nutzerführung und in Inhalte der eigenen Homepages und das *Web-Controlling* investiert. Es gibt zudem diverse Möglichkeiten, ohne zusätzliche Kosten Aufmerksamkeit:

- Einbindung der neuen Anwendung in die Navigation der Unternehmenswebseite,
- Einbindung der URL in alle klassischen Maßnahmen,
- Versand einer Pressemeldung zum Start,
- Bewerbung im firmeneigenen Newsletter,
- Bekanntgabe über das Intranet und ein internes Mailing.

Umsetzung

Domain und Homepage

Eine nutzerfreundlich aufgebaute und inhaltlich interessante Homepage ist ein Garant dafür, dass Besucher sich die Seite merken und anderen davon berichten. Usability bedeutet, dass der Nutzer das Gesuchte schnell und einfach findet.

Ein guter, leicht einprägsamer und schreibbarer Domain-Name ist entscheidend für den Erfolg einer Webseite. Zudem sollte das Angebot über unterschiedliche Domain-Endungen erreichbar sein, also nicht nur über eine ».de«- oder ».com«-Endung, sondern auch via ».net« und ».eu«. Sogenannte .mobi-Domains ermöglichen die Anzeige von Internet-Inhalten auf mobilen Endgeräten wie Mobiltelefonen oder PDAs.

Vernetzen und verlinken

Verlinke auf andere und es wird auf dich zurückverlinkt – so lautet eine gängige Empfehlung an Neueinsteiger im Web. Man geht davon aus, dass Gleichgesinnte Netzwerke und Freundschaften bilden und sich gegenseitig helfen. Das ist auch oft der Fall, nur eben nicht, wenn ein Unternehmen neu mit einem Angebot im Web vertreten ist und ohne nachvollziehbaren Grund massenhaft Links zu anderen Webseiten setzt. Dieses Vorgehen wird von den meisten Meinungsführern im Internet stark kritisiert und als Anbiederung gewertet. Eine Rückverlinkung erfolgt in den seltensten Fällen.

Besser ist auch hier wieder eine Strategie der kleinen Schritte; dorthin zu verlinken, wo der Besucher tatsächlich einen zusätzlichen Service erhält; Links zu den Seiten echter Freunde und Bekannter zu setzen und durchaus auch zu kuriosen Angeboten, die bisher eher unbekannt, aber empfehlenswert sind. Ein Netzwerk entsteht nicht von heute auf morgen, doch je intensiver ein Betreiber das Internet und seine vielfältigen Angebote nutzt, desto schneller wird sein Angebot wahrgenommen und empfohlen – sofern es empfehlenswert ist.

Empfehlungsmarketing kommt dann ins Rollen, wenn etwas wirklich Besonderes geboten wird – ein außergewöhnlich guter Preis, ein völlig neuer Kampagnenansatz, eine innovative Anwendung. Der Inhalt und die Glaubwürdigkeit seines Absenders bilden die wichtigsten Voraussetzung für eine Empfehlung.

Suchmaschinenoptimierung

Wer neue Besucher auf seine Webseite aufmerksam machen möchte, kommt um die Suchmaschinen nicht herum. Hier geben Nutzer Suchbegriffe ein und gelangen zu den entsprechenden Angeboten. Eine Webseite sollte für Suchmaschinen optimiert (SEO) sein, damit sie, bezogen auf definierte Begriffe, an möglichst guten Positionen in den Ergebnislisten erscheint. Professionelle Dienstleister und Agenturen bieten ihre Unterstützung hierbei an, doch es gibt einige Regeln zur Verbesserung der Listung und Platzierung, die ganz ohne Dritte umgesetzt werden können.

Damit eine Suchmaschine den Inhalt einer Webseite auslesen kann, muss diese programmiertechnisch angepasst werden. Hier sind die IT-Experten gefragt, denn die Anforderungen der relevanten Suchmaschinen Google, Yahoo! und MSN Search sind nur teilweise deckungsgleich. Wesentlich für den Erfolg der Maßnahme ist die Auswahl der Suchbegriffe. Diese sollten möglichst nicht generisch sein, und es können auch umgangssprachliche Ausdrücke vorkommen. Auch Synonyme und Schreibfehler sollten bei der SEO berücksichtigt werden.

Checkliste: Suchmaschinenoptimierung

- Anmeldung der Webseite bei den bekannten Suchmaschinen

- Platzierung von definierten Suchbegriffen auf der eigenen Webseite

- Einbindung der Keywords in Überschriften und Untertiteln – möglichst weit oben auf der Webseite

- Einbindung der Keywords in den HTML-Code, in den Seitentitel, die Meta-Tags

- Nutzung spezifischer Suchbegriffe und Phrasen aus zwei bis drei Wörtern, die das Angebot umschreiben

- Regelmäßige Aktualisierung

- Vermeidung von dynamischen URLs
- Nutzung von für Suchmaschinen klar auslesbaren Verlinkungen
- Keywords in Linktexte einbauen
- Entwicklung von Content-Seiten, sollte es keine anderen passenden Umfelder zur Platzierung der Keywords geben
- Steigerung der Link-Popularität Ihrer Webseite durch ein stabiles und qualifiziertes Link-Netzwerk

Newsletter

E-Mail-Marketing ist eine gute Möglichkeit, Interessenten und Kunden zu halten und regelmäßig über Neuerungen und attraktive Angebote zu informieren – vorausgesetzt der Absender hat etwas Spannendes zu verkünden. Wer eine Community betreibt oder ein Shopping-Angebot, sollte auf dieses Direktmarketing-Instrument nicht verzichten. Die Kosten für den jeweiligen wöchentlichen oder auch nur monatlichen Versand fallen sehr gering aus, und wer zunächst auf die bereits aktivierten Kunden zugeht, spart sich Fixkosten für den Aufbau des Verteilers.

Besonders wirksam sind Newsletter, die auf eine Rabattaktion, eine Verlosung oder ein Sonderangebot hinweisen. Hiervon hat der Empfänger einen konkreten Mehrwert.

Bezahlte Werbemaßnahmen online

Zu den gängigen bezahlten Werbeformen im Web zählen die Suchwortanzeigen, bezahlte Links in Suchmaschinen und Affiliate-Maßnahmen. Die *Suchwortanzeigen* erscheinen, sobald jemand auf einer Webseite nach einem entsprechenden Begriff sucht. Je weniger bekannt und generisch die gebuchten Suchbegriffe sind, desto günstiger wird diese Form der Werbung. Auch das Google AdSense-Programm (google.com/adsense) oder die AdWords (adwords.google.de) und die Relevance Ads (pages.ebay.de/relevancead) von eBay können sehr wirksam sein.

Beim Affiliate-Marketing erhält der Partner eine Provision für jedes vermittelte Geschäft oder jeden Besucher. Webseiten-Betreiber können sich in der Regel kostenfrei bei einem Programm anmelden, und es werden ihnen die aktuellen Werbemittel und Textanzeigen zur Verfügung gestellt. Ein Code im *Affiliate-Link* ermöglicht eine eindeutige Identifizierung des Partners, sodass die Provisionen immer korrekt ausgezahlt werden.

Künftig werden sich im Bereich des Online-Marketings das Sponsoring und kontextsensitive Werbeformen auf Video-Portalen, in Podcasts oder Wikis durchsetzen. Diese reichweitenstarken Portale bieten eine Möglichkeit, die Zielgruppen zu erreichen. Bei der kontextbezogenen Werbung wird davon ausgegangen, dass ein Internet-Nutzer Werbung gegenüber eher aufgeschlossen ist, wenn diese in einem inhaltlichen Bezug zur aufgerufenen Webseite oder einem gesuchten Begriff steht.

Umsetzung

Virale Kampagnen

In den meisten Fällen wirkt bereits die geplante Kommunikationsmaßnahme viral, sie verbreitet sich epidemisch, Besucher berichten anderen davon und empfehlen sie weiter. Dennoch kann dieser Schneeballeffekt verstärkt werden und gerade im Vorfeld Aufmerksamkeit auf das Projekt gelenkt werden. Gängige Methoden sind die Einbeziehung von Nutzern und Multiplikatoren oder die gezielte Streuung von Teilinformationen, um Neugier zu wecken. Auslöser viraler Effekte sind:

- einzigartige, überraschende, neuartige oder auch provokante, lustige oder gemeine Inhalte, die Nutzer dazu animieren, darüber zu sprechen und den Hinweis auf die Inhalte an andere weiterzuleiten,
- kostenlose Inhalte oder Anwendungen, die eine Begehrlichkeit auslösen,
- Belohnung bei Weiterempfehlung mittels Gutscheinen, Verlosung oder Preisgabe exklusiver Informationen,
- Marketing- und PR-Maßnahmen, die ihrerseits neugierig machen: Wenn Nutzer etwas lösen, herausfinden oder klären müssen – am besten ohne dass sie merken, dass dieses Verhalten beabsichtigt ist,
- Gerüchte oder vermeintliche Pannen.

Eine virale Kampagne ist im Unterschied zur reinen Mundpropaganda eine Werbeform. Der Effekt kann durchaus verschieden ausfallen. Denn eine Empfehlung durch einen Verbraucher wirkt glaubwürdiger und damit stärker auf andere Konsumenten als Werbung – selbst wenn diese lustig, provokant oder neuartig gestaltet ist. Andererseits muss erst für eine Anwendung, ein Produkt oder neue Inhalte im Web geworben werden, damit Nutzer diese bemerken und überhaupt darüber sprechen können.

Wichtig bei viralen Kampagnen ist die Forcierung dieser. Selbst die witzigsten Spots bei Youtube müssen erst entdeckt werden, bevor sie weitergeleitet werden. Dazu ist es hilfreich, bereits vor dem Start der Kampagne auf diversen Portalen und in Foren aktiv zu sein. Dann kann an all diesen Stellen auf die Maßnahme verwiesen werden.

Wie eine virale Kampagne parallel zur Markteinführung von einem Produkt aussehen kann, das selbst keinen Online-Bezug hat, zeigt eine Maßnahme zur Bewerbung des neuen Albums der Sängerin Ruth Ann. »What about us« soll allen Urlaubsflirtern helfen, über den Abschiedsschmerz hinweg zu kommen. Um diese Wirkung bekannt zu machen, wurde kurzerhand

Umsetzung

eine Webseite eingerichtet, auf der man einen Liebesbrief an den Urlaubsflirt aus Rhodos, Ibiza und Kroatien hinterlassen kann. Unter longest-love-letter.com soll so der längste Liebesbrief der Welt entstehen. Zahlreiche Blogger, ein Eintrag bei Wikipedia, Fanclubs und das Profil der Sängerin bei MySpace weisen auf die Aktion hin.

Hier soll der längste Liebesbrief der Welt entstehen und zugleich für ein neues Album geworben werden. (Quelle: longest-love-letter.com)

Umsetzung

Umgangsformen im Web

Dieses Kapitel könnte eigentlich sehr kurz ausfallen. Denn im Web gelten die gleichen Regeln sozialer Interaktion wie im realen Leben. Im Internet gilt die *Netiquette*, doch viele Nutzer sind überfordert von der Direktheit und unbeschönten Kommunikation einzelner Personen im Internet. Die gewisse Anonymität im Netz führt dazu, dass manche Menschen sich im Umgang mit Gesprächspartnern mehr herausnehmen als wenn sie diesen persönlich gegenüber stehen. Man geht davon aus, dass man sich im Internet zeigen und verhalten kann, wie man wirklich ist oder sein möchte; während man sich in Beruf und Familie oft zurückhält oder sogar verstellt.

Dieses psychologische Phänomen wird dadurch verstärkt, dass einzelne Akteure hoffen, durch besonders provokante oder gar beleidigende Äußerungen aus der großen Masse der Nutzer hervorzustechen. Man möchte auffallen und überschreitet dazu Grenzen. Gemeinhin werden diese Personen als *Trolle* bezeichnet. Ein Unternehmen sollte sich ihre Form des Eigenmarketings nicht zueigen machen, sondern in dem Stil kommunizieren, den es auch sonst pflegt. Zudem sollten sich Vertreter von Unternehmen oder Agenturen nicht provozieren lassen, sondern entspannt und professionell reagieren. Der respektvolle Umgang mit dem Gegenüber und dem Vertreter einer anderen Meinung ist oberstes Gebot.

Welche Folgen es haben kann, wenn man sich nicht an gewisse Spielregeln hält, zeigt das Weblog des Journalisten Alex Schulman. Sein Journal bei Schwedens Boulevardzeitung Aftonbladet wurde am 1. Oktober 2007 eingestellt, nachdem es ein Jahr lang die Blog-Charts in Schweden angeführt hatte. Schulman hatte Personen des öffentlichen Lebens nicht nur beleidigt, sondern regelrecht beschimpft und verunglimpft. Das kam bei seinen Lesern an. Nicht jedoch bei der Verlagsleitung und Kollegen. Schulman dementiert, doch Gerüchten zufolge soll er vor die Wahl gestellt worden sein, das Blog einzustellen oder die Kündigung zu erhalten. Er selbst schreibt in seinem letzten Beitrag, dass sein grenzwertiges Blog ein »strategisches Experiment« gewesen und nun beendet sei.

Kleiner Web-Knigge für Unternehmen

- Schreiben Sie immer die Wahrheit, und bemühen Sie sich um eine korrekte Darstellung von Sachverhalten.

- Löschen Sie keine Kommentare von Nutzern, nur weil diese Ihnen nicht gefallen oder eine andere Meinung beinhalten.

- Informieren Sie die Verfasser von Kommentaren nach Möglichkeit, sollten Sie einen Beitrag aus rechtlichen Gründen nicht publizieren.

- Beleidigen Sie niemanden, stacheln Sie nicht an.

- Ihr Angebot sollte nicht zum Insidertreff werden. Jeder sollte nachvollziehen könne, worum es geht und sich eingeladen fühlen.

- Klauen Sie keine Inhalte oder Gedanken, sondern verweisen Sie bei einer Erwähnung fremder Äußerungen auf die Originalquelle.

- Bemühen Sie sich um einen angemessenen Tonfall.

- Duzen Sie Personen, mit denen Sie auch sonst per Du sind, alle anderen sollten möglichst mit Sie angesprochen werden.

- Verfassen Sie keine Inhalte anonym oder unter Verwendung eines Pseudonyms.

Umsetzung

Rechtliche Aspekte

Wer denkt, das Web sei ein nahezu rechtsfreier Raum, irrt gewaltig. Hier gelten die gleichen Gesetze und Vorschriften wie in der Offline-Welt. Doch immer wieder versuchen selbst große Unternehmen und Verlage, die Grenzen auszutesten.

Persönlichkeitsrechte

Zu den Persönlichkeitsrechten zählt unter anderem das Recht am eigenen Bild. Ein Unternehmen kann nicht einfach Fotos seiner Mitarbeiter oder Kunden publizieren, auch leitende Angestellte müssen erst einwilligen, dass Bilder von ihnen verbreitet werden. Dies gilt auch für Fotomontagen. Und jeder kann jederzeit widerrufen.

Das allgemeine Persönlichkeitsrecht regelt zudem die Nennung von Namen im Internet. Nur wenn es ein berechtigtes Interesse – beispielweise innerhalb eines redaktionellen Beitrags – gibt, darf der vollständige bürgerliche Name einer Person nur mit Einwilligung dieser genannt werden. Auch das Verbreiten privater E-Mails oder vertraulicher geschäftlicher Schreiben im Web verletzt die allgemeinen Persönlichkeitsrechte. Der Betreiber eines Forums oder Weblogs ist somit verpflichtet, auf die Wahrung dieser Rechte zu achten; ansonsten drohen Unterlassungs- oder Beseitigungsansprüche.

Datenschutz

Die Richtlinie 2002/58/EG regelt die Verarbeitung personenbezogener Daten und den Schutz der Privatsphäre in der elektronischen Kommunikation. So dürfen beispielsweise Cookies nur eingesetzt werden, wenn die Nutzer über die Erhebung personenbezogener Daten informiert wurden. Es muss die Option geben, dies zu verweigern. Wer personenbezogene Daten seiner Nutzer verarbeiten möchte, muss grundsätzlich über den Zweck informieren und eine Einwilligung einholen.

Mit dem Datenschutz sind auch Auskunftsansprüche geregelt, beispielsweise für den Fall, dass ein verleumdetes Unternehmen die Daten des Urhebers vom Forenbetreiber fordert. Der Anbieter ist nicht zur Weitergabe der Daten des Nutzers berechtigt. Doch durch das neue Telemediengesetz, das Mitte Januar 2007 durch den Bundestag beschlossen wurde, sieht die Situation anders aus (Quelle: gesetze-im-internet.de/tmg). Das wichtigste deutsche Internet-Gesetz besagt, dass Internet-Provider und Webseiten-Betreiber auf Anordnung von Polizei, Verfassungsschutz und Bundesnachrichtendienst Daten ihrer Nutzer herausgeben müssen.

Haftung für Inhalte

Wer Inhalte auf einer Webseite veröffentlicht und Informationen bereitstellt, ist für diesen Content verantwortlich. Die Rechtmäßigkeit und die Richtigkeit der Inhalte müssen vom Anbieter überprüft werden. Gerade wenn es um die Beiträge Dritter geht, Kommentare in einem Weblog, Gästebucheinträge oder Bemerkungen in Foren, sollte klar sein, dass der Betreiber nicht von der Verantwortung ausgeschlossen ist. Er ist verpflichtet, die Einträge regelmäßig zu kontrollieren. Auch wenn ein Anbieter persönlichkeitsrechtsverletzende Äußerungen schlicht übersehen hat, kann es zu Haftungsansprüchen kommen.

Ein Forenbetreiber ist laut LG Hamburg sogar per Gesetz verpflichtet, Texte vor dem Publizieren auf ihre Rechtmäßigkeit zu prüfen – manuell oder automatisch. Das OLG Hamburg fordert hingegen lediglich, dass die rechtswidrigen Beiträge sofort entfernt werden, wenn der Anbieter von ihnen erfährt. Wer umgekehrt den Betreiber eines Forums abmahnt, weil dort rechtsverletzende Äußerungen enthalten sind, muss darlegen und glaubhaft machen, dass der Anbieter davon Kenntnis hatte.

Gleiches Recht zur Prüfungs-und Entfernungspflicht gilt für Weblog-Betreiber, die nur bei bestimmten Anlässen reagieren müssen:

- Die Rubrik »Ihre Erfahrungen mit diesem Unternehmen« fordert rufschädigende Äußerungen ehemaliger Mitarbeiter heraus.
- Das Unternehmen unterhält ein Blog, in dem Nutzer aufgefordert werden, sich über negative Erfahrungen mit Produkten der Konkurrenz zu äußern.
- Der Weblog-Anbieter erhält einen Hinweis auf eine rechtsverletzende Äußerung in seinem Weblog.

Auch ein Mindestmaß an IT-Sicherheit muss auf Content-Seiten bestehen, um die Leser und Kunden vor Phishing, Hackern und Viren zu schützen. Weitere Besonderheiten regelt auch hier das Telemediengesetz. Blogger werden durch die Neuerungen zum Teil rechtlich wie Journalisten behandelt. Wer eine Webseite betreibt, die »nicht ausschließlich persönlichen oder familiären Zwecken« dient, muss zum einen ein Impressum aufweisen. Jedes »journalistisch-redaktionell gestaltetes Angebot« muss zum anderen die gleichen Sorgfaltspflichten einhalten wie klassische Medien. Jede Information muss auf ihren genauen Wahrheitsgehalt geprüft werden, und es drohen Gegendarstellungen oder gar Abmahnung, sollten redaktionelle und werbliche Inhalte vermischt werden.

Hyperlinks

Links können an sich nicht zu einer Haftung führen, da sie nichts weiter als eine elektronische Verknüpfung darstellen. Kritisch sind jedoch die inhaltlichen Beschreibungen, die mit den Links verbunden sind. Wer beispielsweise bewusst auf eine rassistische Webseite verlinkt und durch einen Text zum Lesen dieser auffordert, macht sich strafbar.

Chekliste: Darauf sollten Foren- und Blogbetreiber achten

- Löschen Sie einen rechtsverletzenden, durch Dritte verfassten Beitrag unverzüglich. Das gilt für Einträge, die Persönlichkeitsrechte anderer *User* verletzen, eine Beleidigung, üble Nachrede oder Verleumdung darstellen. Aber auch das Wettbewerbsrecht muss eingehalten werden.

- Es gibt bisher keine Verpflichtung zur Überwachung von Nutzerkommentaren oder Beiträgen von Dritten oder zur regelmäßigen Forschung nach möglichen rechtsverletzenden Äußerungen.

- Ist der Wahrheitsgehalt eines Beitrages für Sie nicht nachvollziehbar, sollten Sie diesen eventuell freiwillig löschen und aus Fairnessgründen zumindest den Urheber darüber informieren.

- Geben Sie eine E-Mail-Adresse zur Meldung rechtsverletzender Beiträge und Beschwerden an und bearbeiten Sie Nachrichten zeitnah.

- Bei jeder Löschung oder Sperrung von Beiträgen setzen Sie sich dem Vorwurf der Zensur und Beeinflussung von Meinungsfreiheit aus.

Erfolgsfaktoren der Kommunikation

Eine Garantie für den Erfolg einer Internet-Maßnahme gibt es nicht, und manchmal ist es verwunderlich, welche Kampagnen oder Webseiten sich durchsetzen und welche nicht. Dennoch lassen sich einzelne Faktoren benennen, die erfolgreiche Projekte auszeichnen. Motive zur Nutzung von Angeboten sind beispielsweise:

- aufzufallen und andere auf sich aufmerksam zu machen,
- etwas zu teilen – Wissen, Inhalte, Fertigkeiten,
- Kontakte zu knüpfen und zu pflegen, ein Netzwerk aufzubauen,
- Inhalte zu finden, sich zu informieren,
- einen Wissensvorsprung zu erlangen, Weiterbildung,
- unterhalten, abgelenkt und amüsiert zu werden,
- finanzielle Interessen,
- auf dem Laufenden zu bleiben.

Aber auch das Vertrauen, das ein Angebot auf seine Nutzer ausstrahlt, ist wichtig für die Akzeptanz; die Zuverlässigkeit, Regelmäßigkeit der Aktualisierung, Qualität und Benutzerfreundlichkeit sollten ebenso gewährt sein. Einfachheit hat oberste Priorität und bezieht sich auf die intuitive und verständliche Nutzung. Eine Web-Anwendung kann noch so innovativ sein, stimmen die genannten Faktoren nicht und mangelt es vielleicht sogar an technischer Sicherheit, wird sie sich nur schwerlich am Markt durchsetzen.

Das Webdesign ist ebenfalls entscheidend; eine Seite, die nicht gefällt, wird nicht mehr aufgerufen. Die Überarbeitung des Designs sollte mindestens alle zwei bis drei Jahre erfolgen, denn Geschmäcker und Standards im Web verändern sich ebenso schnell.

Der Blick auf die Nutzergewohnheiten

Eine Strategie bei der Entwicklung eines Web-Projektes kann darin bestehen, die Anwendungen zu berücksichtigen, die gerade am beliebtesten und damit erfolgreichsten sind. Social-Networking-Dienste, Online-Spiele und Foren werden heutzutage mehr genutzt als beispielsweise Podcasts oder RSS-Feeds. Wikis werden eher gelesen als aktiv von Besuchern mit Inhalten gefüllt; Videos werden von mehr Menschen angesehen als produziert.

Umsetzung

Zudem sollte man sich gründlich darüber informieren, welche Plattform und welches Netzwerk aktuell wie von wem genutzt wird. Denn nur so ist damit zu rechnen, die angestrebte Zielgruppe tatsächlich zu erreichen. Mit Hilfe des Tools Social Media Planner gelingt dies bequem und effizient (socialmediaplanner.de). Ob demografische Angaben wie Alter oder Geschlecht oder Reichweite und Aktivität – der Planner bietet die Informationen, die den Einstieg in die Online-Kommunikation treffsicher machen.

☞ **Tipp**

Lösen Sie sich von Ihren klassischen Vorstellungen! Warum jemand täglich drei Blog-Artikel schreibt, alle seine Urlaubsfotos bei Flickr veröffentlicht, nächtelang mit wildfremden Menschen bei Secondlife chattet, sich im Tanga singend vor dem Badezimmerspiegel filmt – all das spielt keine Rolle!

Wichtig ist: Die zahlreichen neuen Angebote werden von Millionen Menschen genutzt, immer häufiger und in immer neuen Ausprägungen. Und noch mehr Menschen schauen hin, lesen, sprechen darüber oder steigen online in die Diskussion ein. Sie sollten es auch tun.

Checkliste: Erfolgsfaktoren von Web-Maßnahmen

- Benutzerfreundlicher, übersichtlicher Aufbau
- technische Sicherheit
- ansprechendes Design
- keine langen Ladezeiten
- Zuverlässigkeit
- Nutzung ist intuitiv erfassbar
- Beachtung des Datenschutzes
- Einmaligkeit
- Einfachheit
- Innovation
- Exklusivität
- Mehrwert
- Fokussierung
- Aktualität
- Qualität
- Glaubwürdigkeit

Praxisbeispiel: Die Geschichte eines Mode-Blogs

Von Ulrike Bartos

Ich interessierte mich schon immer für Mode und habe mich manches mal geärgert, nichts Schönes in meiner Größe zu finden. Dann kamen die ganzen Mode-Blogs, »Streetstyle« war das Thema der Stunde, nur für mich ist allenfalls etwas Inspiration abgefallen. Richtige Anregungen, möglichst noch mit Shopadresse, fand ich keine.

In einer Zeit, in der Blogs gerade etwas out wurden, mit einem zu starten war mutig. Funktioniert hat es trotzdem. Ich wusste nur eines: Ich bin nicht allein. In Deutschland tragen 56 Prozent der Frauen die Konfektionsgröße 42 und größer. Sie befinden sich damit in der unschön titulierten Kategorie Übergrößen. Und ich wusste, aus eigener Erfahrung, dass es fast keine journalistischen Angebote für diese Zielgruppe gibt. Beste Vorraussetzungen also, ein Feld zu besetzen.

Aller Anfang dauert

Rückblickend hatte ich eine viel zu lange konzeptionelle Phase. Machen, ausprobieren und schauen was passiert! Kein einziges meiner Konzepte habe ich je wieder angeschaut.

Mein zweiter Fehler war meine Vision von einem Portal. Es hat einige Monate gedauert, bis ich feststellte, dass ich dafür eine Vollredaktion, Techniker und Mediengestalter bräuchte. Mich von diesem Bild zu trennen und die ganze Website blogartig umzustricken, tat weh und war eine der besten Entscheidungen, die ich getroffen habe. Denn an den Klicks war deutlich ablesbar, dass meine Ideen und das, was mich ausmachte, die Leserinnen interessierten.

So da bin ich, jetzt klickt mich bitte

Eine Website liegt nicht am Kiosk aus. Im Grunde interessiert es auch dort niemanden, außer man liegt ganz oben, wenn eine Leserin vor den Zeitschriften steht und zugreift.

Bei Google im Regal vorn liegen: Headlines und Textanfänge so zu texten, dass relevante Keywords gefunden werden und dabei spannend und persönlich bleiben, ist eine tägliche Gratwanderung. Nach einigen Monaten stellte ich fest, dass ich mit meinen Keywords im deutschsprachigen Internet nicht weit kam. Die großen Mode-Retailer hatten meine Begriffe bereits flächendeckend mit teilweise 2,80 Euro pro Klick fest in der Hand. So würde ich nie das Mädchen von Seite eins werden.
 Also, noch mal von vorne. Neue Suchbegriffe finden, die meine Userinnen benutzen würden und die noch nicht so ausgelaugt und durchgeklickt waren, wie die bisherigen. So kam ich auf »Plus Size« und schrieb fast alle Artikel um. Nach vier Wochen fand ich mich auf Seite eins, Platz vier im Google Ranking.

Wachstum durch Andere: Backlinks sind wichtig und eine gute Möglichkeit, sein Ranking zu steigern. Ich wusste bereits, dass ich um fadenscheinige Anbieter, die solche Verlinkungen zum Kauf anbieten, einen Bogen machen soll. Gleichzeitig stellte ich fest, dass es lange nicht mehr so leicht ist, bei jedem Kommentar auf anderen Webseiten, die eigene Internetadresse zu hinterlassen. Allerdings, wenn es mir mal gelang, hat sich das immer bemerkbar gemacht. Teilweise sogar über Monate.

Tue Gutes und Rede darüber: Presse, so dachte ich, würde ganz von alleine laufen. Schließlich bekam ich Zuspruch und Applaus von allen Seiten. Da wird es mit den Redaktionen der großen Frauenmagazine ganz genauso gehen. Da lag ich falsch. Bis heute ist die PR über klassische Medien ein schwieriges Feld geblieben.

Empfehler finden, Freunde werden und bleiben

Von Anfang an wurde missbartoz.de durch einen Twitter-Account und eine Facebook-Fanseite begleitet. Insbesondere auf Facebook merkte ich schnell eine Reaktion. Hier war ein Austausch auch technisch viel einfacher, als über die Kommentarfunktion der Website. Immer mehr Fans wurden zu Lesern meiner Site und ich versuchte durch kleine Gewinnspiele ausschließlich die Anzahl der Anhänger auf Facebook zu steigern. Die Rechnung ging auf. Immer mehr begeisterte Frauen kamen und teilten gerne die Miss-Bartoz-Fan-Seite in ihren Facebook-Freundeskreisen.

Das hatte zwei Effekte:

1. wuchs die Reichweite von missbartoz.de stetig,

2. hatte ich ein direktes inhaltliches Feedback.

Da lag es nahe, für ein schmales Budget, eine gezielte Kampagne innerhalb von Facebook aufzusetzen. Nach wenigen Wochen hieß ich den tausendsten Fan willkommen und die Reichweite der Webseite stieg auf rund 16.000 Seitenaufrufe monatlich.

Das blieb auch den Modemarken für große Größen nicht verborgen und erste Kooperationen wurden geschlossen. Meine Leserinnen und Fans hatten mittlerweile so viel Vertrauen zu mir, dass sie das »Plus Size Styling der Woche« selber gestalteten und mir ihre Fotos schickten. Ich bin ihre Ansprechpartnerin für Fragen zum Thema Mode in großen Größen geworden. Ob zum Abi-Ball, Vorstellungsgespräch oder zur Hochzeit, plötzlich war ich diejenige, von der die Ratschläge gefordert wurden. Wir sind Freunde geworden.

Learnings

Machen und dran bleiben: Social Media-Kommunikation ist schnell und man ist auch schnell vergessen. Auch wenn es mal nicht so gut läuft, einfach weitermachen. Wer nicht regelmäßig liefert, ist weg vom Fenster. Er sinkt im Google Ranking und verliert Stammleser.

Mit der Zielgruppe sprechen: Das Social Web bietet eine hervorragende Möglichkeit, täglich mit den Lesern zu sprechen. Je näher ich dabei an ihrer Lebenswirklichkeit bin, desto intensiver ist der gemeinsame Austausch und das Vertrauen in mich und mein Projekt nimmt dabei stetig zu.

Beim Thema bleiben: Kürzlich schrieb ich einen Artikel über die Berliner Fashion Week, lud Bilder und ein eigenes Video hoch. Was passierte? Wenig. Ich dachte erst an technische Probleme, bis ich begriff, dass meine Leserinnen dieses Thema schon auf allen Kanälen präsentiert bekommen. Dafür waren sie nicht bei mir. Bei mir sind sie, weil ich für sie und nicht für die Masse schreibe.

Persönlich bleiben: SEO hin oder her, Texte, die nicht authentisch sind, gibt es genug. Mein Blog funktioniert deshalb, weil meine Leserinnen mir zuhören und sich dafür interessieren, was ich erlebe und empfehle.

Spaß haben: Ich schreibe nur über Sachen, die mich interessieren und die ich gut finde. Ohne Spaß ist es gar nicht möglich, ein Blog über längere Zeit aufrecht zu erhalten. Und das ist ja das Tolle am Web 2.0, dass man das tatsächlich machen kann! Außerdem gefällt es mir sehr, jeden Tag Neues zu lernen.

Ausblick

Wie lange es Blogs noch geben wird oder wir alle zwei Jahre ein Renaissance erleben werden, vermag ich nicht zu sagen. Ich bin der Meinung, dass es auch etwas mit der individualisierten Darstellungsweise zu tun hat. Lange Texte und Bildstrecken lassen sich auf einigen Plattformen, aber nicht auf allen darstellen. Außerdem lebt ein Thema wie Mode auch vom Design einer Website.

In sozialen Medien kommuniziere ich dem Netzwerk entsprechend und versuche die dort entstehende Dynamik auf meine Website zu übertragen. Vor diesem Hintergrund bewerte ich die vielen Plattformen, die im Web täglich hinzukommen. Ein aktuell rasant wachsendes Netz, das gut mit dem harmoniert, was ich mache, ist z.B. Pinterest. Aber auch alte Hasen wie Youtube, habe ich für mein Projekt neu bewertet. Im Sommer 2011 ging miss Bartoz TV an den Start und ich denke, dass mit Tutorials und Video-Blogging noch ein großes Potential für mein Business in dem Netzwerk steckt.

Umsetzung

Ulrike Bartos (Jahrgang 1969) war viele Jahre in der Medienbranche für die Inszenierung von Medienmarken verantwortlich. Zuletzt sieben Jahre als Senior Marketing und Communication Manager für AOL Deutschland. Ulrike Bartos ist mit www.missbartoz.de die erste professionelle Plus Size Fashion Bloggerin in Deutschland. Darüber hinaus ist sie als freie Beraterin tätig und bietet Unternehmen ihre Erfahrungen im Bereich Social Media und digitalem Marketing an.

11 Empfehlungsmarketing

Multiplikatoren finden und motivieren

Erfolgreiches Empfehlungsmarketing basiert auf einem breiten Netzwerk glaubwürdiger Multiplikatoren, die unabhängig, seriös und freiwillig über ein Produkt oder eine Dienstleistung berichten. Menschen, die bereitwillig einen neuen Schwamm oder ein Hotel testen und anschließend darüber schreiben, gibt es viele. Doch eine wirksame Empfehlung geben, das können nur wenige. Kriterien für die Wirksamkeit einer Bewertung:

- Glaubwürdigkeit,
- Unabhängigkeit und Neutralität,
- Subjektivität,
- Eindeutigkeit,
- Qualität des Inhalts,
- Produktkenntnisse.

Multiplikatoren sollten den angestrebten Zielgruppen für ein Produkt oder einen Service möglichst ähnlich sein. Wer sich an junge, technikaffine Verbraucher richtet, sollte nicht ausschließlich auf ältere, traditionsverbundene Multiplikatoren bauen. Dies lässt sich nicht immer steuern, denn Kunden geben von sich aus, ohne Impuls durch die Firmen, ihre Meinungen preis. Doch das aktive Empfehlungsmarketing wird initiiert, indem man ausgewählte Opinion Leader gezielt anspricht, Fragen stellt, um Hilfe bittet, ein Angebot unterbreitet. Je ernster sich ein einzelner oder eine Gruppe von potenziellen Multiplikatoren genommen fühlt, desto wahrscheinlicher ist es, dass Mitmacheffekte entstehen. Leute merken schnell, wenn sie sozusagen benutzt werden und es nicht wirklich um das ehrliche Einholen von Meinungen, Testen oder Optimieren von Produkten geht.

Je individueller Multiplikatoren angesprochen werden, desto größer ist die Chance, sie für die Teilnahme zu begeistern. Tiefgründige Berichte und dem Unternehmen dienliche Hinweise können für den betriebenen Aufwand entschädigen. Wer stattdessen auf die Massenansprache setzt, muss sich auf den Zufall verlassen – man weiß eben nicht, wie gut ein Einzelner schreiben kann oder sich auskennt. Dafür wird das Unternehmen mehr Multiplikatoren gleichzeitig gewinnen und eine größere Anzahl an Berichten bekommen. Ein Ansatz zur Rekrutierung von zahlreichen Multiplikatoren besteht darin, sogenannte Köder einzusetzen. Dies können sein:

- Verlosungen unter allen Teilnehmern,
- Belohnung des Engagements,
- einen Wissensvorsprung bieten,
- Hervorheben des Einzelnen und loben,
- unglaublich viel Spaß.

Wer ein Produkt vertreibt, das hohe Begehrlichkeiten auslöst, wird es einfacher haben, hierfür Verbraucher zum Testen zu gewinnen, als Hersteller eines Reinigungsmittels. Diese sollten bei ihren Maßnahmen auf Unterhaltung oder konkrete Belohnung setzen. Eine besondere Herausforderung stellen Produkte oder Marken dar, die bereits seit Langem existieren. Die Motivation, über diese zu berichten, sie zu bewerten oder zu testen, dürfte bei den meisten Verbrauchern gering ausfallen. Ein guter Ansatz wäre hier die Einbeziehung der Konsumenten in die Verbesserung der Produkte, des Designs oder der Werbung für diese. Auch die gemeinsame Entwicklung eines neuen Duftes oder einer neuen Geschmacksrichtung könnte die Mundpropaganda fördern.

Glaubwürdigkeit

Die Glaubwürdigkeit einer Quelle ist entscheidend für die Wirkung einer Botschaft. Eine Äußerung, die wie bezahlte Werbung klingt, wird Leser eher abschrecken. Ein Autor, der ständig über Produkte berichtet, wirkt wie ein »gekaufter« Tester, vor allem, wenn es sich um die Produktbeschreibungen eines einzelnen Unternehmens handelt. Manche Verbraucher sind tatsächlich so begeistert von einem neuen Auto oder einem Navigationsgerät, dass sie überschwänglich positive Formulierungen wählen. Das mag zwar auf den ersten Blick von den Marketing-Experten begrüßt werden, hat aber einen eher negativen Effekt. Verbraucher sind misstrauisch und schalten bei allem ab, was wie getarnte Werbung wirkt.

Empfehlungsmarketing

 Tipp

Geben Sie Ihren potenziellen Multiplikatoren eine kleine Anleitung mit an die Hand. Erklären Sie, dass Sie sich wünschen, möglichst unabhängige und authentische Bewertungen zu erhalten und fordern Sie ruhig dazu auf, sich kritisch zu äußern. Wenn Sie die Maßnahme durch eine Verlosung begleiten, dann machen Sie klar, dass nicht derjenige gewinnt, der den werblichsten Beitrag liefert ...

Glaubwürdigkeit lässt sich nicht erzwingen oder strategisch planen – jedoch durch das eigene Verhalten untermauern:

- Rückfragen, Rat einholen,
- Anmerkungen oder Kritik aufgreifen,
- Vorschläge umsetzen,
- Einblicke gewähren,
- negative Äußerungen zulassen,
- Ehrlichkeit,
- Kontinuität, Verlässlichkeit.

Eine gute Möglichkeit, die Glaubwürdigkeit zu steigern, besteht darin, Experten oder Prominente für das Unternehmen sprechen zu lassen. Wie bereits erwähnt, können das bekannte Blogger mit speziellen Fachkenntnissen sein, ein Anwalt, ein Ingenieur oder eine angesehene Schauspielerin. Dritten mit einem gewissen Bekanntheitsgrad glaubt man eher als einem PR-Berater, denn man geht davon aus, dass die Experten oder Prominenten nur etwas befürworten, was sie wirklich gut finden, sie haben ja einen Ruf zu verlieren.

Empfehlungsmarketing

Involvement

Wer Kunden, Mitarbeiter oder Partner in Projekte involvieren möchte, sollte möglichst attraktive Anreize schaffen, die für die Mehrzahl der angestrebten Zielgruppe attraktiv erscheinen. Ein wesentlicher Punkt bei der Qualität und Quantität des Engagements besteht darin, dass man tatsächlich Interesse daran hat, an einer Maßnahme mitzuwirken. Das Interesse wird hervorgerufen durch:

- Spaß und Freude,
- finanzielle Anreize,
- Wissensvorsprung, Bildung,
- Hilfsbereitschaft.

Tipp

Bieten Sie Ihren Zielgruppen das an, was diese gern haben möchten. Zwingen Sie niemandem auf, was ihn nicht interessiert.

Schritt eins bei der Kampagnenplanung ist erneut die Ermittlung und Analyse der Zielgruppenbedürfnisse. Schritt zwei besteht in der Hinterfragung der eigenen Produkte und Möglichkeiten: Können wir den Kunden, den Zielgruppen, bieten, was diese wünschen? Erst im dritten Schritt wird dahingehend konkretisiert, Maßnahmen zu entwickeln, die den Miteinbezug fördern.

Ziel ist es, Menschen für ein Thema, welches das Unternehmen inhaltlich besetzt, zu begeistern, und die Zielgruppen so einzubinden. Der daraus resultierende Dialog findet zwischen den Verbrauchern statt und nicht zwischen Konsumenten und Unternehmen. Dies gelingt selbst bei auf dem ersten Blick abwegigen Produkten und Themen. So wie das Häkelschwein. Dieses hat sich vor allem über Aktivitäten im Web zum echten Kultobjekt entwickelt. Das Häkelschwein ist ein kleines gehäkeltes Schweinchen, genau wie der Name sagt. Auf haekelschwein.de gibt es ein lyrisches Magazin mit Geschichten und künstlerischen Bildern, *ein Blog und* natürlich einen Shop. Für 12 Euro erhält man das handgefertigte Tier nebst 12-seitiger Broschüre. Doch damit nicht genug. Die »Erfinder« twittern, diskutieren in zahlreichen Foren und betreiben eine Fanseite bei Facebook mit über 600 Fans. Sogar ein Buch gibt es. Die Bloggerin »Fashionfee« schreibt über das Häkel-

Empfehlungsmarketing

schwein: »Das Häkelschwein wirkt auf den ersten Blick sehr simpel, ist aber ein multifunktional einsetzbarer Gegenstand. Es besteht aus einem höchst stabilen plastikähnlichem Kern und ist umhäkelt von einer Schutzhülle aus feinster Häkelwolle. Am vorderen Ende des Schweines befindet sich der sogenannte Rüssel, ebenso wie zwei Ohren und zwei Augen aus schwarzer Wolle.« (Quelle: alturl.com/ct93)

Häkelschwein-Liebhaber sind kaum zu bremsen. Das hängt auch mit dem Absender zusammen. Die Stofffiguren werden von der Häkeloma gehäkelt, über 10.000 Stück hat sie in den vergangenen acht Jahren gefertigt – dabei ist sie schon 95 Jahre alt.

Manchmal braucht es eben nicht viel mehr als eine gute Idee, ein wenig Humor und die Bereitschaft, sich hier und dort ins Gespräch zu bringen. Ohne all die Geschichten, Bilder und das Geplapper rund um das Stofftier wäre dieses nicht halb so interessant. Wer kauft schon eine schlichte Woll-Figur? Durch die Kommunikation wird dies interessant. So interessant wie jedes Ihrer Produkte – wenn Sie Spaß an dem Gespräch haben.

Ein putziges Wollknäuel – das Häkelschwein. Aktiver, unterhaltsamer und authentischer kann man kaum werben. (Quelle: haekelschwein.de)

Erfolgsmessung

Empfehlungsmarketing kann nur dann erfolgreich sein, wenn eine Leistung oder ein Produkt tatsächlich empfehlenswert ist, das heißt überragende, außergewöhnliche Eigenschaften aufweist. Ein Unternehmen, das Mundpropaganda initiieren möchte, sollte sich also zunächst seiner Stärken und Besonderheiten bewusst werden. Wodurch unterscheiden sich die Produkte von denen der Mitbewerber? Welches Produkt einer Reihe ist besonders attraktiv? Woran könnten Verbraucher besonderes Interesse haben?

Tipp

Konzentrieren Sie sich auf ein Produkt oder eine Produktgruppe. Die Mundpropaganda-Maßnahme wird erfolgreicher, wenn ein herausragendes Produkt im Mittelpunkt steht. Zudem vereinfacht es die Erfolgsmessung.

Die Wirkung einer Maßnahme lässt sich anhand diverser Kennzahlen ermitteln, wobei auch hier wieder neben quantitativen Größen die qualitative Wertung in die Erfolgsmessung einfließen sollte.

Checkliste: Wie erfolgreich sind Sie?

- Wie oft wird ein Spot angeschaut?
- Wie viele Kommentare, wie viele Bewertungen zum Spot gibt es?
- Wie oft wird die Kampagne erwähnt?
- Wie lang sind die Beiträge, gibt es Bilder / Screenshots?
- Welche Reichweiten haben die verlinkenden Quellen?
- Wie entwickeln sich die Zugriffszahlen auf die Kampagnenwebseite?

Die Auswertung kann darlegen, dass sich eine Kampagne tatsächlich viral verbreitet hat, ohne dass es sich im Endeffekt um eine erfolgreiche Maßnahme handeln muss. Denn dazu gehört mehr als Verweise und Diskussionen:

- Wie entwickeln sich die Verkaufszahlen für das im Mittelpunkt der Kampagne stehende Produkt?
- Wurden bestehende Zielgruppen aktiviert oder neue Kunden erreicht?
- Steigt der Traffic auf der eigentlichen Unternehmenswebseite? Hat sich das Page Ranking verändert?
- Wie ist die Qualität der Berichte über das Produkt? Wird alles korrekt beschrieben und wird positiv berichtet?
- Gibt es neue Newsletter-Abonnenten oder Community-Mitglieder?

Auch wenn eine Maßnahme bereits als erfolgreich gelten kann, sie beispielsweise die eigenen Mitarbeiter motiviert oder zu neuen Erkenntnissen über die Wünsche der Verbraucher führt – wer Vorgesetzte überzeugen möchte, sollte sich um eine möglichst umfassende Dokumentation der Ergebnisse bemühen.

Checkliste: Haben Sie an alles gedacht?

- Prüfung durch die Rechtsabteilung
- Informieren der PR-Abteilung
- Mailing zur Information der Kollegen
- Betatesting durch Freunde und Bekannte
- Newsletter an die Bestandskunden
- Informieren der Stakeholder intern
- Notiz zur Information der Kooperationspartner

Das Internet der Zukunft

Das Internet wird sich weiter verändern, vielleicht nicht ganz so schnell und deutlich wie in den vergangen Jahren. Die Strukturen, Rollen- und Aufgabenverteilungen werden klarer. Und der Konsument und einzelne Internet-Nutzer wird auch künftig im Mittelpunkt stehen. Doch durch die technische Verbesserung der Applikationen und Tools wird es gelingen, schlechten Content von gutem, nützlichem Content zu unterscheiden. Informationen werden immer einfacher und schneller gefunden. Es zeichnet sich schon heute ab, dass die relevanten innovativen Kommunikationsformen gepaart mit den klassischen zu den größten Erfolgen führen. Dadurch, dass Technologien verschmelzen, bilden sie eine für Nutzer höchst attraktive Einheit: Immer mehr Inhalte werden via Computer, TV, Mobiltelefon, und iPad abrufbar sein – und zwar gleichzeitig.

Bewussterer Umgang mit Daten und Informationen

Ob Personalchefs oder Freunde und Bekannte: Immer häufiger recherchieren Menschen im Web gezielt nach Äußerungen anderer – und bilden sich Meinungen. Zudem greifen die klassischen Medien Inhalte aus dem Web auf und heben sie hervor. Das wird den Internet-Nutzern immer deutlicher und fördert einen bewussteren Umgang mit Daten und Inhalten. Viele werden aufgeschreckt und wachgerüttelt von Meldungen über Phishing-Warnungen, unsichere Funknetze oder Dienste wie picosweb.de, bei dem eine Handyortung gerade mal 49 Cent kostet. Das Internet der Zukunft heißt demnach auch:

- Der Umgang mit persönlichen Daten wird wieder maßvoller. Man schämt sich für manche Äußerungen, Fotos, Videos.
- Die Sensibilisierung in Bezug auf staatlichen Datenschutz führt zu bewussterer Preisgabe von Informationen.
- Die Angst vor dem gläsernen Kunden führt zur kritischen Auseinandersetzung mit Chips und Kundenkarten.
- Daten werden zunehmend verschlüsselt (SSL) übermittelt.

Das Internet der Zukunft

- Je größer die Nutzerschaft, die Gemeinschaft, desto größer die Chance, Falsches zu erkennen, Betrüger zu entlarven, Pöbeleien zu beenden. Die Qualität von Inhalten und Umgangsform wird gesteigert.
- Nicht jede neue Anwendung wird sofort genutzt, sondern beobachtet und kritisch beleuchtet.

Viele der in diesem Buch beschriebenen Phänomene werden bestehen bleiben und die Kommunikation weiter beeinflussen. Das Internet wird auch in den kommenden Jahren durch folgende Merkmale, Anwendungen und Verhaltensweisen gekennzeichnet sein:

- die Macht des Kollektivs / kollektive Intelligenz,
- aktive Produzenten von Inhalten,
- Konsumenten / Verbraucher üben Einfluss aus,
- User generated Content,
- persönliche Treffen und direkter Austausch,
- »social« als Merkmal für einen Dienst,
- die jahrelange Erfahrung der Kommunikationsexperten
- Ehrlichkeit und Offenheit vs. Abschottung und Lüge,
- Leute betreiben Blogs oder private Webseiten,
- Menschen gehören Communities an,
- Gaming und Unterhaltung haben einen hohen Stellenwert,
- Preisvergleich und Transparenz,
- Empfehlungen von »Unabhängigen« sind gefragt,
- Spam, Abzocke, raue Töne – das gehört zum Menschen dazu,
- Talente, Partner, Mitarbeiter werden entdeckt,
- Suche nach Konvergenz der Technologien.

Ich bin besonders gespannt darauf, wie sich die Darstellung und Verbreitung von Nachrichten weiter verändern wird. Welche Rolle spielen künftig die etablierten Agenturen, wenn sich die klassischen Massenmedien eigene News-Rooms für den Online-Bereich leisten und alles daran setzen, immer möglichst schnell und auf dem aktuellsten Stand zu sein. Die nachrichtenorientierten Webauftritte ähneln sich zunehmend, so dass sich die Frage stellt, welche Angebote tatsächlich zukunftsfähig sind. Durch die unglaubliche Reichweite und Geschwindigkeit von Social Media-Diensten hat ein etabliertes Webmagazin nur die Chance, am Markt zu bestehen, wenn hier tief- und hintergründige Inhalte neben den Nachrichten geboten werden. Ausgewogene Kommentare, umfassende Informationen – all das, was sich über soziale Netze nicht abbilden lässt, sollten zum Kern der Angebote gehören. Aktuell fokussieren sich viele jedoch primär auf Online first-Strategien – so schnell wie möglich eine Schlagzeile auf der Webseite zu haben. Dass diese eher über die sozialen Netzwerke verbreitet, aktualisiert und mit Kommentaren versehen werden sollte, wird meist ignoriert. Denn die Zugriffsraten auf der eigenen werbefinanzierten Webseite haben Vorrang. Das wird sich ändern, denn die Verbraucher suchen ihre Informationen dort, wo die Publikationen hingehören. Schnelle Informationen bei Facebook & Co. und die Hintergründe bei den professionellen Redaktionen.

Glossar

A-Blogger: Autoren von Weblogs, deren Journale sich durch einen extrem hohen Vernetzungsgrad auszeichnen. Andere Blogger verlinken häufig auf diese Weblogs, was ein Indiz für deren Relevanz ist.

Advertorial: Eine Werbeanzeige im Internet oder offline, die aufbereitet ist wie ein redaktioneller Beitrag.

AJAX: Asynchronous JavaScript and XML, kurz AJAX, ermöglicht eine Form der Datenübertragung, die dafür sorgt, dass Web-Anwendungen schnell und schrittweise Aktualisierungen auf der Webseite vornehmen, ohne jedes Mal die gesamte Seite neu laden zu müssen.

Alert, Alert-Dienst: Interessierte melden sich hier aktiv an, um regelmäßig Meldungen zugesandt zu bekommen – über neue Beiträge in Weblogs, Suchmaschinen-Ergebnisse oder auch neu eingestellte Kleinanzeigen.

API: Offene Schnittstelle, die es ermöglicht, dass Angebote (im Internet) und Daten miteinander kombiniert werden können.

Apps: Sogenannte Applikationen beziehen sich meist auf mobile Endgeräte und sollen helfen, mit diesen Inhalte schneller und bequemer aufzurufen.

Audio-Podcast: Zum Hören bestimmte Mediendateien, die über das Internet verbreitet und bezogen werden. Der Begriff Podcast setzt sich aus den Bestandteilen iPod und Broadcasting zusammen. Ein Merkmal von Podcasts ist der dazugehörige Feed, der es erlaubt, die Dateien zu abonnieren und somit automatisch zu erhalten.

Avatar: Avatare sind künstliche Stellvertreter von Personen, die grafisch dargestellt werden. Meist gibt es sie bei Computer-Spielen oder in virtuellen Welten.

Glossar

Barcamp: Offene Veranstaltung, die mitsamt aller Inhalte und Abläufe von den Teilnehmern selbst organisiert und bestimmt wird. Die Teilnahme ist kostenlos, Ziel ist es jedoch, dass sich möglichst jeder aktiv einbringt.

Beta: Der Begriff »Beta« bezeichnet eine Anwendung, eine Software oder eine ganze Homepage, die sich noch in einer vorläufigen Version befindet. Es wird weiter daran gearbeitet und optimiert.

Blogger: Autor eines Weblogs, Verfasser von Beiträgen in Weblogs, siehe Weblog.

Blogosphäre: Die Gesamtheit der Weblogs, die zum Großteil miteinander vernetzt sind.

Blogroll: Öffentliche Liste mit Verlinkungen der von einem Weblog-Autor empfohlenen und favorisierten Weblogs.

Broadcasting: Der Begriff steht für den bekannten Rundfunk, die Übertragung von Informationen, Texten, Tönen oder Bildern über elektromagnetische Wellen. Insbesondere der Hörfunk wird als Broadcasting bezeichnet. Bezogen auf Computernetzwerke steht der Begriff für die Übertragung von Datenpaketen an alle oder mehrere Teilnehmer.

Bürgerjournalismus: Alternativ werden auch die Begriffe Graswurzel-Journalismus oder Grassroot verwendet, die allesamt den partizipativen Journalismus bezeichnen. Bürger, quasi Amateurreporter, übernehmen Teile oder alle Aufgaben der klassischen Medienvertreter.

Community: Eine Community ist eine Gemeinschaft oder Gruppe von Personen, die Wissen tauschen, sich beraten oder auch einfach nur Kontakte zueinander knüpfen. Die Motivation, einer Community beizutreten, kann vielfältig sein – einen neuen Arbeitgeber zu finden, sich Hilfe bei Fragen einzuholen oder schlicht Freunde zu finden. Bei Online-Communities treffen sich die Mitglieder auf einer Webseite und haben in der Regel persönliche Zugänge, um hier Inhalte zu veröffentlichen.

Content Management System (CMS): Mit CMS wird die Möglichkeit bezeichnet, Inhalte zu verwalten und schließlich zu publizieren. Als Redakti-

Glossar

onssystem kann es von mehreren Anwendern zugleich zur Erstellung und Bearbeitung von Inhalten genutzt werden. Wesentliches Merkmal ist die Trennung von Inhalt, Datenstruktur und Design.

Closed-User-Bereich: Ein geschlossener Bereich für Teilnehmer, die sich meist vorab registrieren und mit ihren persönlichen Passwörtern und Benutzernamen einloggen müssen. Nach der Anmeldung stehen dem Nutzer Inhalte, Anwendungen und Publikationsmöglichkeiten zur Verfügung, die es für unregistrierte Nutzer nicht gibt.

Download: Das Herunterladen von Daten und die Übertragung auf den eigenen Rechner.

E-Commerce: Der elektronische Handel ermöglicht den virtuellen Kauf und Verkauf von Waren oder Dienstleistungen. Das Geschäft wird über das Internet abgewickelt, das einen eigenen Vertriebskanal darstellt.

Feed: Siehe RSS-Feeed.

Freeware: Allgemein wird mit dem Begriff eine Software bezeichnet, die kostenlos vom Urheber zur Verfügung gestellt wird.

Games-Communities: Gemeinschaften, in denen sich sogenannte Gamer, Spieler von PC-, Konsolen- oder Internet-Spielen treffen, austauschen und auch zu Spielen verabreden.

Gatekeeper: Wortwörtlich übersetzt ist mit dem Begriff ein Torwächter oder Schrankenwärter gemeint. Diese Person kontrolliert einen Zugang. In der Kommunikationswissenschaft bezieht sich das Überwachen auf bestimmte Informationen, die an die Öffentlichkeit gelangen.

Google Maps: Der am 8. Februar 2005 unter maps.google.de gestartete Dienst ermöglicht es, Orte, Häuser und andere Objekte zu suchen und sich deren Position auf einer Karte oder einem Bild der Erdoberfläche anzeigen zu lassen. Mittels einer API ist es möglich, Google Maps in die eigenen Webseiten zu integrieren.

Glossar

Guideline: Richtlinie oder Regel für die Nutzung einer Anwendung, einer Webseite oder Mitgliedschaft einer Community. Die Guideline regelt den Verhaltenskodex und wird vom Betreiber ausgegeben.

Host: Ein »Gastgeber«, ein »Bereitsteller« einer Anwendung oder Webseite, die gehostet wird, die Inhalte liegen also auf den Servern des Hosts.

Mashup: Ein Mashup ermöglicht die Erstellung neuer Inhalte durch die einfache Kombination bestehender Inhalte. Es nutzt die Schnittstellen von Web-Anwendungen und schafft so eine neue Kombination von Texten, Bildern und/oder Tönen.

Monitoring: Der Begriff bezeichnet das Beobachten oder auch – etwas negativ besetzt – das Überwachen von Inhalten, Prozessen oder Vorgängen. Auf die Kommunikation im Web 2.0 bezogen steht er für das gezielte Suchen nach Veröffentlichungen zu einem bestimmten Thema – meist zum eigenen Unternehmen, einzelnen Personen, der Branche oder dem Wettbewerber. Das Monitoring erfolgt mit Hilfe technischer Lösungen wie RSS oder einzelner Suchmaschinen.

Netiquette: Das Kunstwort aus Netz und Etikette beschreibt Verhaltensregeln der Kommunikation im Internet. Dabei geht es um den richtigen Tonfall und angemessene Inhalte, aber auch um die Lesbarkeit von Beiträgen und rechtliche Aspekte.

Online-Community: Eine Gruppe von Menschen, die sich über das Internet austauscht. Es ist jedoch nicht ausgeschlossen, dass sich einzelne Mitglieder auch privat kennen und treffen.

Online-Preisvergleich: Webseiten, die Verbrauchern die Preise zu einem gesuchten Produkt von verschiedenen Händlern anzeigen. Sie finanzieren sich über Werbung und Provisionen und sind meist für die Kunden kostenlos. Konsumenten können sich so über den günstigsten Preis, aber auch Lieferzeiten und Versandkosten informieren. Zu den bekanntesten Preisvergleich-Seiten zählen billiger.de, guenstiger.de und geizkragen.de.

Page Rank: Verfahren zur Bewertung von Webseiten, das davon ausgeht, dass eine Seite ein höheres Gewicht und damit eine höhere Relevanz hat, je mehr Links auf diese verweisen. Es gibt diverse Tools, um das Page Ranking zu bestimmen. Eine Auswahl bietet »Dr. Web«: drweb.de/google/google-tools-pagerank.shtml.

Pingback: Möglichkeit für Web-Autoren, eine Benachrichtigung zu erhalten, sobald ein anderer Internet-Nutzer auf ihre Inhalte verlinkt oder daraus zitiert. Siehe dazu auch Trackback.

Podcast: Eine Audio- oder Videodatei, die über das Internet verbreitet wird und von den Interessenten als regelmäßige Sendung abonniert werden kann. Der Begriff setzt sich zusammen aus den Worten Broadcasting und iPod und entstand in den USA.

Podcatcher: Ein Podcatcher ist ein Podcast-Client und ermöglicht es Anwendern, Listen von Feeds von Podcasts zusammenzustellen und so aktuell Sendungen zu beziehen, ohne auf die Ursprungsquelle surfen zu müssen.

Postings, Posts: Einzelne Mitteilung oder ein Beitrag innerhalb einer Web 2.0-Anwendung wie in einem Weblog oder Forum.

Publics: Publics sind die internen und externen Umwelten oder auch Teilöffentlichkeiten, die für eine Organisation relevant sind. Die Public Relation tritt mit Hilfe von Informations- und Kommunikationsprozessen mit den Publics in Kontakt.

Ranking: Sortierung von Webseiten, Anwendungen, Personen oder beliebigen vergleichbaren Objekten in Rangordnungen, um so eine bessere Übersicht und Wahlmöglichkeit zu bieten. Oft sind Rankings mit vergleichenden Bewertungen verbunden.

Real-Life-Communities: Gemeinschaften, die sich persönlich treffen und austauschen und einen Gegensatz zu Online-Communities darstellen, die sich vor allem über das Internet organisieren.

Real-Life-Treffen: Echte Treffen von Menschen im Gegensatz zu virtuellen Veranstaltungen im Internet. Viele der aktiven Internet-Nutzer treffen sich gern auch im wahren Leben und tauschen sich bei Konferenzen, Barcamps oder Stammtischen aus.

Glossar

Retweet: Das Posting eines Twitterers wird von einem anderen kopiert und an dessen Leserschaft übermittelt.

RSS-Feed, Feed: Eine automatisch generierte Datei mit neuen Inhalten, die von Webseite-Betreibern zur Verfügung gestellt wird. Interessierte müssen folglich nicht mehr die Webseite aufrufen, um sich über Aktualisierungen zu informieren, sondern können den Feed abonnieren.

RSS-Reader, Feedreader: Ein Computerprogramm, mit dem sich die abonnierten RSS-Feeds einlesen lassen. Aktuelle Browser haben diese Funktion bereits integriert.

Scannen: Das schnelle Erfassen von Inhalten auf Webseiten. Man liest das Geschriebene nicht im eigentlichen Sinne, sondern überfliegt die Zeilen auf der Suche nach Interessantem.

Skype: Die kostenlose Software (skype.de) ermöglicht das Telefonieren über das Internet von Rechner zu Rechner und gebührenpflichtige Anrufe ins Festnetz vom eigenen PC aus.

Snail Mail: Der Begriff Schneckenpost steht für die traditionelle Kommunikation mit Hilfe der Briefpost und wird häufig mit der schnelleren E-Mail verglichen.

Social Bookmarks: Soziale Lesezeichen sind die eigenen Favoriten im Internet, die man gemeinsam mit anderen teilt. So entsteht ein persönliches Online-Verzeichnis der Lieblingswebseiten, auf das man unabhängig vom lokalen Computer von überall zugreifen kann. Jedes Lesezeichen wird mit Schlagwörtern (Tags) versehen, sodass man es leicht wiederfinden kann. Langfristig entsteht dadurch ein Verzeichnis, das für bestimmte Themen eine gute Alternative zu Suchmaschinen ist, da die Webseiten hier von Menschen und nicht von Maschinen abgelegt werden. Dieser Effekt wird umso besser, je mehr unterschiedliche Menschen ihr Wissen und ihre häufig besuchten Webseiten mit anderen teilen.

Social Commerce: Der Empfehlungshandel ist eine Form des E-Commerce, bei dem sich Kunden aktiv beteiligen und miteinander in Beziehung stehen. Verbraucher geben anderen Konsumenten beispielsweise

Glossar

Tipps, werden in Produkt- und Preisgestaltung involviert oder werden sogar zu einer Art Sub-Händler eines Shop-Anbieters.

Social Networking: Soziale Netzwerke im Web ermöglichen die Verknüpfung von einzelnen Menschen und Gruppen. Oftmals geht es den Mitgliedern eines Netzwerkes darum, Ratschläge weiterzugeben oder zu erhalten, sich auszutauschen und Freundschaften zu pflegen.

Social-Web-Anwendungen: Die sogenannte Social Software dient dazu, die Gemeinschaften aufzubauen und zu pflegen. Anwender können mithilfe sozialer Software Informationen managen, Informationen zur eigenen Identität verwalten und publizieren sowie Beziehungen knüpfen und pflegen.

Stealth-Marketing: Eine von zahlreichen Internet-Nutzern scharf kritisierte Form des Marketings oder der PR, die auch als Fake-Marketing bezeichnet wird. Hierbei platzieren Unternehmen oder PR-Agenturen Beiträge im Internet, die den Anschein erwecken, von privaten Verbrauchern erstellt worden zu sein. Oftmals handelt es sich hierbei um überschwängliches Lob von Produkten und Dienstleistungen in Foren, Blogs oder auf eigens eingerichteten Seiten zum Sammeln von Verbraucherstimmen.

Suchmaschinenoptimierung (SEO): Bei der Suchmaschinenoptimierung oder auch Search Engine Optimization geht man davon aus, dass eine Webseite erfolgreicher ist, wenn diese eine bessere und häufigere Positionierung innerhalb der wichtigen Suchmaschinen aufweist. Bei der Eingabe bestimmter Suchbegriffe erscheint die Webseite auf höhern Plätzen innerhalb der Ergebnisseiten. Diverse Berater und Agenturen bieten die Suchmaschinenoptimierung als Dienstleistung an. Wichtige Faktoren eines guten Rankings sind Aktualität, Anzahl von Verlinkungen, Platzierung von Keywords und die Benennung von Unterseiten.

Tag, Tagging: Ein Tag (engl.) oder das Tagging bedeutet, dass ein Inhalt oder eine Datei im Netz mit einer Art Etikett versehen ist.

Tell-a-Friend-Formular: Vom Anbieter einer Webseite oder Anwendung zur Verfügung gestellte Möglichkeit, Freunden und Bekannten über das Web eine Notiz zukommen zu lassen und auf den Inhalt der Webseite oder das Angebot aufmerksam zu machen. Dazu wird ein Formular ausgefüllt.

Trackback: Diese Funktion ermöglicht es einem Blogger festzustellen, ob auf einen eigenen Beitrag in einem anderen Weblog eingegangen wird. Dazu werden zwischen den Weblogs Daten nach einem bestimmten Protokoll ausgetauscht. Pingbacks verfolgen das gleiche Ziel und werden vom Weblog-Publikations-System Movable Type verwendet. Siehe dazu Pingback.

Troll: Eine Person im Internet, die stark provoziert und andere beleidigt, ohne einen tatsächlichen Beitrag zu einer Debatte zu leisten. Es geht dem Troll darum, Reaktionen herauszufordern.

User: Nutzer, Besucher oder auch schlicht Leser einer Webseite oder anderer Anwendung im Internet.

User generated Content: Nutzer bzw. Besucher von Webseiten erstellen Inhalte und publizieren diese auf diversen Angeboten des heutigen Webs. Im Gegensatz dazu gibt es Inhalte, die von offiziellen Absendern wie den klassischen Medien oder Unternehmen veröffentlicht werden.

User-Group: Der englische Begriff bezeichnet eine Anwendergruppe oder auch Interessenvertretung von mehreren Personen, die meist gemeinsame Interessen oder Ziele verbinden. Bezogen auf das Web kann dies bedeuten, dass die User gemeinsam eine Software oder Anwendung nutzen.

Verbraucherportal: Webseite, auf der sich speziell Konsumenten über die Qualität und Leistungsfähigkeit von Produkten informieren und zudem selbst eigene Urteile und Meinungen veröffentlichen können. Oftmals geht es um das Bewerten von Produkten oder Dienstleistungen aber auch ganzer Marken. Zu den bekanntesten Verbraucherportalen zählen ciao.de und dooyoo.de.

Video-on-Demand: Der Begriffszusatz »on demand« zeigt an, dass die Dienstleistung – ein Video zu übermitteln – auf gezielte Nachfrage erfolgt. Das Video wird demzufolge auf Anforderung (sehr) zeitnah geliefert und nicht automatisch abgespielt.

Video-Podcast: Verbreitung von (regelmäßigen) Film-Beiträgen, die nach Möglichkeit über RSS abonniert und bezogen werden können.

Glossar

Viraler Ansatz, virale Kampagne, virale Verbreitung: Das Adjektiv »viral« kennzeichnet eine Maßnahme, die sich wie ein Virus ausbreitet. Im Bereich des Marketings bedeutet dies, dass eine Kampagne über Mundpropaganda bekannt wird.

Vodcast, Vodcasting: Als eine Ausprägung des Podcastings bezeichnet ein Vodcast die Verbreitung von Video-Dateien über das Internet. Die Filme werden regelmäßig publiziert und sind ebenso wie Audio-Podcast abonnierbar.

Vlog: Zusammensetzung aus Video und (Web)log, ein Videobeitrag, der in ein Weblog eingebunden ist und so publiziert wird.

Web-Controlling: Definition von Kenngrößen des Online-Marketings und Optimierung auf Basis der Ergebnisse. Es wird beispielsweise analysiert, woher Besucher kommen, welche Inhalte sie aufrufen und wie oft Seiten angeklickt werden.

Weblog, Blog: Der Begriff setzt sich zusammen aus den Bestandteilen Web und Logbuch. Er bezeichnet eine Webseite, die Beiträge in umgekehrt chronologischer Reihenfolge enthält und die Möglichkeit bietet, mit anderen Weblogs zu verlinken und Kommentare von Nutzern einzuholen. Ein Weblog, kurz Blog, basiert auf einem einfachen Content Management System und ist in der Regel kostenfrei und ohne tiefe technische Vorkenntnisse einzurichten.

Wiki: Ein Wiki ist eine Sammlung von Internet-Seiten, die von den Nutzern bearbeitet und mit Inhalten versehen werden kann – online und in Echtzeit. Bekannt wurden Wikis vor allem durch wikipedia.de, eine Enzyklopädie, die von all denen erstellt und gepflegt wird, die daran Interesse haben. Von daher werden Wikis immer wieder mit Lexika in Verbindung gebracht. Die Nutzung der Software ist kostenfrei und kann sowohl für das Wissensmanagement als auch für die Organisation von Veranstaltungen genutzt werden.

Word-of-Mouth-Marketing (WOM): Bei dieser Art des Marketings handelt es sich um eine Mischform aus Mundpropaganda, Empfehlungsmarketing und viralem Marketing. Im Mittelpunkt steht der Verbraucher, der einen

Glossar

wesentlichen Einfluss auf den Erfolg eines Produktes oder die Reputation eines Unternehmens hat. Ein Experte in diesem Bereich ist Martin Oetting, der regelmäßig in seinem Blog connectedmarketing.de neueste Entwicklungen und WOM-Kampagnen vorstellt.

XML: Die Extensible Markup Language, kurz XML, eignet sich besonders gut für den Austausch von Daten über das Internet. Daten und Semantik werden bei dieser Sprache bzw. Technologie getrennt.

Literatur und Links

Anderson, Chris (2006): The Long Tail: How Endless Choice Is Creating Unlimited Demand
Arbeitskreis Erfolgsfaktoren der Fachgruppe E-Commerce im BVDW (2007): Web 2.0 und E-Commerce, bvdw.org, alturl.com/4sgz
ARD und ZDF (2007): ARD-ZDF-Onlinestudie 2007, ard-zdf-onlinestudie.de
Barlow, Aron (2007): Blogging America: The New Public Sphere
Basic, Robert (2007): Rules of contact, basicthinking.de, alturl.com/u8p22
Bernecker, Michael (2012): Social Media Marketing: Strategien, Tipps und Tricks für die Praxis
Bernet, Marcel (2010): Social Media in der Medienarbeit. Online-PR im Zeitalter von Google, Facebook & Co.
Berns, Stefan (2010): Der Twitter Faktor: Kommunikation auf den Punkt gebracht
BITKOM (2010): Connected Worlds. Wie Lebens- und Technikwelten zusammenwachsen
Breitenbach, Patrick u. v. a.: Werbeblogger, werbeblogger.de
Brodie, Richard (2004): The New Science of the Meme
Buhse, Willms (2010): Die Kunst loszulassen. Enterproise 2.0
Bunz, Mercedes (2010): Times and Sunday Times websites to start charging from June, guardian.co.uk, alturl.com/s263c
Deutschland Online (2007): Studie Deutschland Online 4, studie-deutschland-online.de
Deutschland Online (2008): Studie Deutschland Online 5, Unser Leben im Netz, studie-deutschland-online.de
Dörfel, Lars (2012): Social Media in der Internen Kommunikation
Eck, Klaus (2008): Karrierefalle Internet. Managen Sie Ihre Online-Reputation, bevor andere es tun!
Eck, Klaus: PR Blogger. Die Welt der Corporate Communications, pr-blogger.de
EIAA (2008): Mediascope Europe Study
Ehms, Karsten (2009): Web 2.0 in der Unternehmenspraxis
eResult (2007): Web 2.0: Nutzung, Nichtnutzung und Erfolgsfaktoren, eresult.de

Focus (2009). Communication Networks 13.0, alturl.com/27ub5
Focus (2006): Communication Networks 10.1 Trend
Godin, Seth (2001): Unleashing the Ideavirus
Gallego Rodriguez, Mari José (2004): Suchmaschinen-Marketing für Einsteiger, internet-marketing-hilfe.de
Gillin, Paul (2009): A Marketer's Guide to the New Social Media
Gillmor, Dan (2004): We the Media. Grassroots Journalism by the People, for the People
Gladwell, Malcolm (2002): The Tipping Point: How Little Things Can Make a Big Difference
Gottlieb Duttweiler Institut (2007): Vertrauen 2.0. Auf wen sich Konsumenten in Zukunft verlassen
Grabs, Anne (2012): Follow me!: Erfolgreiches Social Media Marketing mit Facebook, Twitter und Co.
Hahn, Thorsten (2009): 77 Irrtümer des Networking erfolgreich vermeiden. So bauen Sie Kontakte auf, die Sie weiterbringen
Hempel, Jessi (2006): Crowdsourcing. Milk the masses for inspiration, businessweek.com,alturl.com/zfyy
Hilker, Claudia (2010): Social Media für Unternehmer: Wie man Xing, Twitter, Youtube und Co. erfolgreich im Business einsetzt
Initative D21, TNS Infratest (2010): Die digitale Gesellschaft in Deutschland – Sechs Nutzertypen im Vergleich, alturl.com/ibxyz
Internet World Business Trendscout (2007): Virtuelle Realitäten, novomind.com
Jones, Colleen (2010): Clout: The Art and Science of Influential Web Content (Voices That Matter)
Kaspar, Thomas H. (2009): Web 2.0 - Geld verdienen mit Communitys
Kellaway, Lucy (2010): Die Facebook-Kluft, stern.de
Kelly, Kevin (2005): We are the web, wired.com
Kissane, Erin (2010): The Elements of Content Strategy
Krisch, Jochen: Exciting Commerce, excitingcommerce.de
Krüll, Caroline (2009): Networking mit Xing, Facebook & Co
Krum, Cindy (2011): Mobile Marketing: Erreichen Sie Ihre Zielgruppen (fast) überall
Levine, Rick (2002): Das Cluetrain Manifest. 95 Thesen für die neue Unternehmenskultur im digitalen Zeitalter
Li, Charlene (2009): Facebook, You Tube, Xing & Co. Gewinnen mit Social Technologies

Lutz, Andreas (2009): XING optimal nutzen: Geschäftskontakte – Aufträge – Jobs. So zahlt sich Networking im Internet aus
Matthes, Sebastian (2007): Tupper-Party im Netz, handelsblatt.com
Media-Trends & Insights (2006): eMediaSF, USA 62
Meerman Scott, David (2010): The New Rules of Marketing and PR: How to Use Social Media, Blogs, News Releases, Online Video, and Viral Marketing to Reach Buyers Directly
Nielsen, Jakob (2007): Banner Blindness: Old and New Findings
Oetting, Martin (2007): Word of Mouth Marketing: Cluetrain WORKS!, connectedmarketing.de
O'Reilly, Tim (2005): What Is Web 2.0. Design Patterns and Business Models for the Next Generation of Software. oreillynet.com
Pamperrien, Sabine (2007): Per Mausklick zur Macht, tagesspiegel.de
Pauer, Nina (2012): LG ;-) Wie wir vor lauter Kommunizieren unser Leben verpassen
Piller, Frank: Interaktive Wertschöpfung: Open Innovation, Individualisierung und neue Formen der Arbeitsteilung
Pleil, Thomas (2007): Online-PR im Web 2.0
Qualman, Eric (2009): Socialnomics: How social media transforms the way we live and do business
Retrevo (2010): Is Social Media a new Addiction? alturl.com/6yfxb
Röttgers, Janko (2007): Einkaufen mit Gemeinschaftsgefühl, focus.de
Rosen, Emanuel (2000): The Anatomy of Buzz. How to create Word-of-Mouth Marketing
Roth, Philip: Facebook Marketing Einführung & Überblick, allfacebook.de/einfuehrung-ueberblick
Roth, Wolf-Dieter (2007): Ethik 2.0 – Braucht Online-Journalismus neue Regeln?, medienlese.com
Rubel, Steve (2005): Micro Persuasion, steverubel.com
Safko, Lon (2009): The Social Media Bible: Tactics, Tools, and Strategies for Business Success
Schmitt, Holger (2006): Aus E-Commerce wird Social Commerce, faz.net
Schönefeld, Frank (2009): Enterprise 2.0: Wettbewerbsfähig durch neue Formen der Zusammenarbeit, Kundenbindung und Innovation
Seibold, Balthas (2002): Klick-Magnete: Welche Faktoren bei Online-Nachrichten Aufmerksamkeit erzeugen. München 2002
Sernovitz, Andy (2009): Word of Mouth Marketing, Revised Edition: How Smart Companies Get People Talking

SevenOne Media GmbH (2007): Online Nutzertypen 2007, sevenoneiteractive.de

Seybold, Patricia B. (2006): Outside Innovation. How your Customers will co-design your Company's Future

Simon, Nicole (2010): Twitter. Mit 140 Zeichen zum Web 2.0

Stuber, Reto (2012): Social Media Marketing: Strategien, Tipps und Tricks für die Praxis

Sussmann, Matt (2009): Twitter, Global Impact and the Future Of Blogging – SOTB 2009, alturl.com/jjtoq

Thiel, Thomas (2007): Wie bei Wikipedia manipuliert wird, faz.net

Trapani, Gina (2009): The Complete Guide to Google Wave, completewaveguide.com

Wunschel, Alexander (2006): Erkenntnisse und Ergebnisse der zweiten Podcast-Umfrage, tellerrand.typepad.com/tellerrand/podcastumfrage

Van Eimeren, Birgit/Frees, Birgit (2006): Schnelle Zugänge, neue Anwendungen, neue Nutzer? In: Media Perspektiven 8/2006, S. 402–415

Verst, Daniel (2007): Auswirkungen von nutzergenerierten Inhalten. Wie neue Interaktionsmöglichkeiten Markttransaktionen ändern

Weinberg, Tamar (2010): Social Media Marketing: Strategien für Twitter, Facebook & Co

Zerfaß, Ansgar u. Bogosyan, Janine (2007): Blogstudie 2007. Informationssuche im Internet – Blogs als neues Recherchetool, blogstudie2007.de

Zerfaß, Ansgar u. Pleil, Thomas (2012): Handbuch Online-PR – Strategische Kommunikation im Internet und Social Web

Index

A

Alert 62, 213
Apps 23, 98, 213
Audio-Podcast 48, 149, 213
Avatar 80, 82, 213

B

Barcamp 66, 214
Blog 29, 32-36, 38, 41- 47, 51, 55, 62, 63, 66, 95, 120, 121, 130, 144, 150, 151, 158, 166, 173, 190, 193, 206, 221, 222
Blogger 11, 22, 25, 34- 38, 40, 41, 44, 46, 97, 118, 124, 129, 130, 137, 138, 154, 158, 162, 163, 172, 189, 193, 205, 213, 214, 220
Blogosphäre ... 37, 39, 42, 44, 124, 214
Blogroll 44, 214
Broadcasting 47, 213, 214, 217
Bürgerjournalismus 23, 214

C

Community 10, 32, 39, 71, 72, 74, 92-95, 98, 99, 105, 118, 125, 132, 162, 163, 167, 171, 182, 187, 209, 214, 216
Content Management System 214, 221

D

Datenschutz 18, 192, 197, 210
Download 47, 71, 95, 158, 215

E

E-Commerce 91, 215

F

Facebook 11, 71, 72, 97, 104, 107, 108, 109, 110, 111, 130, 134, 206
Flickr 62, 67, 146, 149

G

Gatekeeper 53, 73, 215
Google 23, 49, 62, 77, 79, 92, 103, 118, 122, 155, 185, 187, 215
Guideline 16, 44, 45, 152, 216

H

Host 38, 39, 216

J

Journalismus 85, 154, 214

M

Marktforschung 10, 29, 30, 83, 165
Mashup 23, 216

227

Index

Meinung............27, 29, 41, 44, 78, 130, 144, 167, 190
Monitoring............... 62, 122, 123, 132, 216

N

Netiquette 92, 190, 216

O

Online-Preisvergleich 20, 21, 217
Online-Community............71, 216

P

Page Rank................ 173, 209, 217
Podcast............47, 48, 49, 50, 51, 52, 57, 59, 183, 213, 217, 221
Podcatcher 49, 217
Postings 44, 98, 217

Q

Qualität.............21, 48, 52, 64, 68, 149, 171, 172, 195, 203, 206, 209, 211, 220

R

Ranking................76, 78, 103, 173, 209, 217
RSS-Feed................ 33, 49, 63, 64, 123, 158, 160, 218
RSS-Reader 60, 61, 63, 98, 123, 218

S

Social Bookmarks 74, 77, 218
Social Commerce 91, 93, 219

Social Networking........64, 65, 70, 71, 72, 73, 219
Suchmaschinenoptimierung.... 30, 31, 40, 44, 103, 183, 185, 219

T

Tag 28, 51, 82, 111, 123, 139, 220
Tagging............................106, 220
Trackback 217, 220
Troll 220
Twitter............... 11, 32, 36, 51, 55, 97, 98, 99, 100, 101, 102, 103, 104, 105, 106, 111, 130, 134

U

User generated Content...... 9, 123, 172, 211, 220

W

Web-Controlling.............. 183, 221
Weblog 16, 23, 29, 33, 37-44, 76, 81, 91, 92, 98, 104, 108, 119, 130, 137, 138, 139, 141, 144, 150, 164-167, 173, 180, 183, 190, 193, 214, 217, 220, 221
Wiki............. 83, 84, 85, 86, 87, 88, 144, 165, 180, 182, 222
Word-of-Mouth-Marketing..... 92, 93, 222

X

XML 61, 213, 222

Y

Youtube....... 52, 55, 112, 147, 188, 201

Deutscher Journalisten-Verband (DJV)

wer wir sind?

wo wir stehen?

was wir wollen?

- Ihr kompetenter Partner in allen Fragen rund um den Journalismus

- an der Seite von rund 37.000 Mitgliedern, die uns vertrauen

- Qualität im Journalismus
- faire Tarifverträge
- sichere Arbeitsplätze
- gerechte Honorare für Freie
- Perspektive für den Journalistenberuf

Sprechen Sie mit uns:

Deutscher Journalisten-Verband
Gewerkschaft der Journalistinnen und Journalisten
Charlottenstraße 17
10117 Berlin

Telefon: (030) 72 62 79 20
Fax: (030) 726 27 92 13
Mail: djv@djv.de

DJV-Geschäftsstelle
Bennauerstraße 60
53115 Bonn

Telefon: (0228) 201 72-0
Fax: (0228) 201 72 35
Mail: djv@djv.de

www.djv.de

GEWERKSCHAFT DER JOURNALISTINNEN UND JOURNALISTEN
DEUTSCHER JOURNALISTEN-VERBAND DJV

Journalistik
Journalistik Journal
http://www.journalistik-journal.de

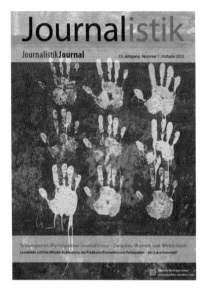

Heft 1/2012

Partizipativer Journalismus – Zwischen Wunsch und Wirklichkeit

Anspruch und Wirklichkeit des partizipativen Journalismus klaffen in Deutschland nach wie vor weit auseinander. Einerseits werden die Chancen, die die Einbindung von Rezipienten in die Medienarbeit mit sich bringt, kaum mehr bestritten. Andererseits lässt die tatsächliche Umsetzung partizipativer Elemente im redaktionellen Alltag noch viele Wünsche offen. Die neue Ausgabe des *Journalistik Journals* will den Status quo des Mitmach-Journalismus in all seinen Facetten beleuchten.

Bestellung

Institute, Redaktionen und Verbände erhalten das *Journalistik Journal* kostenlos. Gerne nehmen wir Sie in unseren Verteiler auf. Bitte schicken Sie eine E-Mail an: info@halem-verlag.de

Versandkosten bei Einzelbezug: 6 Euro pro Jahr (2 Ausgaben)

Herausgeber

Institut für Journalistik
Technische Universität Dortmund
Prof. Dr. Susanne Fengler

Redaktion

Institut für Journalistik
Technische Universität Dortmund
Emil-Figge-Str. 50
44221 Dortmund
tobias.eberwein@tu-dortmund.de

Verlag

Das *Journalistik Journal* erscheint im Herbert von Halem Verlag, Köln
http://www.halem-verlag.de

Vorschau

Die nächste Ausgabe des *Journalistik Journals* diskutiert aktuelle Entwicklungen im Themenfeld „Journalismus und Recht". Das Heft erscheint im Oktober 2012.

Publizistische Ziele

Das *Journalistik Journal* soll die journalistische Berufspraxis mit der Journalistik-Wissenschaft in Verbindung bringen. Es stellt Ansprüche an den Journalismus und macht auf seine Probleme aufmerksam: Wo fehlt es an Öffentlichkeit, wo wird sie falsch hergestellt? Über die Problemanzeige hinaus versteht es sich als Forum für fundierte Lösungsvorschläge und Innovationsanregungen. Kommunikationswissenschaftler und Journalisten sind um Mitarbeit in diesem Sinne gebeten.

UVK:Weiterlesen

Handbuch Online-PR

Ansgar Zerfaß, Thomas Pleil (Hg.)
Handbuch Online-PR
Strategische Kommunikation in Internet
und Social Web
2012, 422 Seiten
55 s/w Abb., gebunden
ISBN 978-3-89669-582-6
PR Praxis Band 7

Das erste umfassende Handbuch zu Herausforderungen, Konzepten und Instrumenten der Online-Kommunikation aus Sicht des Kommunikationsmanagements. Namhafte Autoren aus Wissenschaft und Praxis geben in 25 Beiträgen einen systematischen Überblick zu Strukturen, Prozessen, Tools und Best Practices. Der Wandel einzelner Handlungsfelder wie Medienarbeit, interne Kommunikation und Public Affairs wird ebenso behandelt wie die Besonderheiten von Online-Monitoring, Twitter, Social Networks und Weblogs, Positionierung und Kampagnenführung im Netz, Personalisierung sowie Storytelling.

Die Beiträge zeigen, dass es nicht mehr ausreicht, die Online-PR als neuen Baustein in herkömmliche Kommunikationsstrategien einzubauen. Stattdessen ist ein grundlegendes Umdenken notwendig. Das Zeitalter der Massenmedien geht zu Ende. Wer für professionelle Kommunikation verantwortlich ist, muss den Wandel verstehen, soziale und technologische Rahmenbedingungen adaptieren sowie neue Strategien entwickeln. Jenseits schnelllebiger Moden geht es vor allem darum, geeignete Rahmenbedingungen zu schaffen und die Stärken beziehungsweise Schwächen verschiedener Ansätze zu verstehen. Dies leistet das wissenschaftlich fundierte und zugleich praxisnahe »Handbuch Online-PR« mit zahlreichen Fallbeispielen.

»Ein unverzichtbares Standardwerk für Entscheider in Kommunikationsabteilungen von Unternehmen, Verbänden, Non-Profit Organisationen und öffentlichen Institutionen, Kommunikations- und PR-Agenturen sowie Nachwuchskräfte und Studierende.« AOL-Bücherbrief

Klicken + Blättern

Leseprobe und Inhaltsverzeichnis unter

www.uvk.de

Erhältlich auch in Ihrer Buchhandlung.

M Menschen Machen Medien

Medienpolitische ver.di-Zeitschrift

Probeheft und Abonnement:
service@verlag-weinmann.com
oder per Abo-Formular bei:
http://mmm.verdi.de/abo

„M Menschen Machen Medien"
ist die medienpolitische Zeitschrift der
Vereinigten Dienstleistungsgewerkschaft ver.di.

Informativ, kritisch, analytisch richtet sich die
Fachzeitschrift an Journalisten, Cutterinnen, Tontechniker,
Schauspielerinnen – an alle Beschäftigten –
Feste und Freie – in Verlagen, TV- und Radio-Sendern,
Kinos, bei Filmproduktionen, in Medienagenturen
und Internetfirmen, an freie Medienmacher im Netz,
an Studentinnen und Studenten der verschiedenen
Kommunikationsrichtungen.

M erscheint mit acht Ausgaben im Jahr in einer
Auflage von 50.000 Exemplaren.

Das Jahresabo kostet 36 Euro und ist exklusiv,
denn: M gibt es nicht am Kiosk!
Für Mitglieder der Medien-Fachgruppen im ver.di-Fachbereich 8
ist der Abo-Preis im Mitgliedsbeitrag erhalten.